Jürgen Deeg · Jürgen Weibler

Die Integration von Individuum und Organisation

AF166804

Jürgen Deeg · Jürgen Weibler

Die Integration von Individuum und Organisation

VS VERLAG FÜR SOZIALWISSENSCHAFTEN

Bibliografische Information der Deutschen Nationalbibliothek
Die Deutsche Nationalbibliothek verzeichnet diese Publikation in der
Deutschen Nationalbibliografie; detaillierte bibliografische Daten sind im Internet über
<http://dnb.d-nb.de> abrufbar.

1. Auflage 2008

Alle Rechte vorbehalten
© VS Verlag für Sozialwissenschaften | GWV Fachverlage GmbH, Wiesbaden 2008

Lektorat: Frank Engelhardt

VS Verlag für Sozialwissenschaften ist Teil der Fachverlagsgruppe
Springer Science+Business Media.
www.vs-verlag.de

Umschlaggestaltung: KünkelLopka Medienentwicklung, Heidelberg
Druck und buchbinderische Verarbeitung: Krips b.v., Meppel
Gedruckt auf säurefreiem und chlorfrei gebleichtem Papier
Printed in the Netherlands

ISBN 978-3-531-15779-5

Vorwort

Von Organisationen bleibt in modernen Gesellschaften kaum ein Individuum unberührt. Dies betrifft nicht nur die Notwendigkeit zur Daseinsvorsorge, sondern auch die Auswirkungen des Arbeitens auf die Qualität des Menschseins an sich. Organisationen lassen Menschen nicht „kalt". Vielmehr werden die Psyche und das Gefühlsleben des Einzelnen mannigfaltig tangiert: „Was in Organisationen geschieht, lässt Menschen auf- oder verblühen, bereitet ihnen Freude oder Langeweile, macht sie leiden und erkranken, bietet Gelegenheit oder Nötigung zur Verdrängung, erzeugt Stress, schlägt ihnen aufs Gemüt (Ortmann 1995, S. 100)." Jedoch sind nicht nur Individuen mit Organisationen konfrontiert, sondern auch Organisationen mit Individuen. Der Einzelne macht auch in einem Kollektivgebilde einen Unterschied, aber nicht immer können solche Gebilde ausreichende Unterschiede zwischen Einzelnen machen. Organisationen sehen sich deswegen vor die Schwierigkeit gestellt, etwas eigentlich Unteilbares (Individuum) und Einzigartiges (Individualität), wenigstens teilweise, in ihre eher allgemeinen Zusammenhänge einzufügen. Inwieweit und mit welcher Qualität dies gelingt, hat dabei unmittelbaren Einfluss auf den kollektiven Erfolg wie das Wohlergehen des Einzelnen. Denn nur wenn die Integration von Individuum und Organisation zur beidseitigen Zufriedenheit gelingt, erwachsen daraus jene Synergien, die Organisationen zu den in Tat unverzichtbaren Elementen unseres Alltags im positiven Sinn machen.

Uns schien es daher an der Zeit, dem immer neuen, hektischeren Entwerfen von Organisationsmodellen und den zahllosen Empfehlungen zur Verbesserung organisationaler Leistungsfähigkeit einmal eine Betrachtung gegenüberzustellen, die in einer Rückschau rekonstruiert, was Organisationen bislang unternommen haben, um ihr eigentliches Problem, die Integration von Individuum und Organisation, anzugehen. Ein solcher Blick zurück ist in schnelllebigen Zeiten eher selten, dennoch wollen wir ihn in einer Art Zusammenschau wagen. Warum? Dass es sich bei der Integration nicht nur um ein, sondern vielleicht sogar *das* organisationale Kernproblem handelt, wird in einer solchen Rückschau schnell deutlich. Es zeigt sich nämlich, dass von Beginn des wissenschaftlichen Nachdenkens über Organisationen an die Frage nach der Integration von Individuum und Organisation offensiv thematisiert wurde. Die Antworten, die damals gegeben wurden, können heute als generische Integrationsprinzipien qualifiziert werden. Diese generischen Integrationsprinzipien besitzen bis zum heutigen Tag ihre Gültigkeit und unterscheiden sich damit wohltuend von modischen Diagnosen und ihren schnell verwelkenden Empfehlungen. Wir sind jedenfalls davon überzeugt, dass durch das bessere Verstehen dieser Integrationsformen auch gegenwärtige Probleme in Organisationen theoretisch präziser erfasst und praktisch besser bewältigt werden können, zumal jede organisatorische Gestaltung die in der Integrationsabsicht liegenden grundsätzlichen Spannungsfelder zu bedenken hat.

Unsere diesbezügliche Zuversicht schöpfen wir aus dem Wissen darum, dass bereits die ersten großen Organisationsforscher erkannten, dass die in Organisationen arbeitenden Menschen nicht willen- oder seelenlose Geschöpfe sind und damit auch nicht von einer reibungsfrei funktionierenden Organisation auszugehen ist. Wurde diese Erkenntnis seitdem immer wieder und zunehmend dominant als ein Problem für den Organisationserfolg angesehen, wächst aber auch im Laufe der Zeit die Einsicht, dass genau dieser Wille auch einen Unterschied im positiven Sinn machen kann: Einen Unterschied, der eine überragende von einer durchschnittlichen oder minderwertigen Organisationsleistung abhebt. Es kommt also darauf an, wie dieser Wille bzw. dessen Träger, der die Lebendigkeit von Organisationen verkörpert, in Organisationen mitspielt – im Übrigen auch aus Sicht des Trägers. Denn wer sozusagen mit Leib *und* Seele bei der „Sache" ist, zeigt einen anderen Einsatz, als er von einem bloßen Ausführungsorgan oder Funktionsträger erwartet werden kann. Bleibt das Individuum aber der Organisation fremd, erscheinen ihm auch deren Anforderungen fremd; bleibt eine Organisation auf Distanz zu den Subjekten, distanzieren sie sich auch leicht von ihnen. Hieran zeigt sich, dass Individuum und Organisation in der Frage der Integration stets zusammenspielen (müssen).

Unsere Ausführungen zu diesem Zusammenspiel liegen hiermit nun vor. Zu großem Dank verpflichtet sind wir dabei Dr. Wendelin Küpers, der diese Ausarbeitung kritisch begleitet hat und dem wir viele wertvolle Einsichten verdanken. Von seiner unermüdlichen Diskussionsbereitschaft haben wir im Vorfeld der Erstellung dieses Buches sehr profitiert. Dankbar sind wir aber auch Frau Nadine Schumann, die die endgültige Layoutgestaltung kompetent und entschlossen übernommen und auch zu einem guten Ende gebracht hat.

Hagen, im Juni 2008   Jürgen Deeg   Jürgen Weibler

Inhaltsverzeichnis

Abbildungsverzeichnis

Einleitung

Der konfliktträchtige Gegensatz zwischen Individuellem und Kollektivem ist eine Grundkonstante des menschlichen Zusammenlebens (vgl. dazu auch Triandis 1995) und prägt demzufolge unseren privaten wie beruflichen Alltag. Diese nahezu paradigmatisch labile Konstellation erhielt besonders seit dem 20. Jahrhundert ausgesprochen viel Aufmerksamkeit in den unterschiedlichsten wissenschaftlichen Disziplinen (vgl. Gelfand et al. 2004). Doch schon in der Philosophie der Antike erfuhr der andauernde Antagonismus zwischen dem Einzelnen und der Gemeinschaft Beachtung: Während Platon in einer kollektivistischen Sichtweise das Wohl des Ganzen in den Mittelpunkt stellte, betonte Perikles dagegen die Freiheit des Einzelnen (vgl. Scholl 1995, Sp. 1750f.). Gerade weil dieses Spannungsverhältnis ein so grundlegendes ist, treffen wir es selbstverständlich auch in heutigen Organisationen als Problem an (vgl. auch Wendt 1999, S. 21). Denn hier stehen die Bedürfnisse des Individuums denen der Organisation direkt gegenüber. Das daraus abgeleitete Problem der Integration von Individuum und Organisation ist folglich zwar kein gänzlich neues (vgl. Argyris 1964, S. 7), erfährt aber durch die Komplexität immer vielfältigerer Umweltbezüge von Organisationen eine neue Bedeutung. Denn praktisch alle modernen Organisationen bewegen sich *gleichzeitig* im Spannungsfeld von Innen- vs. Außenorientierung sowie einer individuellen vs. kollektiven Ausrichtung. Im Kontext *organisierter Leistungsgemeinschaften* haben sich dazu spezielle Umgangsformen herausgebildet, die die Eigenheiten und Interessen des Einzelnen mit den Besonderheiten und dem Interesse der Organisation zu verbinden versuchen.

Obwohl die Frage, wie man Individuen und soziale Gebilde wie Organisationen miteinander in Einklang bringen kann, überaus vielfältige Überlegungen angeregt und höchst unterschiedliche Erkenntnisse hervorgebracht hat, wurde das Integrationsproblem bislang selten umfassend und vor allem nicht in einer würdigenden Zusammenschau behandelt, sondern nur sehr partikulär von recht heterogenen Denkrichtungen und Strömungen aufgegriffen. Dies ist insofern bedauerlich, als dass nur durch eine solche Zusammenschau die Grundlinien des Umgangs mit diesem Problem in entsprechender Klarheit sichtbar werden. Deswegen wollen wir im Rahmen dieses Buches vier sehr frühzeitig angelegte und aus unserer Sicht bis heute gültige Grundformen der Integration von Individuum und Organisation herausarbeiten und erläutern Die Begründung hierfür ist relativ schlicht: Für eine Bewertung alternativer Handlungsformen, die Reflexion von Verbesserungs- und Veränderungsmöglichkeiten sowie ein vertieftes Verständnis der Führung komplexer Sozialgebilde erscheint diese Rekonstruktion der zentralen Diskussions- und Entwicklungslinien in der Integrationsfrage notwendig. Denn ein Rückblick in die Vergangenheit und die Auseinandersetzung mit geschichtlich gewachsenen Vorstellungen erleichtern die Erfassung der unterschiedlichen Aspekte der facettenreichen

Integrationsproblematik. Dies hilft nicht nur, die Vielschichtigkeit der Thematik zu verstehen, sondern ist auch für die Einschätzung aktueller Diskussionen wie zukünftiger Entwicklungen von besonderer Bedeutung. Denn in der Organisationspraxis wurde schon früh erkannt, dass ungeregelte Verhältnisse zwischen Individuum und Kollektiv leistungsmindernd und auch für den Einzelnen belastend sein können.

Der von uns verwendete Begriff der Integration meint in diesem Zusammenhang nicht bloß eine Koordination von Individuen, wie sie etwa bestimmte Organisationsformen auf unterschiedliche Weise zu erreichen versuchen, sondern die Einbeziehung und Eingliederung von Einzelnen in ein größeres Ganzes. Dabei entsteht durch die Inbeziehungsetzung von Teil und Ganzem eine neue Einheit aus der gegebenen Differenziertheit, die sich sowohl durch Angepasstheit als *Zustand* wie Anpassung als *Prozess* ergibt. Dies kann auf eine einseitige Weise – vornehmlich als Anpassung des Individuums an die Organisation – oder auf wechselseitige Weise als Annäherung beider zueinander hin geschehen. Diese Idealtypen sind in der Organisationsrealität allerdings miteinander verschränkt, da sich der Einzelne einer Organisation zwar anpasst, sie aber immer auch gleichzeitig verändert (vgl. Bea/Göbel 2006, S. 88). Wir wollen im Folgenden trotzdem die idealtypische Differenzierung aufrechterhalten, auch um eine größere Trennschärfere in der Analyse zu ermöglichen. Dabei ordnen wir die nachfolgend identifizierten Integrationsprinzipien jeweils der einseitigen oder wechselseitigen Integrationsform zu. Hieraus ergeben sich folgende prinzipielle Unterschiede in deren Stoßrichtungen wie deren Implikationen:

Einseitige Integrationsformen setzten die Angepasstheit des Individuums an die Organisation schon voraus. Gestützt auf die bereits vor Eintritt in die Organisation wirkenden Medien sozialer Kontrolle (vgl. Türk 1981) wird dann das Strukturgebilde so gestaltet, dass es einen hohen Grad an Vorsteuerung erzeugt und das Individuum durch entsprechend ausgerichtete Strukturen, Prozesse und Instrumente in die vorgefertigten Strukturen möglichst reibungslos eingegliedert wird. Dabei wird von der Individualität des Einzelnen weitgehend abgesehen, indem mit dem Leistungsdurchschnitt von Personen kalkuliert und der Einzelne auf seine Funktion als Aufgabenträger reduziert wird. Dabei dominiert das Prinzip der Leitung, während Führung unter solchen Umständen nur einen Lückenbüßer darstellt, der bei Abweichungen korrektiv eingreift. Um einen reibungslosen Ablauf zu gewährleisten, soll zudem das Organisationsgebilde eher konstant gehalten werden. Dies schafft Erwartungssicherheit und stabilisiert die geschaffenen Verhältnisse. Dem Individuum verbleiben für den Fall, dass sich seine Wünsche und Erwartungen in diesen Verhältnissen nicht umsetzen lassen, jenseits der Option des Verlassens der Organisation nur noch sehr begrenzte Reaktionen auf den „stummen Zwang" objektiver

Verhältnisse. Sehr anschaulich werden solche, sich durch den Kontakt des Individuums mit dem unpersönlichen Kollektivgebilde enstehenden Erfahrungen, in den unterschiedlichen Typen der Angepasstheit an solche Zustände, wie sie v.a. Presthus (1962) herausgearbeitet hat.

Wechselseitige Integrationsformen sehen dagegen eine Anpassung als einen interaktiven Prozess. Dies meint eine Entwicklung beider Pole zueinander hin und eine Entfaltung und Veränderung des Einzelnen wie eine Individualisierung und Reorganisation des Gesamtgebildes. Dabei können sowohl kollektive Bezüge des Individuums betont wie auch die Organisation stärker auf individuelle Anforderungen hin ausgerichtet werden. Dazu müssen dem Individuum mehr Spielräume und Entfaltungsmöglichkeiten eingeräumt, aber auch muss das Strukturgebilde bedürfnisgerechter und flexibler gestaltet werden. Dadurch gewinnt gleichzeitig die Führung von Mitarbeitern eine aktivere Gestalt, da durch den geringeren Grad an Vorsteuerung ihre stärker individuell ausgestaltbaren Einflussmöglichkeiten dringlicher benötigt werden und dem flexibleren Gebilde nur durch Führungskraft eine klare Richtung gegeben werden kann. Führung wird in dieser Logik zu einem Prozess gegenseitigen Anerkennens und Austarierens (vgl. Uhl-Bien 2006), sowohl interpersonell wie auch im Person-Systemzusammenhang. Gleichzeitig erhält das Organisationsgebilde eine stärker dynamische Komponente, da durch die Wechselseitigkeit der Annäherung auf beiden Seiten Bewegungen entstehen und durch die rekursive Verbundenheit aufrechterhalten werden. Hier wirkt sich die Veränderung eines der Teile über die Relation auf das Ganze aus.

Warum gelingt es Organisationen überhaupt so schwer, Individuen in ihre Zusammenhänge zu integrieren? Das Verhältnis von Individuum und Organisation war deswegen von Beginn an spannungsgeladen, weil Organisation ein a priori kollektiver Begriff ist (vgl. Hackstette 2003, S. 55), gegen den sich Individualität zu behaupten hat. Denn die in jeder Form der Organisation beinhaltete Zweckorientierung hat notwendigerweise zur Folge, dass die spezifischen, individuellen Ziele der Mitglieder oder Teilnehmer nicht oder nur partiell erfüllt werden können (vgl. etwa v. Rosenstiel/Molt/Rüttinger 2005, S. 119). Hieraus resultiert die Gefahr einer mehr oder minder großen Frustration des Einzelnen, die sich nicht immer vollständig vermeiden lässt. So sprechen Autoren wie z.B. Argyris (1964, 1975) im Bezug auf das Verhältnis von Person und Organisation von einem grundlegenden Widerspruch zwischen beiden, der aus der funktionsgebundenen und eben nicht personengebundenen Logik des Organisationssystems entsteht. In dieser funktionalen Logik, sind einzelne Personen als Funktionsträger stets austauschbar, sofern es für sie einen annähernd gleichwertigen Ersatz gibt. Gleichzeitig ist die faktische Ausführung der Tätigkeiten durch die Funktionsträger wiederum abhängig von ihren individuellen Faktoren (z.B. Motivation, Qualifikation) sowie von ihrer grundsätzlichen Akzeptanz formaler und funktionaler Strukturen (d.h. der Arbeits- und Leitungsorganisation), denen gegenüber sie sich loyal verhalten sollen (vgl. Argyris

1975, S. 221). Allerdings ist dem Einzelnen aber auch an einem Minimum an Identifikation mit der Organisation sowie einem Minimum an persönlicher Wertschätzung gelegen, um seinen sozialen Bedürfnissen Rechnung zu tragen und kognitive und emotionale Dissonanzen zu vermeiden. Beides sind aber auch Faktoren, die eine essentielle Vorbedingung seines wahrhaftigen Engagements darstellen. Schon hier erkennen wir die charakteristische Vernetzung von Sachverhalten, die allem organisationalen Geschehen zueigen ist und für gestalterische Eingriffe bedacht sein muss.

Der Konflikt zwischen Individuum und Organisation ist also von grundlegender Natur und erfordert im Organisationsalltag immer neue Kompromisse (vgl. v. Rosenstiel 1989, S. 71) – zwar beidseitig, aber oft asymmetrisch. Der Trend zum Individualismus im Rahmen des gesellschaftlichen Wertewandels der letzten Jahrzehnte oder der Individualisierung der Arbeitswelt und der Organisation (vgl. dazu u.a. Welge/Holtbrügge 1997, Hackstette 2003, Schanz 2004, Hornberger 2006) hat dies lediglich noch verschärft. Die Spannungen entstehen dadurch, dass Organisationen als kollektive Akteure den Einzelnen zwar als konstitutives Element abstrakt berücksichtigen, aber stets so agieren, als sei eine Integration bereits geglückt. Dabei ist das organisatorische Gebilde auf die Realisierung eines übergeordneten Zwecks bzw. kollektiver Zielstellungen gerichtet. Eine Organisationsleitung hat dafür zu sorgen, dass sich die Mitglieder möglichst uneingeschränkt für die Erreichung einsetzen. Der Einzelne wird dazu mehr oder weniger in einem instrumentellen Sinn den Zielen der Organisation untergeordnet und hat sich vorwiegend an die Organisation anzupassen. Dazu wird aus Organisationssicht auf abstrakte und durchschnittliche Größen (etwa bei der Leistungsmenge und -güte) abgestellt. Das Individuum wird in dieser Sicht erst dann wieder von Bedeutung, wenn es entweder die kollektive Zielerreichung gefährdet oder außerplanmäßig befördert werden soll. Angesprochen wird aber stets nur der Teil der Individualität, der zur Erreichung kollektiver Ziele funktional oder dysfunktional ist. Da aber in der Organisationspraxis das Unwartete und Außerplanmäßige den Alltag bildet, sind Organisationen demzufolge eigentlich permanent mit der Frage konfrontiert, wie Individuum und Organisation am besten zu integrieren sind. Dabei sind Kompromisse zwischen den folgenden idealtypisch-aufgezeigten Konfliktlinien beider Polen angesiedelt:

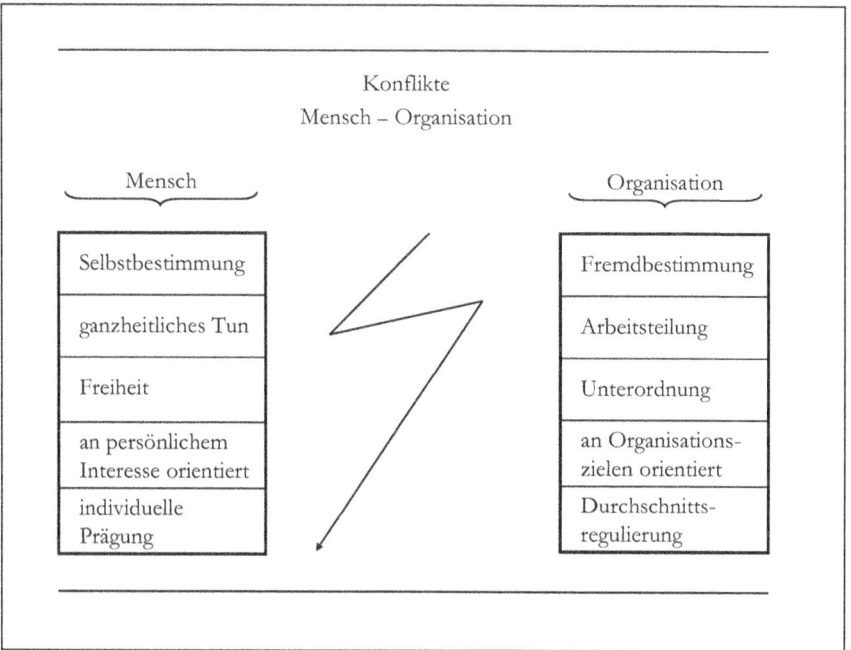

Abbildung 1:   Grundlegende Konflikte zwischen dem Menschen und der
                Organisation (vgl. v. Rosenstiel 2000, S. 120)

Um das Verhältnis zwischen einzelnen Organisationsmitgliedern und der Gesamt-
organisation differenzierter zu verstehen, ist es allerdings notwendig, dieses komplexe Beziehungsgefüge näher zu spezifizieren. Ähnlich wie in der Beziehung zwischen dem Besonderen und dem Allgemeinen besteht dabei auch zwischen dem
Individuum und der Organisation ein spezielles Spannungsverhältnis. Dieses spannungsreiche Verhältnis von Individuum und Organisation kann als eine reziproke
Relation gegenseitiger Bestimmung spezifiziert werden (vgl. Bartölke/Grieger 2004,
Neuberger 1997; Nord/Fox 1996, S. 156). So sind Organisationen von Individuen
geschaffene Gebilde, die als solche wiederum auf Einzelne zurückwirken. Das heißt,
Individuen schaffen, erhalten und verändern Organisationen, wie auch umgekehrt
Organisationen ihre Mitglieder in ihrem Handeln bestimmen, beeinflussen und
entwickeln (vgl. dazu auch Giddens 1988). Dabei stellen die Gestaltung von Organisationen durch Individuen und die Steuerung von Individuen durch Organisationen
untrennbare und sich wechselseitig konstituierende Interaktionsprozesse dar. Entsprechend existieren vielfältige instrumentelle und institutionelle Einflussbeziehun-
gen zwischen Individuen und Organisationen sowie deren Interaktionen (vgl. Bar-

tölke/Grieger 2004, Sp. 467ff.). Dabei fällt es in der Praxis keineswegs leicht, diese Beziehungen sinnhaft zu gestalten. Denn wenn das Individuum beispielsweise als bloßes Mittel zur Erreichung fremdbestimmter Ziele instrumentalisiert wird, geht dies mit einer folgenschweren Entindividualisierung und Entfremdung einher. Andererseits dienen individualisierte Möglichkeiten der Qualifikation und Partizipation wiederum der Vermeidung von organisatorischen Dysfunktionalitäten, die durch Konflikte zwischen Individuellem und Regelhaftem entstehen können. Organisationen schaffen also Handlungsarenen, die individuelles Handeln einerseits gleichzeitig ermöglichen und einschränken und andererseits ggfs. von diesem bestätigt und verändert werden (vgl. Bartölke/Grieger 2004, Sp. 471).

Zur näheren Gestaltung der Arena haben sich in Organisationen im Wesentlichen zwei zentrale Formen der Verhaltenssteuerung als Möglichkeiten der gezielten Gestaltung der Relation von Individuum und Organisation etabliert: Die Personalführung als vorwiegend direkte, interaktive und individuell ausgestaltete Form der Verhaltenssteuerung und die Organisation (im Sinne von struktureller und prozessualer Gestaltung) als indirekte, unilaterale und kollektiv ausgestaltete Form der Verhaltenssteuerung. Bis zu einem gewissen Grad stehen sie dadurch sowohl in einem Konkurrenz- wie Substitutionsverhältnis zu einander. Beide erreichen aber auf unterschiedlichem Weg jeweils spezifische Abstimmungsleistungen im Verhältnis von Individuum und Organisation, auf die in modernen organisierten Sozialgebilden nicht mehr verzichtet werden kann. Dadurch wird umgekehrt die Integration sowohl zur Führungsaufgabe *wie* zur Organisationsaufgabe. Während Führung ein Phänomen ist, das sich von Beginn an durch die Geschichte der Menschheit zieht und so seit langem eine Erscheinung der Alltagswelt von Menschen ist (vgl. Weibler 2001, S. 3), stellen Organisationen einen vergleichsweise neuen Erfahrungsraum dar. Mit der Entstehung des Organisationsphänomens zu Beginn der Neuzeit hat das menschliche Verhalten zweifellos einen völlig neuartigen Kontext erfahren, der sehr spezifische und bis dahin kaum erfahrbare Ermöglichungen und Beschränkungen hervorgebracht hat. Mit dem Ausbau und der Ausdifferenzierung von modernen, komplexen Gesellschaften zu einer Organisationsgesellschaft (vgl. Gabriel 1979) hat die einschneidende Veränderung der situativen Verhaltensbezüge eine weitere Steigerung und neue Dimensionierung gefunden. Organisationen berühren alle Lebensbereiche und Lebensphasen und damit auch das menschliche Verhalten in umfassender Weise (vgl. Kasper/Heimerl-Wagner 1996, S. 11; Scherer 2006, S. 19f.). Vor diesem Hintergrund lässt sich mit Furnham (2004, S. 421) schlussfolgern, dass Verhalten folglich vor allem Verhalten *in* und *für* Organisationen ist: „Most of our behavior is, of necessity, organizational behaviour." Die Bedeutsamkeit der speziellen organisationalen Prägung von individuellem oder kollektivem Verhalten blieb auch der sich zu Beginn des 20. Jahrhunderts allmählich formierenden Organisationswissenschaft nicht verborgen. Mehr oder minder explizit, teils eher zentral, teils eher peripher haben die allermeisten theoretischen Ansätze und empirischen

Zugänge auf diese Fundamentalfrage Bezug genommen. Es sind jedoch die nachfolgend näher betrachteten vier Zugänge, die die vier generischen Prinzipien und gewissermaßen immer wiederkehrenden Muster nach und nach identifiziert haben.

Im Zentrum der *ersten* Bemühungen einer dezidiert organisationswissenschaftlichen Betrachtung des menschlichen Verhaltens stand die Regelgebundenheit des individuellen Verhaltens durch einen organisationalen Kontext und seine Folgen. Den grundlegenden Beitrag hierzu bildeten sehr früh die Überlegungen Max Webers zu einer rationalen Herrschaft in der modernen Gesellschaft und der Verbreitung der bürokratischen Organisationsform (vgl. Weber 1976; Kapitel 2.1.1). Eine umfassend rationalisierte Lebensführung stellt für ihn eine wesentliche Voraussetzung für den Kapitalismus im Allgemeinen und für die bürokratische Ordnung im Besonderen dar. Verhalten in Organisation hat also schon ein organisationsförmigpassendes Verhalten außerhalb dieser speziellen Gebilde zur Voraussetzung (wie auch zur Folge). Die unpersönliche, rationale Befolgung von erschöpfenden technischen Regeln bzw. Normen wird im Lauf der Zeit zu einem inneren, nicht mehr hinterfragbaren Bedürfnis des Individuums werden. „Je länger die gewohnten Normen und Reglements befolgt werden, desto mehr wird das gehorsame Sichfügen zur festen inneren Einstellung" (Weber 1976, S. 570). Durch das in der Bürokratie verankerte hierarchische Prinzip kommt es zudem zur Verhaltenskanalisierung, durch die Verhalten insbesondere auf zweckrationale, unternehmensdienliche Ziele (z.B. Karrierewege) gerichtet wird (vgl. Seitz 2006, 195f.). Dadurch werden nicht nur Eigensinnigkeiten oder gar Aggressionspotenziale eingedämmt, sondern es wird auch die Kooperation gefördert. Damit prägt und typisiert die Organisation vor allem in ihrer Strukturgestalt wesentlich das Verhalten der in ihr verfassten Individuen. Mit diesen einflussreichen Überlegungen wurde der Grundstein für eine bis heute verbreitete Denkrichtung der Betrachtung von Verhalten in Organisationen gelegt, die unter dem Leitsatz „Organisation ist Struktur" (Lang 2007, S. 3) steht, der besonders zum Credo der betriebswirtschaftlichen Organisationslehre wurde.

Max Weber lenkte zudem das Augemerk auf – letztlich verschiedene, sich aber doch ergänzende – Rationalitäten als Beweggründe von Handlungen als speziellem Teil der gesamten Bandbreite von Verhaltensäußerungen: Die bürokratische Organisationsform wird bei ihm zum Prototyp technisch-rationaler Vernunft, deren effizientes Funktionieren die Unterdrückung von Affekten, Leidenschaften, und Gefühlen verlangt. So waltet der ideale Beamte – der als prototypisches Beispiel einer idealen, rationalen verfassten Organisation, der Verwaltung fungiert – seines Amtes „ohne Hass und Leidenschaft, daher ohne Liebe und Enthusiasmus" (vgl. Weber 1976, S. 129). Dieses Ethos der unbedingten Pflichterfüllung und Unterordnung unter rationale Prinzipien hat für das im bürokratischen Organisationszusammenhang handelnde Individuum und sein Verhalten weit reichende Folgen. Es kommt zu einer Umlenkung persönlich-individueller Emotionen in eine abstrakte

Leidenschaft für die Sache bzw. für die Einhaltung von Verfahren losgelöst von
deren Inhalten. Ferner beugt sich der Untergeordnete *einseitig* der funktionalen und
positionalen Autorität der Vorgesetzten und damit der verbundenen, im Voraus
zugebilligten (Über-)Macht einseitig zugewiesener Befugnisse. Dadurch wird die in
diesem Rahmen zugeschriebene, prinzipielle Überlegenheit des Autoritätsträgers
durch den Autoritätsunterworfenen anerkannt (vgl. Abraham/Büschges 2004, S.
129). Den Anweisungen der hierarchisch Übergeordneten wird aus rein formalen
Gesichtspunkten Folge geleistet: Der Gehorchende handelt dabei so, „als ob er den
Inhalt des Befehls um dessen selbst willen zur Maxime seines Verhaltens gemacht
habe, und zwar lediglich um des formalen Gehorsamsverhältnisses halber, ohne
Rücksicht auf die eigene Ansicht über den Wert oder Unwert des Befehls als solchem" (Weber 1976, S. 123). In dem vorbehaltlosen Anerkenntnis asymmetrischer
Machtverhältnisse liegt damit auch der Schlüssel für den Erfolg dieser Form der
Verhaltenssteuerung bzw. Integration. Diese Asymmetrie prägt bis heute die Randbedingungen des (Individual-)Verhaltens in allen erwerbswirtschaftlich ausgerichteten Organisationen – und besonders auch in Führungsbeziehungen (vgl. Weibler
2001, S. 39). Mit der Wertrationalität als Handeln gemäß dem bewussten Glauben
an den Eigenwert eines Sichverhaltens rein als solchem, unabhängig vom Erfolg
und damit im Kontrast zur Zweckrationalität als einer rationalen Abwägung von
Zweck, Mitteln und Nebenfolgen stehend (vgl. Weber 1976, S. 12f.), hat Max Weber auch das Spannungsfeld der widersprüchlichen und teils dilemmatischen Pole
aufgespannt, vor deren Hintergrund Verhalten im Kontext von leistungsorientierten, erwerbswirtschaftlichen (Arbeits-)Organisationen immer erfolgt.

Eine *zweite*, funktionalistische Lesart und Denkrichtung eines organisationsbe-
zogenes Verhaltens wurde wesentlich von F. W. Taylor und seinen Vorstellungen
eines „Scientific Management" geprägt (vgl. Kapitel 2.1.2). Verhalten wird hier
teilweise auf reine physische Verrichtungen eingeengt (vgl. dazu auch Reimer 2005,
S. 125) und in einen funktionalen Ordnungszusammenhang gestellt. Durch Organisation bzw. die Tätigkeit des Organisierens, die relativ klar definierte Erwartungen
an das Handeln von Personen schafft, soll diese funktional begründete Ordnung
erreicht werden (vgl. Türk 1992, Sp. 1633). Die Anwendung von funktionalen Prinzipien im Taylorismus dient also der Bändigung und Ausrichtung von Kräften und
ihrer Überführung in eine zweckmäßige Ordnung. Der Mensch wird „seines
…eigenen, durch den organischen Zusammenhang gegebenen, Rhythmus entkleidet
und … den Bedingungen der Arbeit entsprechend neu rhythmisiert" (Weber 1976,
S. 686). So werden in der Tradition dieser Position (Human-)Ressourcen, Prozesse
und Strukturen in Hinblick auf ihre Funktion analysiert, wobei besonders die Reaktion dieser Entitäten, d.h. ihr Output (z.B. Erfolg), auf bestimmte Inputs (z.B. Anreize) interessiert (vgl. auch Servatius 1991, S. 101). Daraus erwächst auch die Idee,
Prämien als Anreize für ein bestimmtes (Leistungs-)Verhalten zu gewähren (vgl.
Taylor 1983, S. 130). Wegen dieser vereinfachenden Annahmen über die Verhal-

tensmotive und anderer normativer Äußerungen wird Taylor (und dem Taylorismus) oftmals ein negatives bzw. pessimistisches Menschenbild vorgeworfen (vgl.
Bea/Göbel 2006, S. 78). In dieser Tradition steht bis heute die Fokussierung auf die
Funktionen und Funktionsweisen von Verhalten in Organisation zum Wohl von
kollektivem Zweck und kollektiven Zielen, die vorrangig einen Aufgaben- statt
Personenbezug verfolgt. Aus dieser Perspektive werden Organisationen als „entindividualisierte (fast) menschenfreie Räume" (Lang 2007, S. 2f.) gedacht, in denen
der „Störfaktor Mensch", dort wo er unvermeidbar ein Eigenleben zu entfalten
droht, reglementiert, kontrolliert und durch materielle Anreize manipuliert werden
muss. Dieser schlichten, aber einflussreichen Denkart folgen besonders die dezidiert
ökonomischen Denkfiguren der Organisationsgestaltung und -leitung.

Taylor forderte dabei – gewissermaßen nicht anders als Max Weber – die freiwillige Unterordnung unter einen rationalen Zweckverband, in dem das Individuum
in Erfüllung seiner (Arbeits-)Pflichten ganz aufzugehen hat. „Bisher stand die Persönlichkeit an erster Stelle, in Zukunft wird die Organisation und das System an
erste Stelle treten" (Taylor 1977, S. 4). Der Einzelne wird dadurch nicht vollständig
unwichtig, aber auf ein funktionsadäquates Handeln und seine arbeitsbezogene
Rolle beschränkt, so dass seine Bedürfnisbefriedigung nurmehr in der effektiven
Ausführung der Arbeit liegen kann. Seinen Wert kann das Individuum nur dadurch
zeigen, dass es sich „funktionsadäquat bewährt", indem es sich in seinem beruflichen Tun immer weiter perfektioniert (vgl. Taylor 1977, S. 134f.). Damit wird vor
allem die Bedeutung der inneren Haltung der Arbeiter als Voraussetzung für das
„richtige" Verhalten herausgestellt. Dementsprechend setzten seine Methoden in
seinen eigenen Worten auch eine „vollständige Umgestaltung der Auffassung des
Arbeiters über ihre Stellung zur Arbeit voraus" (Taylor 1977, S. 106). Er war sogar
davon überzeugt, dass gerade sein System der wissenschaftlichen Betriebsführung
die Arbeiter – wie er 1912 in einer Anhörung sagte – „into higher types of men"
verwandeln würde. Eine Unterordnung wird bei ihm aber nicht streng autoritär
gefordert, sondern ist durch vernünftige, auch den Arbeitern einsehbare Prinzipien
und die effektive Funktionsweise des organisatorischen Ganzen zum Wohle aller
gerechtfertigt. Diese funktional begründete Über- und Unterordnung legitimiert
aber auch die „rationale Abrichtung und Einübung von Arbeitsleistungen" (Weber
1976, S. 686). Der Zweck rechtfertigt die Anwendung von angebrachten Mitteln
bzw. instrumentale Eingriffe in das Verhalten des Individuums (z.B. die systematische Auslese und Anpassung der Arbeiter), die sich praktisch gesehen in Form einer
systematischen Konditionierung des Verhaltens vollziehen (vgl. Walter-Busch 1996,
S. 125) und so letztlich einer Manipulation gleichkommen.

Mit Elton Mayo und der von ihm inspirierten Human Relations-Bewegung
verbindet sich dann eine weitere, bis heute einflussreiche *dritte* Position der Betrachtung des Verhältnisses von Individuum und Organisation, die zahlreiche Weiterentwicklungen stimuliert hat (vgl. Kapitel 2.2.1). Dieser Ansatz stellte die „Mitar-

beiterbeziehung" und Beziehungsorientierung bzw. Gruppenprozesse in den Mittelpunkt der Betrachtung und eingehender Untersuchungen (vgl. auch Smith 1998, S. 239). Mayo verstand seine Arbeit dabei zunächst als eine Erweiterung und Fortsetzung der Pionierarbeiten von F. W. Taylor (vgl. O'Connor 1999a, S. 224; Bruce 2006, S. 185). Taylor hatte selbst schon vorgeschlagen, „dass ein eingehendes Studium der Motive, welche die Arbeiter in ihrem Tun beeinflussen (vgl. Taylor 1977, S. 128)" als ergänzende wissenschaftliche Untersuchungsmethode eine besondere Aufmerksamkeit verdienen würde – auch wenn er nicht glaubte, dass hierbei ohne weiteres objektive Gesetzmäßigkeiten zu finden seien. Mayo wandte sich gegen die bis dahin vorherrschende extrem individualistische Betrachtung der Arbeiter und ihres Leistungsverhaltens und forderte die gesamte psycho-soziale Situation einer Person – auch in ihren Aspekten außerhalb des eng begrenzten Arbeitsumfelds – einzubeziehen (vgl. Bruce 2006, S. 186). Diese Herangehensweise bezeichnete Mayo später auch als „total situation approach" (vgl. Walter-Busch 1996, S. 161). Komplexe menschliche Probleme sind demzufolge „ganzheitlich" aus den verschiedensten Blickwinkeln (Individuum, Gruppe, Umfeld) zu beleuchten und Probleme der mangelhaften Integration aus dieser Warte heraus anzugehen. Vielmehr noch als diese grundlegenden Überlegungen von Mayo wurden die Erkenntnisse aus dem von ihm geleiteten Hawthorne-Forschungsprogramm zum Ansatzpunkt bedeutender Weiterentwicklungen. Der Human Relations-Ansatz geht – gestützt durch diese Ergebnisse – davon aus, dass die informale Organisation ein verhaltensprägender Faktor ist, von dem vor allem auch positive Wirkungen (Motivations- und Leistungssteigerungen) ausgehen können. Dies insbesondere dann, wenn die sozialen Beziehungen gut sind und zur Zufriedenheit bei den Mitarbeitern führen – also eine gelungene, produktive Integration vorliegt.

Bei dem Prinzip der Beziehungsorientierung werden somit vor allem informelle Dimensionen der Organisation für die Integration des Individuums genutzt. Jedoch ist die informelle Organisation ein ambivalentes Phänomen, da sie in zwei Ausprägungen vorzufinden ist (vgl. Schimank 2007, S. 202), die nicht in gleichem Maß zu einer produktiven Lösung der Integrationsfrage beitragen. Einerseits kann Informalität die Lücken der Formalstruktur ausgleichen und ihre Defizite beheben. Dabei unterstützt eine Beziehungsorientierung die formalen Autoritätsstrukturen und erlaubt die Berücksichtigung individueller Bedürfnisse wie die Steigerung sozialer Effizienz. Andererseits dienen aber informelle Strukturen auch dazu, die Interessen des Individuums zulasten der Organisation zu realisieren (z.B. informelle Leistungsnormen in Gruppen). Dann trägt eine Beziehungsorientierung nicht mehr zu einem Ausgleich zwischen Individuum und Organisation bei, sondern verstärkt eher desintegrative Entwicklungen. Die Beeinflussung von Wahrnehmungen der Individuen in einem positiven Sinn schafft prinzipiell erst einmal ein Zugehörigkeitsgefühl, das sich nicht notwendigerweise in korrespondierende Handlungen niederschlägt. Die im Gefolge der Human Relations-Ansätze entstandene Annahme, dass es einen „one best way" im Verhalten gibt, der in der Konsequenz zu höherer Leis-tung und Zufriedenheit der Geführten führt (vgl. Ridder 2007, S. 53) und auf die-sem Weg sozusagen ihre Integration in das Gesamtgebilde befördert, erwies sich empirisch gesehen als nicht haltbar. Ein freundschaftliches, vertrauens- und re-spektvolles Verhalten gegenüber dem Individuen oder Gruppen, bzw. eine Rück-sichtnahme auf die Bedürfnisse des Einzelnen, die Sorge um sein Wohlergehen oder der Respekt gegenüber individuellen Vorstellungen führt nicht mit der Zwangsläu-figkeit zu den positiven Folgen mit Blick auf die Integrationsproblematik, wie von dieser Denkrichtung postuliert. Und schließlich helfen auch keine verbesserte Stimmung und mehr Verständnis, wenn die faktischen Arbeitsbedingungen unzu-reichend sind (vgl. Resch 2005, S. 68).

Mit dem Organisationskultur-Ansatz verbindet sich das Prinzip der Kultivie-rung als das *vierte* und letzte Integrationsprinzip im Verhältnis von Individuum und Organisation (vgl. Kapitel 2.2.2). Dabei wird das Individuum in einem Wert- und Sinnzusammenhang über den Weg der Enkulturation oder Sozialisation „verge-meinschaftet" und so in kollektive Bezüge integriert. Die Kultur soll dabei gewähr-leisten helfen, dass sich Individuen mit der Organisation über ein „Wir-Gefühl" identifizieren und besonders auch neu hinzugekommenen Personen die Orientie-rung und Einbettung ermöglichen (vgl. Baetge et. al. 2007, S. 188). Demnach steht Organisationskultur damit grundsätzlich für etwas Gemeinsames, das zwischen allen integrierten Organisationsmitgliedern herrscht – nämlich für gemeinsam geteilte Werte, (Handlungs-) Normen oder auch Überzeugungen, die ihrerseits das konkrete und alltägliche (Leistungs-)Verhalten der Mitglieder einer Organisation nachhaltig und in einer übereinstimmenden (kollektiven) Weise prägen (vgl. auch Weibler 2008, S. 17ff.). Organisationskultur wirkt somit wie ein verhaltensbezogener „Auto-pilot" (Bleicher 1991, S. 126), wie ein „ungeschriebener Verhaltenskodex" (Eber-wein/Tholen 1991, S. 205) oder wie eine „unsichtbare (Führungs-)Kraft" (vgl. Wunderer 2006, S. 153). Diese Zuschreibungen erklären auch, warum die Organisa-tionskultur im Sinne einer Standardisierung von Denk- und Verhaltensweisen („kol-lektive Programmierung des Geistes"; vgl. Hofstede 1980, S. 13) als wichtiges Integ-rationsinstrument angesehen wird. Sehr anschaulich illustriert wird diese Hoffnung, die in die Bindungskräfte durch Kultur gesetzt wird, durch die vielfach verwendete Klebstoff-Metapher: Kultur fungiert demnach als sozialer Klebstoff, der das Orga-nisationsgebilde zusammenhält (vgl. Smircich 1983, S. 344). Dabei wird regelmäßig unterstellt, dass eine Organisationskultur auch eine relative Kohärenz aufweist, die eine nach Ansicht der integrativen Perspektive der Kulturforschung eine Grundbe-dingung des Kulturellen überhaupt darstellen soll (vgl. Martin/Frost/O'Neill 2007, S. 728). Schein (1992, S. 10) formuliert dies wie folgt: „Culture somehow implies that rituals, climate, values, and behaviors bind together into a coherent whole. This pattern or integration is the essence of what we mean by ´culture´." Diese Ganz-heitlichkeit von Kultur kann dann genutzt werden, die „Ressource Individuum" für

ökonomische Zwecke „ganzheitlicher" und damit noch effektiver zu nutzen (vgl.
Stolz/Türk 1992, Sp. 843).

Bei der Integration auf kulturellem Weg geht es um die Eindämmung zentrifugaler Kräfte durch die Sichtbarmachung einer gemeinsam verbindenden Organisationskultur (vgl. auch Remer 1992, S. 242). Kultur fungiert damit ein Stück weit als
ein Surrogat für die (kollektiv) stabilisierende Fiktion von Dauerhaftigkeit, die der
Organisation durch die sich immer stärker wandelnden, Teilautonomie verlangen-
den Strukturen (z.B. Dezentralisierung, Center-Bildung) verloren geht. In dem Maße, wie sich die Hoffnungen auf eine rationale Planbarkeit, Gestaltbarkeit und umfassende Steuerbarkeit von Organisationsgebilden zunehmend verflüchtigt haben,
wurde versucht, über die Organisationskultur einen neuen, intelligenteren Steue-
rungsmodus zu finden (vgl. Kühl 1998, S. 154). Dabei darf aber nicht vergessen
werden, dass der gezielte Einsatz von Managementmaßnahmen und -instrumenten
sowie auch das Management im institutionellen Sinn selbst bereits Teil der Organisationskultur ist (vgl. Baetge et al. 2007, S. 188), weswegen sich hier Ursache und
Wirkung kaum voneinander trennen lassen. Wer also hierdurch wen integriert oder
ob eine Integration Voraussetzung oder Folge solcher Strategien ist, kann – im
Gegensatz zu den vorherigen Integrationsprinzipien – kaum eindeutig bestimmt
werden. Zudem werden solchen Vergemeinschaftungs- und Vereinnahmungsstrategien (vgl. Krell 1993) auch durch den Eigensinn der Subjekte deutliche Grenzen gesetzt. Der Versuch der Nutzung von Gemeinschaft übersieht zudem, dass
Gemeinschaften nur vergleichsweise schwach Ordnungsleistungen zu erbringen
vermögen (vgl. Gläser 2007, S. 91). Gleichwohl zeigt sich am Organisationskulturansatz sehr deutlich, dass sich zur Bewältigung des Integrationsproblems immer
subtilere Sozialtechniken der Verhaltenssteuerung etablieren, die die „Hegemonie
des Kapitals" auf bislang unberührte, zuvor als unverfügbar gedachte Bereiche des
menschlichen Daseins ausdehnen (vgl. Kühl 1998, S. 155), was seit der Konstitution
moderner Organisationen überwunden schien.

Auch dadurch wird erkennbar, dass die einzelnen Integrationsformen zwar jeweils einzelne und sehr spezifische Wege sind, das Spannungsfeld von Individuum
und Organisation zu bewältigen, sie aber nicht ohne Bezug zueinander gedacht
werden können. Bevor wir aber diese bereits skizzierten Entwicklungslinien detail-
lierter betrachten und ihre Folgen für das Organisationsgeschehen analysieren,
möchten wir zunächst eine Einordnung des Verhältnisses von Individuellen und
Kollektiven vor dem Hintergrund des Organisationsphänomens und seiner historischen Entwicklung vornehmen.

1 Das Organisationsphänomen

1.1 Einordnung

Organisationen prägen die Lebenswirklichkeit moderner Gesellschaften in einem derart hohen Maße, dass sie kaum mehr aus ihnen wegzudenken sind (vgl. für viele z.B. Türk 1978, S. 1; Scott 1986, S. 21; Kieser/Kubicek 1992, S. V; Esser 2000, S. 237f.;Titscher/Meyer/Mayrhofer 2008, S. 36). Menschen arbeiten in Organisationen, produzieren mit Organisation(en) Güter und Dienstleistungen, artikulieren durch sie Ideen und Interessen oder lösen mit ihrer Hilfe Probleme. Das Vorhandensein von Organisationen wird deshalb auch als das charakteristische Merkmal moderner Gesellschaften angesehen (vgl. u.a. Pfeffer 1997, S. 3; Aldrich 1999, S. 5; Tsoukas 2001, S. 7). Die Dichte und Verschiedenartigkeit heute existierender Organisationen dürfte einmalig in der Geschichte der Menschheit sein (vgl. Kasper/Heimerl-Wagner 1996, S. 11). So unterschiedliche Organisationen wie Schulen, Krankenhäuser, Verwaltungen, Unternehmen, Vereine oder Universitäten erfüllen dabei überaus vielfältige und höchst facettenreiche Aufgaben.

Diese und andere Organisationen beschäftigen sich mit so unterschiedlichen und komplexen Dingen wie dem Umweltschutz, der Güterproduktion, der sozialen Gleichstellung oder der Gesundheitsvorsorge. Sie besitzen dabei als Ganzes ein erstaunliches Leistungsvermögen: So können z.B. Unternehmen Weltraumstationen produzieren, weltweite Telefongespräche ermöglichen oder gigantische Staudämme bauen. All diese Aufgaben würden ein einzelnes Individuum klar überfordern (vgl. Scherer 2006, S. 19). Organisationen sind demnach Zusammenschlüsse, die Menschen helfen, Aufgaben zu erfüllen, die sie allein nicht bewältigen könnten oder die – im Fall weniger ambitionierter Vorhaben – aus ökonomischen Gründen sinnvollerweise nicht allein bewältigt werden sollten (vgl. Hall 1998, S. 3; Aldrich 1999, S. 5f.). Der Bau eines Supertankers oder die Ausrichtung eines internationalen Sportwettkampfs wird aber heutzutage nicht nur durch die Anstrengung innerhalb einer Organisation, sondern vor allem durch das kooperative Zusammenwirken vieler Organisationen ermöglicht (vgl. Aldrich 1999, S. 6).

Organisationen berühren außerdem gleichermaßen alle unsere Lebensbereiche und Lebensphasen und damit auch unser Verhalten (vgl. auch Neuberger 1977, S. 12; Kasper/Heimerl-Wagner 1996, S. 11. Jeder Mensch verbringt einen wesentlichen Teil des Lebens in Organisationen als Mitglied oder als Klient (vgl. auch Pfeiffer 1976, S. 9; v. d. Oelsnitz 2000, S. 13; Lengfeld 2007, S. 13). Die Gestaltung der Freizeit kann sich dabei ebenso wie die Ausübung eines Berufs im Rahmen von Organisationen (z.B. Sportverein) oder unter Mithilfe von Organisationen (z.B. Freizeitparks) vollziehen (vgl. auch Scherer 2006, S. 19). Durch diesen täglichen Umgang mit Organisationen und die vielfältigen Zugehörigkeiten jedes Einzelnen zu den unterschiedlichsten Organisationen werden Organisationen kaum noch bewusst wahrgenommen (vgl. auch Scott 1986, S. 23; Jost 2000, S. 1). Dabei bestimmen sie aber nicht nur sehr viele Aspekte des öffentlichen wie privaten Lebens, sondern beeinflussen auch nachhaltig die Lebenschancen von Menschen (vgl. Lengfeld 2007, S. 13).

Wenn wir von Organisation sprechen, haben wir dabei jedoch nicht nur das Gebilde, sondern auch das Organisieren als Tätigkeit des Ordnungsschaffens und Regelns von Sachverhalten vor Augen (vgl. auch Kosiol 1976, S. 15). Dies lässt sich aus der Entstehungsgeschichte des Wortes heraus erklären, die die Abbildung 2 aufzeigt. Das Wort „Organisation" stammt vom altgriechischen Wort „organon" mit den Bedeutungen „Werkzeug, Instrument, Körperteil, Körper" ab (vgl. Walter-Busch 1996, S. 5; Morgan 1997, S. 28). Im mittelalterlichen Latein wurde aus dem altgriechischen „organon" das Substantiv „organisatio" mit den Bedeutungen „Beschaffenheit, Gestaltung, Herstellung natürlicher Körper". Das dazugehörige Verb „organisare" wurde im Sinn von „einrichten, ordnen, gestalten" verwendet.

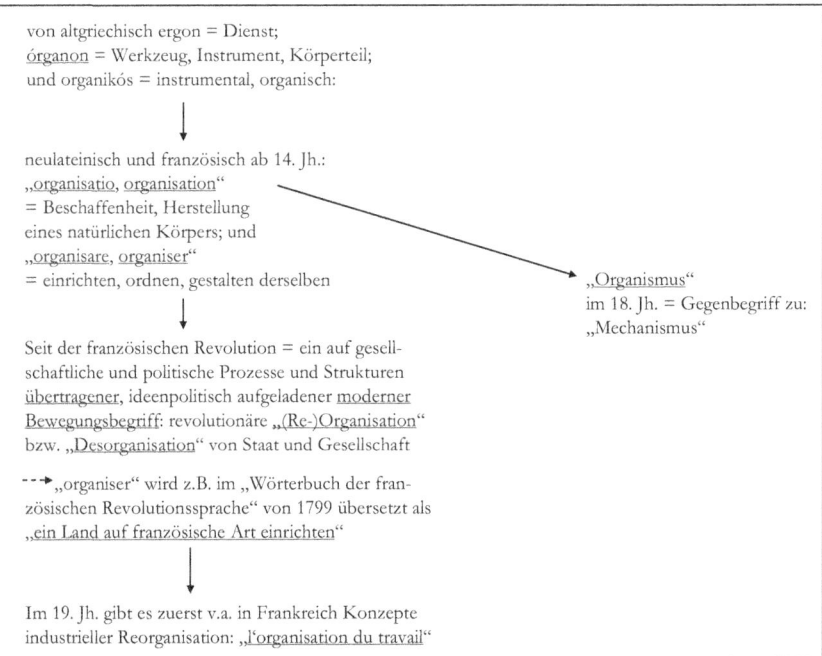

Abbildung 2:   Entstehungsgeschichte des Wortes Organisation (vgl. Walter-Busch 1996, S. 6; gekürzt)

Während der französischen Revolution erfuhr das Wort Organisation einen Bedeu-
tungswandel: Ziel der revolutionären Aktivitäten war die Abschaffung/Umgestal-
tung der als überholt angesehenen staatlichen Institutionen. Dadurch sollte die
ganze Gesellschaft umfassend re-organisiert, d.h. auf andere Regelungsbeziehungen
gestellt werden (vgl. Türk 1992, Sp. 1635; Walter-Busch 1996, S. 6). Deswegen
wurden nunmehr damit Tätigkeiten bezeichnet, die auf die Veränderung gesellschaftlicher Institutionen abzielten.

Im Verlauf des 19. Jahrhunderts verlor das Wort „Organisation" seine zeitwei-
lige politische Bedeutung. Mit dem Beginn der Industrialisierung und dem Entstehen von Unternehmen seit Mitte des 19. Jahrhunderts verlagerte sich seine Bedeutung auf den Bereich der Organisation der Arbeit (vgl. Walter-Busch 1996, S. 7).
Die Tätigkeiten von Organisatoren waren nun nicht mehr darauf gerichtet, die
Gesellschaft als Ganze anhand normativer Vorstellungen über das menschliche
Zusammenleben (umzu-)gestalten, sondern die Bereiche der koordinierten Leistungserstellung (v.a. Produktion von Gütern und Dienstleistungen) ordnend zu
gestalten (vgl. auch Morgan 1997, S. 28f.). Dabei trat im Zuge der Industrialisierung
anstelle der politisch motivierten Zielsetzung des Organisierens mehr und mehr der
zentrale Gedanke der Produktivität. So meint der Ausdruck, dass etwas gut organi-
siert sei, nicht nur die Tatsache, dass etwas geordnet ist, sondern auch, dass diese
Ordnung in einer positiven Beziehung zur Erreichung von bestimmten Zielen steht.
Unter Organisationen versteht man seitdem von Menschen bewusst geschaffene
„Organe" (Einrichtungen) in Staat und Gesellschaft mit spezifischen Zielsetzungen
(vgl. auch Walter-Busch 1996, S. 24). Mit dem Verb „organisieren" bezeichnet man
Tätigkeiten des Ordnungschaffens, der Gestaltung und der Steuerung (vgl. auch
Dörler 1983, S. 161f.). Diesen doppelten Wortsinn von Organisation wollen wir im
Folgenden stets mitbedenken.

Da Organisationen also derart allgegenwärtig geworden sind und das Organisieren eine hohe Bedeutung erlangt hat, existiert bei jedem Einzelnen ein hohes
intuitives Wissen durch die Erfahrungen, die er im Umgang mit Organisationen
gesammelt hat (vgl. auch Scherer 2006, S. 19). Eine wissenschaftliche Auseinandersetzung mit der Thematik der Organisation und des Organisierens verlangt jedoch
eine tiefergehende Analyse. Voraussetzung hierfür ist ein differenziertes Verständnis
von Organisationen und Organisationsprozessen. Nur auf diese Weise lässt sich das
vielschichtige Phänomen Organisation in seiner ganzen erfahrbaren Breite erfassen
und damit auch die Integrationsproblematik differenzierter ausleuchten. Als ersten
Schritt wollen wir zuvor die Entwicklung von Organisation als eigenständigem
sozialem Gebilde aufzeigen, um die historisch begründeten Ursachen des Span-
nungsverhältnisses zwischen Individuum und Organisation zu ergründen.

1.2 Historische Entwicklung

Auch wenn Organisationen die heutige Lebenswirklichkeit so sehr durchdrungen
haben, dass ihre Existenz mittlerweile als völlig selbstverständlich angesehen wird,
stellen sie doch eine vergleichsweise neue Form der Institutionalisierung dar: Organisationen sind im Wesentlichen ein Produkt der Neuzeit (vgl. u.a. Pfeiffer 1976, S.
21; Kieser 1993a, S. 57; ausführlich Gabriel 1979, Türk/Lemke/Bruch 2006). Erst
seit gut 150-200 Jahren kann überhaupt von Organisationen im heutigen Sinn des
Wortes gesprochen werden (vgl. auch Scott 1998, S. 4). Organisationen sind jedoch
keinesfalls unvermittelt in die gesellschaftliche Wirklichkeit getreten, sondern haben
sich im Verlauf einer längeren Entwicklung herausgebildet (vgl. Luhmann 2000, S.
380; Esser 2000, S. 249). Sie sind dabei nicht zielgerichtet von planvoll handelnden,
rationalen Gestaltern geschaffen worden, sondern stellen das Ergebnis eines langen
wechselvollen geschichtlichen Prozesses dar, der von zahlreichen Zufällen und ein-
maligen Konstellationen geprägt ist (vgl. Hayek 1973, S. 9). Dieser Entwicklungsprozess kann dabei nicht losgelöst von anderen Faktoren wie z.b. Staatenbildung,
Etablierung von Märkten, Gesetzgebung u.a. gesehen werden (vgl. Kieser 1989a, S.
541f.) und steht in einer engen Verbindung zur Herausbildung und Entwicklung
von modernen Gesellschaften überhaupt (vgl. Türk/Lemke/Bruch 2006, S. 14ff.).
Die wechselseitige Durchdringung von Organisation und Gesellschaft und die hohe
Prägekraft von Organisationen als wohl prominentester Konfigurationsform sozialer Verhältnisse wie sozialen Verhaltens bilden den Grund dafür, heutige Gesellschaften als „Gesellschaft der Organisationen" (Perrow 1991) oder „Organisationsgesellschaft" (Jäger/Schimank 2005) zu klassifizieren.

Schließlich sind erst in modernen Industriegesellschaften Organisationen zum
beherrschenden Faktor in menschlichen Gemeinschaften geworden (vgl. Scott
1986, S. 192). Ihre Entstehung, Ausbreitung und Differenzierung kann zu den großen sozialen Veränderungen auf dem Weg zur modernen Welt gezählt werden.
Organisationen stellen dabei gleichermaßen das Produkt dieser Veränderung dar,
wie sie andererseits Ursache dieser Veränderung sind. Damit ist die Entwicklungs-
geschichte heutiger Gesellschaften zu einem beträchtlichen Maß die Entwicklungs-
geschichte von Organisationen als zweckgerichteten sozialen Gebilden (vgl. Pfeiffer
1976, S. 21). Aus diesem Grund wollen wir die Entwicklung von Organisationen
anhand der wesentlichen Phasen der gesellschaftlichen Entwicklung nachzeichnen:

Lange Phasen der Menschheitsgeschichte waren von der Existenz archaischer
Gesellschaften gekennzeichnet. Diese Gesellschaften wiesen nur eine geringe Anzahl von Gesellschaftsmitgliedern auf. Dies ermöglichte eine direkte Interaktion der
Mitglieder untereinander. Archaische Gesellschaften sahen sich dabei vor allem vor
die Aufgabe gestellt, die Knappheit der materiellen Ressourcen und externe Bedro-
hungen zu bewältigen (vgl. Giesen 1980, S. 543). Das Weltbild archaischer Gesellschaften war ferner stark durch magisches Denken geprägt (vgl. Giesen 1980, S.

130). Abstrakte, rational begründete Einrichtungen wie z.B. Verträge oder Märkte waren unbekannt. Archaische Gesellschaften waren demzufolge auch organisationslose Gesellschaften in der Hinsicht, dass keine Organisationen im institutionellen Sinn existierten (vgl. Luhmann 1975, S. 13; Pfeiffer 1976, S. 21). Ein aus der Existenz organisatorischer Gebilde heraus begründetes Integrationsproblem lag damit nicht vor.

In antiken Gesellschaften wurde dann durch eine merklich größere Aggregation von Menschen eine unmittelbare, spontane Koordination zur Bewältigung kollektiver Aufgaben wie in archaischen Gesellschaften mehr und mehr erschwert. Die direkte Interaktion, basierend auf Verwandtschaftsbeziehungen, erfuhr deshalb erste Ergänzungen durch die verstärkte Entwicklung von sozialen Institutionen. Kennzeichnend für antike Gesellschaften sind außerdem erste kollektive Großprojekte, die eine organisierte Koordination verlangen (vgl. Pfeiffer 1976, S. 21f.). So lässt sich beispielsweise der Bau der ägyptischen Pyramiden nicht ohne eine Form der Organisation denken (vgl. Kasper/Heimerl-Wagner 1996, S. 11). Auch wenn hier Organisation eher im funktionalen Sinn zu verstehen ist, zeigen sich doch bereits daran erste Ansätze der Herausbildung von zweckorientierten sozialen Gebilden. Jedoch bleibt der größte Teil der Bevölkerung davon unberührt (vgl. Pfeiffer 1976, S. 22; Schimank 2000, S. 320). Damit ergaben sich Integrationsprobleme – wenn überhaupt – dann nur sehr punktuell und ließen sich noch durch die Anwendung von Zwang oder Gewalt bewältigen.

Die Mitglieder vorneuzeitlicher Gesellschaften waren stark in ein engmaschiges und vergleichsweise starres System von sich überlappenden sozialen Gebilden eingebunden. Prägend war vor allem das Feudalsystem mit seinem Gefüge gegenseitiger Abhängigkeiten und der Festschreibung erheblicher Machtungleichgewichte (vgl. Nachbagauer 1999, S. 20). Die Versinnbildlichung des Feudalsystems war der sog. Herrenhof als zentrale ökonomische und gesellschaftliche Institution des frühen Mittelalters (vgl. Kieser 1993b). Er stellt insgesamt aber eher ein System der sozialen Schichtung dar, als eine Form der Organisation. Das Gegenstück zum Herrenhof bildeten die Klöster. Sie waren trotz ihrer eng an religiösen Normen ausgerichteten Tätigkeit die ersten rational verwalteten sozialen Gebilde (vgl. Weber 1976, S. 696). So enthielten die Ordensregeln genaue Vorgaben zur Regelung der Sozial- und Arbeitsbeziehungen. Klöster besaßen neben dem System der hierarchischen Über- und Unterordnung noch weitere organisationale Merkmale wie z.B. geregelte Kompetenzverteilung. Die Integration von Individuen in diese Gebilde basierte dabei entweder auf traditionalen, stark asymmetrischen Herrschaftsverhältnissen mit einem hohen Grad an Abhängigkeit und Unfreiwilligkeit oder starken wert- und normorientierten (religiösen) Prägung, die das Verhältnis des Einzelnen zum Kollektiv weitgehend determinierten. Hinzu kam eine in der Regel lebenslange, oft durch Geburt bestimmte Zugehörigkeit des Individuums zu diesen sozialen Gebilden. Diese askriptive Zugehörigkeit regelte nicht nur die daraus abgeleiteten

Rechte und Pflichte des Einzelnen, sondern bestimmte auch seine Lebenschancen (vgl. Lengfeld 2007, S. 32).

Durch die gegenläufigen Tendenzen der zunehmenden Zentralisierung der Staatsmacht einerseits und der Stärkung individueller Rechte andererseits kam es dann in der späten Frühneuzeit zum Zerfall der bis dahin vorherrschenden klein-räumigen Feudalstruktur mit ihrer umfassenden Einbindung von Individuen in ein vielstufiges Herrschaftsgebilde (vgl. auch Pfeiffer 1976, S. 22). Im Zuge dieser kon-fliktären Prozesse entwickelten sich allmählich sog. korporative Akteure als inter-mediäre Gebilde, die dieses Vakuum auffüllten (vgl. Coleman 1979, S. 15). Diesen Gebilden stand dabei als juristischen Personen erstmals genauso wie natürlichen Personen das Recht zu, eigene Rechtgeschäfte zu tätigen und Eigentum zu erwer-ben. So wurden ab dem frühen 12. Jahrhundert in den Städten Handwerkszünfte, Handelshäuser und Kaufmannsgilden gegründet (vgl. Nachbagauer 1999, S. 24f.). Es kam außerdem z.b. zur Gründung von Schulen und Universitäten (vgl. auch Prahl 1978). Damit erweiterte sich nicht nur die Bandbreite sozialer Gebilde ganz erheblich, sondern auch deren Zwecksetzungen, so dass unterschiedliche Stellungen und Beziehungsmuster zwischen Individuen und den kollektiven Strukturen mög-lich wurden.

Allerdings stellten die meisten dieser sozialen Gebilde in ihrer damaligen Aus-prägung noch keine Organisationen im heutigen Sinn dar. Dies lässt sich insbeson-dere an den Zünften und Gilden zeigen, die einige wesentliche Unterschiede zu Organisationen im heutigen Sinn aufwiesen (vgl. im Folgenden Kieser 1989b, S. 176f.; Kieser 1999, S. 607f.): Sie waren multifunktionale soziale Gebilde, da sie Aufgaben der Rechtsprechung, der öffentlichen Verwaltung und der militärischen Verteidigung wahrnahmen. Die Mitgliedschaft in Zünften war an bestimmte (nicht beeinflussbare) soziale Merkmale gebunden und konnte so im Wesentlichen nur durch die Geburt in eine Schicht erworben werden. Es bestand auch praktisch keine Möglichkeit zum Austritt aus der Zunft oder zum Wechsel in eine andere Zunft. Moderne Organisationen sind dagegen – abgesehen von wenigen Ausnahmen – durch einen freiwilligen Ein- und Austritt gekennzeichnet (vgl. Nachbagauer 1999, S. 29). Weder wird man in sie hineingeboren noch gehört man ihnen zwangsweise ein Leben lang an. Die Mitgliedschaft wird im formellen Sinn durch die (meist ver-tragliche) Anerkennung der in der Organisation geltenden Regeln erworben. Für die Frage der Integration von Individuen in organisationale Zusammenhänge erweist sich gerade dieser Aspekt der Freiwilligkeit von entscheidender Bedeutung, weil hierdurch nicht das Verhältnis fragiler und seine Gestaltung anspruchsvoller, son-dern auch die Bandbreite des Verhaltens größer und schwerer regulierbar wird.

Die Regelungen der Zünfte erstreckten sich zudem im Gegensatz zu moder-nen Organisationen auf alle Lebensbereiche der Mitglieder. Zünfte bestimmten z.B. detailliert die Kleidung, die Umgangsformen und den Lebensrhythmus aller in der Zunft zusammengefassten Personen. Sie schufen durch ihre Betonung von Symbolen, Mythen und Ritualen auch eine moralische Bindung ihrer Mitglieder an die Zunft (vgl. Kieser 1989a, S. 558). Moderne Organisationen (insbesondere erwerbswirtschaftlicher Art) beruhen dagegen vorwiegend auf einer utilitaristischen oder zweckrationalen Bindung (vgl. Etzioni 1967, S. 9ff.). Überdies treten Mitglieder in modernen Organisationen nur einen begrenzten Teil der Handlungsfreiheit an die Organisation ab (vgl. Lengfeld 2007, S. 33). Durch die Regelung aller Lebensbereiche ihrer Mitglieder besaßen Zünfte ferner einen Monopolcharakter. Sie lassen sich deswegen auch als soziale Monopole auffassen. Durch diese Monopolisierung sozialer Beziehung traten kaum Integrationsprobleme im heutigen Sinn auf, da der Eintritt in dieses soziale Gebilde durch Geburt determiniert und individuelle Verhaltensvariationen durch umfassende Sozialisation und die engen Verhaltensspielräume kaum zum Tragen kommen konnten. Dadurch bedingt verhielten sich Individuen auch kaum konträr zu diesen Ordnungsvorstellungen, da dies nicht nur das Risiko eines Ausschlusses mit sich gebracht hätte, sondern wegen der geschlossenen Verfasstheit dieser Sozialgebilde den „sozialen Tod" bedeutet bzw. die A-Sozialität des Individuums gedroht hätte. Überdies verhinderte die starke religiöse und soziale Normierung, dass Individuen solche Ordnungen bewusst hinterfragten oder nach eigenen Vorstellungen (mit-)gestalten wollten. Dagegen bestehen durch die Partialinklusion in modernen Organisationen auch immer alternative Verwirklichungsbereiche und -chancen für das Individuum.

Der Übergang zur neuzeitlichen Gesellschaft ist gekennzeichnet durch eine Vielzahl von Entdeckungen und Erfindungen, verbunden mit einem wissenschaftlichen und technischen Fortschritt. Das Vernunftdenken gewinnt allmählich Raum gegenüber religiösen oder mythischen Vorstellungen (vgl. Nachbagauer 1999, S. 28). Es basiert auf der Annahme, dass die Welt von logischer, gesetzmäßig berechenbarer Beschaffenheit und damit dem menschlichen Verstand und der Vernunft zugänglich ist. Gerade diese Entwicklung erwies sich für die Herausbildung von Organisationen als entscheidend, da diese definitionsgemäß zweckorientierte Gebilde sind. Eine Zweckorientierung setzt jedoch einen rationalen Zugang zur Realität voraus. Überdies war es dazu notwendig, dass Ordnung zum Gegenstand von bewussten Reflexionen und Konzeptionen wie gestalterischen Interventionen wurde, was in vor-modernen Verhältnissen noch nicht der Fall war (vgl. auch Türk/Lemke/Bruch 2006, S. 51). Mit dieser Entdeckung von Ordnung als nicht-natürlicher Gegebenheit, sondern als Resultat willentlichen Entwurfs und absichtsvoller Handlung, die damit erstmalig einen ansatzweise individuellen Zugriff möglich machen, beginnt sich auch allmählich ein Integrationsproblem herauszubilden. Denn die Möglichkeit der planvollen Konstruktion von Ordnung eröffnet alternative Einordnungen bzw. Spielräume der Integration des Individuums in ein solches Gefüge.

Im Zuge des Merkantilismus erfuhr außerdem die Institution des Marktes eine starke Aufwertung. Soziale Monopole wie z.B. die Zünfte und Gilden wurden zunehmend als ein Hindernis für die wirtschaftlichen Expansionsbestrebungen der absolutistischen Staaten angesehen, weil diese sich als inflexibel und innovationshemmend erwiesen. Organisationen bilden hingegen zusammen mit Märkten eine unbestreitbar effizientere Koordinationsform als beispielsweise eine direkte Koordination zwischen Gesellschaftsmitgliedern (vgl. Kieser 1989a, S. 543f.). Insbesondere der Markt kann nicht nur als eine effiziente Koordinationsform gesehen werden, sondern auch als ein wirkungsvoller Selektionsmechanismus zur Verbesserung von institutionalisierten Problemlösungsverfahren (vgl. Kieser 1989a, S. 546). Er erwies sich deswegen gerade für die Entstehung von erwerbswirtschaftlichen Organisationen als entscheidender Katalysator – auch wenn Markt und Organisation als quasi alternative Strukturierungs- und Institutionalisierungsformen in einem Konkurrenzverhältnis gesehen werden können (vgl. auch Vanberg 1982). Jedoch ist jenseits einer analytischen Dichotomisierung für die geschichtliche Entwicklung stärker die wechselseitige Konstitution der beiden Formen von entscheidender Bedeutung (vgl. Türk/Lemke/Bruch 2006, S. 10).

Insgesamt lassen sich diese beschriebenen Veränderungen zu Beginn der frühen Neuzeit als die funktionsspezifische Differenzierung und Entmonopolisierung der Gesellschaft bezeichnen (vgl. Kieser 1989b, S. 177ff.): Die Differenzierung der Gesellschaft nach Klassen wird mehr und mehr durch die Differenzierung von Institutionen nach Funktionen ersetzt. Die vielfältigen religiösen, militärischen, ökonomischen und sozialpolitischen Aufgaben sozialer Monopole wurden mehr und mehr spezialisierten Institutionen (z.B. Armee, Verwaltung) übertragen, die jeweils nur der Erfüllung einer Aufgabe nachgingen. Dies führte zu einem beträchtlichen Produktivitätsschub, da soziale Monopole nicht nach Kriterien der Zweckmäßigkeit oder Effizienz gestaltet waren, sondern nach Maßgabe religiöser und gesellschaftlicher Normen. Zudem werden soziale Monopole nach und nach aufgelöst. Organisationen konnten sich somit nur deswegen verbreiten, weil die restriktiven Bestimmungen der Zünfte und Gilden (und anderer sozialer Monopole) aufgehoben wurden. Jedoch traten Organisationen nicht einfach an die Stelle vorheriger sozialer Gebilde, sondern bauten auf diesen auf. Rückblickend betrachtet stellen die Zünfte und Gilden somit wichtige institutionelle Vorformen von Organisationen dar (vgl. Kieser 1989a, S. 548).

Am Ende dieser Entwicklungen steht die Manufaktur, eine Frühform des industriellen Betriebes, die zur Befriedigung des Massenbedarfs bestimmter Güter gegründet wurde (vgl. hierzu ausführlich Haase 1995, S. 8ff.) und damit als eine der ersten Formen der Organisation im heutigen Sinn gelten kann (vgl. dazu auch Türk/Lemke/Bruch 2006, S. 70f.). Manufakturen waren oftmals noch fast reine Handwerksbetriebe. Sie basierten aber bereits auf den Prinzipien der Arbeitsteilung und Spezialisierung und kannten auch schon die Serienfertigung. Sie besaßen zudem eine formale Struktur und verfolgten ein dauerhaftes Ziel. Ferner konnten sie bis zu 300 Mitarbeiter umfassen (vgl. Chandler 1995, S. 58). Allerdings blieben die Arbeitsteilung und die damit verbundene Komplexität relativ gering, so dass auch nur geringe Anforderungen an die Koordination und Überwachung gestellt werden mussten. Aus diesen Gründen stellten Manufakturen die erste Form moderner Organisationen dar. Gleichzeitig waren sie aber noch mehr Instrument absolutistischer Staatsmacht unter der Doktrin des Merkantilismus als eigenständige soziale Gebilde. So waren sie vielfach Monopolbetriebe und befanden sich in staatlichem Eigentum oder genossen eine starke staatliche Förderung. Jedoch waren die ihnen verfassten Individuen erstmals von ihrem Lebensraum durch die Konzentration in einer separierten Betriebsstätte getrennt und festen, fremdbestimmten Arbeitszeiten unterworfen (vgl. Türk/Lemke/Bruch 2006, S. 70f.).

Diese Trennung der lebensweltlichen Sphäre von einer Produktivitätssphäre schuf im Ansatz bereits ein erstes Integrationsproblem – zumal die Gemeinschaft der in der Manufaktur arbeitenden Menschen nicht wie bisher nach sozialen Normen, sondern auf zweckrationaler Basis formiert war. Auf diese ungewohnte Fremdbestimmtheit der Verhältnisse folgte nicht selten eine Reaktanz der Subjekte (Leistungsverweigerung, Flucht, Undiszipliniertheit) auf die mit Etablierung von Zucht und Zwang sowie einer frühzeitigen Erziehung zum industriellen bzw. organsationsgemäßen Verhalten reagiert wurde (vgl. dazu Türk/Lemke/Bruch 2006, S. 75ff.). Die Organisationsfähigkeit des Individuums war also keineswegs gegeben, sondern musste gemäß dem voluntativen Ordnungsentwurf hergestellt werden. Bis heute sind somit entsprechende (Vor-)Sozialisationen bedeutsam für die Möglichkeit der produktiven Integration des Individuums in fremdorganisierte Zusammenhänge. Sie ersetzen dabei gleichzeitig andere Steuerungs- und Kontrollformen, so dass eine direkte Verhaltenskontrolle eher den Residualfall bildet (vgl. Türk 1981).

Mit dem Beginn des Industriezeitalters gewannen Organisationen als eigenständige soziale Gebilde mehr und mehr an Kontur. Die Gründung von erwerbswirtschaftlichen Organisationen (d.h. Unternehmen) im Rahmen der industriellen Revolution markierte endgültig den Aufschwung von Organisationen als Institutionalisierungsform. Schon bald verdrängte die rasch anwachsende Zahl von Industrieunternehmen die Vorformen der Manufaktur und des Verlagswesens. In ihrem Gefolge verbreiteten sich auch andere Formen von Organisationen (z.B. Vereine, Gewerkschaften). Die enorme Geschwindigkeit dieses Prozesses veranschaulicht folgendes Beispiel:

„Vor 1850 hatten wir (in Michigan) ungefähr 45 Bergbaugesellschaften, 7 Eisenbahngesellschaften, einige wenige Bankgesellschaften (...) und einen kleinen Rest sonstiger Gesellschaften. (...) Das Ergebnis ist, daß wir jetzt (1894) ungefähr 8000 Korporationen haben (...) und zwar in folgender Verteilung: Industrie und Handel 2500; Bergbau 1823; Eisenbahn 79; Straßenbahn 132; Transport 123; staatliche Banken 159; Wohltätigkeitsvereine 248; Fördergesellschaften 77; sonstige 2882." (A. Russell (1894): Corporations in Michigan; zitiert nach Coleman (1979), S. 19f.; leicht gekürzt und adaptiert)

Grundlegende Voraussetzungen für die rasche Herausbildung von Organisationen waren u.a. der Schutz des Privateigentums, die Gewährung von Handelsfreiheit und die Einrichtung einer allgemeinen Gerichtsbarkeit seit Beginn des 19. Jahrhunderts (vgl. u.a. Bauer/Matis 1988, Scott 1986, Chandler 1995). Jedoch war im Zeitalter der Industrialisierung nicht nur ein relatives Wachstum von Organisationen gegenüber anderen sozialen Gebilden zu verzeichnen, sondern auch ein erhebliches inneres Wachstum von erwerbswirtschaftlichen Organisationen. Umfassten Manufakturen wie beschrieben noch einige wenige Hunderte Beschäftigte, so beschäftigten Industrieunternehmen bald viele Tausend Mitarbeiter. Die Pennsylvania Railroad Company in den USA hatte um 1890 bereits mehr als 110.000 Beschäftigte (vgl. Chandler 1995, S. 204); in Deutschland beschäftigte Krupp 1907 als größtes Unternehmen 64.000 Personen (vgl. Kocka 1999, S. 142). Die zunehmende Größe der Industriebetriebe brachte aber auch verschiedene Probleme mit sich, die zu einer weiteren Differenzierung organisatorischer Merkmale führten (vgl. ausführlich Haase 1995, Kocka 1999):

- Das zahlenmäßige Wachstum und der zunehmende Aufgabenumfang machte die Einführung von Organisationsstrukturen erforderlich. Nur so konnte dauerhaft die zielgerichtete Aufgabenerfüllung gewährleistet werden.

- Weiterhin kam es zu einer Trennung von Eigentum und Leitung. Das Wachstum der Industriebetriebe machte die Einrichtung eines bezahlten Managements erforderlich, das die Leitung der Betriebe übernahm.

- Der immer stärkeren Ausdifferenzierung bei der Arbeitsteilung musste durch erste Integrationsmaßnahmen entgegengewirkt werden. Dies geschah durch Einrichtung einer Leitungsfunktion, die die Einzelabläufe koordinieren sollte. Die Leitungsfunktion wurde anschließend für die Erfüllung verschiedener Funktionen weiter differenziert, so dass allmählich eine Führungshierarchie entstand.

- Die immer größere Zahl der Organisationsmitglieder brachte auch Probleme der Disziplinierung mit sich, denen durch verstärkte Formalisierung von Abläufen begegnet werden musste (z.B. Aufgabenverteilung, Kompetenzabgrenzung, Weisungsrechte, Arbeitszeitverordnung usw.). Die Probleme der Disziplinierung resultierten v.a. aus dem starken Zufluss von Arbeitskräften aus dem Agrarsektor, die mit der industriellen Arbeitsweise nicht vertraut waren.

Die Lösung dieser Probleme wurde noch vorwiegend in der Praxis geleistet, eine breite wissenschaftliche Auseinandersetzung mit Organisationsfragen gab es zunächst nicht (vgl. Kocka 1999, S. 145). Schon bald begannen sich aber auch erste Wissenschaftler für das Phänomen Organisation zu interessieren. So steht am Ende der geschichtlichen Herausbildung von Organisationen der Beginn der wissenschaftlichen Auseinandersetzung mit Organisationen, die sich im Lauf der Zeit in vielfältige Positionen ausdifferenziert hat (vgl. dazu im Einzelnen z.B. Witt 1995, Walter-Busch 1996). Im Lauf der Zeit haben sich aber nicht nur Problemstellungen, Sprache und Inhalt der wissenschaftlichen und praktischen Diskussion immer mehr voneinander entfernt (vgl. Kieser 1995, S. 348), sondern auch die Organisationswissenschaft immer weiter ausdifferenziert. Während die einen die Unübersichtlichkeit der vielfältigen Ansätze und Themen beklagen (vgl. z.B. Hartmann 1988, Aldrich 1992, Pfeffer 1993) und auf eine Integration setzen (vgl. z.B. Grandori 2001), fordern andere noch mehr neue Sichtweisen (vgl. z.B. Canella/Paetzold 1994, Clegg/Hardy 1996). Umstritten ist, ob die verschiedenen theoretischen Ansätze anhand übergeordneter Kriterien vergleichbar sind und somit ein Kernbestand gesicherten Wissens existiert oder ob hingegen eine prinzipielle Inkommensurabilität zwischen diesen Ansätzen besteht (vgl. auch Scherer 2006). Mit einiger Sicherheit kann jedoch davon ausgegangen werden, dass die Diversifizierung weiter fortschreitet (vgl. Kieser 1998, S. 335). Damit lässt sich auch das Integrationsproblem nicht aus einer einzigen theoretischen Perspektive heraus klären, sondern erfordert einen multitheoretischen Zugang.

1.3 Zusammenfassende Beurteilung

Organisation ist ein Phänomen, das alle Bereiche des modernen Lebens erfasst hat und überall dort eine bedeutende Rolle spielt, wo es – wie z.B. im Wirtschaftsleben – darum geht, durch das koordinierte Zusammenwirken von Menschen Leistungen zu erbringen, die das Leistungsvermögen eines Individuums weit übersteigen (vgl. auch Staehle 1999, S. 415). Denn Organisationen sind die wohl effektivsten sozialen Gebilde, um viele benötigte, knappe Güter arbeitsteilig zu erstellen (vgl. auch Lengfeld 2007, S. 47). Organisation ist deswegen ein entscheidender Faktor für den Erfolg aller Leistungsgemeinschaften. Sie trägt wesentlich dazu bei, dass Einzelanstrengungen auf ein gemeinsames Ziel ausgerichtet werden und sich sinnvoll zu einem Ganzen ergänzen (vgl. auch Dörler 1983, S. 152). Damit ist Organisation unverzichtbar, wenn es darauf ankommt, das Zusammenwirken von Menschen in Leistungserstellungsprozessen optimal zu gestalten. Aus diesem Grund stellt Organisation generell einen bedeutenden Erfolgsfaktor von Unternehmen dar (vgl. Krüger 1994, S. 27ff.) und ist auch als strategischer Wettbewerbsfaktor in den letzten Jahren wiederentdeckt worden (vgl. Schirmer 2000, S. 1). Sie hilft komplexe Handlungssituationen und eine ungewisse Zukunft zu bewältigen und ist damit eine auch aus ökonomischer Perspektive effektive und unter bestimmten Umständen überlegene Form sozialer Kooperation (vgl. Williamson 1990).

Das grundlegende Prinzip von Organisation, das Verhalten Einzelner einzuschränken, um kollektive Handlungsfähigkeit zu erzeugen, ist jedoch keineswegs neu (vgl. Kasper/Heimerl-Wagner 1996, S. 11). Die gesamte Menschheitsgeschichte

ist davon gekennzeichnet, dass individuelle Handlungsspielräume durch objektive
Regelungen eingeschränkt wurden (vgl. Heinl 1996, S. 17). Die Einschränkung
individuellen Handelns durch Organisation war dabei schon immer dort anzutref-
fen, wo Menschen gemeinschaftlich Problemlösungen erbringen und sich dabei
über die Form ihrer Zusammenarbeit einig werden mussten. Neuartig ist allerdings
der umfassende Einfluss durch Organisation und die Vernetzung vielfältiger Organisationen zu einem Gesamtsystem, das kennzeichnend für moderne Gesellschaften
ist (vgl. Kasper/Heimerl-Wagner 1996, S. 11). Organisationen sind so zu unverzichtbaren Bestandteilen der sozialen Welt geworden (vgl. auch Franken 1982, S.
257) und das „Organisiert-Sein" eine zentrale Voraussetzung für die Erhaltung der
Leistungsfähigkeit sozialer Gebilde wie dem Unternehmen.

Warum war Organisation als Modus der sozialen Interaktion aber so erfolgreich? Hierfür existieren verschiedene Gründe: Zum einen verbessert Organisierung
in vielen Fällen die Interessendurchsetzung (vgl. Schimank 2000, S. 321). Kollektive
können Interessen ausdauernder und nachhaltiger verfolgen als der Einzelne. Der
Erfolg organisierter Individuen setzt also Anreize für andere Individuen, sich auch
zu organisieren. Die Entstehung und Stabilisierung der „Organisationsgesellschaft"
beruht damit zu einem nicht unwesentlichen Teil auf Nachahmungseffekten. Zum
anderen weist Organisation gegenüber anderen Formen der Handlungskoordination
(z.B. Improvisation, Verhandlung) unter angebbaren Bedingungen Effizienz- und
Effektivitätsvorteile bei der Erstellung von Leistungen auf (vgl. Schimank 2000, S.
321). Dies liegt vor allem darin begründet, dass Organisation durch das Prinzip der
Arbeitsteilung eine weitreichende Spezialisierung ermöglicht und sich überdies
durch Organisierung größere soziale Einheiten schaffen lassen. Eine stark differenzierte Gesellschaft bietet Rahmenbedingungen, bei denen sich organisierte Formen
der Leistungsproduktion (wie Unternehmen) gegenüber nicht-organisierten besser
durchsetzen. Und nicht zuletzt hat auch der unhinterfragte Glaube an ihre Effektivität als so genannter „rationalisierter Mythos" (vgl. Meyer/Rowan 1977, Walgen-
bach/Meyer 2008, S. 22ff.) zu ihrer massenhaften Verbreitung beigetragen. Hierdurch entstand schließlich ein institutioneller Zwang auf nicht-formale Kooperationen, die soziale Form der formalen Organisation zu übernehmen, um weiterhin als
legitim zu gelten und Zugang zu Ressourcen zu behalten (vgl. DiMaggio/Powell
1983).

Letztlich haben alle diese Erfolgsfaktoren dazu geführt, dass Organisationen
immer mehr Aufgaben und Kompetenzen in der Gesellschaft übernehmen, die
zuvor dem Individuum oder kleineren Sozialverbänden wie der Familie zugehörig
waren (vgl. Titscher/Meyer/Mayrhofer 2008, S. 36). Dies zeigt sich an der Kinder-
erziehung oder der Altenpflege ebenso wie an der gesellschaftlichen Partizipation
oder der sozialen Absicherung. Diese evidente Dominanz formaler Organisation
manifestiert sich in dreierlei Hinsicht (vgl. Türk/Lemke/Bruch 2006, S. 39). Erstens
sind Organisationen in rein quantitativer Hinsicht dominant. Sie bilden denjenigen

Strukturtyp der Koordination und Kooperation der zahlenmäßig am häufigsten eingesetzt wird, um Probleme zu lösen oder Aufgaben zu bewältigen. Zweitens dominieren Organisationen auch in qualitativer Hinsicht. Sie prägen die unterschiedlichsten Aktivitätsfelder und Prozesse (Arbeit, Partizipation, Entscheidung) und die dabei zu erzielenden Ergebnisse oder Lösungswege, indem nicht organisationsförmige Verfahren oder Verhaltensweisen eingeschränkt oder ausgeschlossen werden. Drittens sind Organisationen bei der Strukturerzeugung auf gesellschaftlicher Ebene dominant, da sie aufgrund ihrer Macht und Stellung – oftmals in Verbünden – übergreifende Ordnungsmuster und Regeln anregen oder etablieren können, die über ihren Einflussbereich hinausgehen. Die Verhältnisse, die Organisationen und das Prinzip der Organisierung in zunehmend asymmetrischer Weise schaffen, prägen dabei nicht nur die möglichen Verhaltensweisen von Individuen, sondern werfen auch zunehmend die Frage der Integration der individuellen Person in solche umfassenden, unpersönlichen Strukturen und Systeme auf. Dies ist letztlich das Kernproblem von Organisation, da sie immer wieder lernen müssen, dass überzeugende Erfolge nur dann möglich sind, wenn die in ihnen arbeitenden Personen sie so mit Leben füllen, dass sich das in ihnen Vorgedachte mit den jetzt Denkenden, Fühlenden und Handelnden kongenial verbindet.

2 Traditionelle Grundformen der Integration von Individuum und Organisation

Im Weiteren werden wir herkömmliche, grundsätzliche Formen der Beziehung bzw. „Integration" von Individuum und Organisation betrachten. Diese Rekonstruktion soll helfen, verstehen zu lernen, wie in bisherigen organisationswissenschaftlichen Ansätzen und Orientierungen das Verhältnis beider zueinander gedacht und konzipiert wurde, aber auch welche Probleme damit einhergingen. Das Organisationsphänomen ist allerdings außerordentlich vielgestaltig. Es lässt sich aus höchst unterschiedlichen Perspektiven betrachten und hat so die Entstehung ganz verschiedenartiger Sichtweisen von Organisation ermöglicht (vgl. auch Morgan 1997, S. 16). Vor diesem Hintergrund überrascht es nicht, dass sich damit zusammenhängend in der langen Auseinandersetzung über dieses Phänomen ganz verschiedene Verständnisse über das Verhältnis von Individuum und Organisation entwickelt haben. Historisch betrachtet gab es viele Versuche zu einer Integration von Individuum und Organisation zu kommen. Deshalb können wir hier nur einige ausgewählte, aber besonders einflussreiche Verknüpfungsformen darstellen und diskutieren. Wir wollen dazu nachfolgend vier traditionelle Grundformen voneinander abgrenzen und anhand einzelner, bestimmter organisationstheoretischer Positionen exemplarisch beleuchten. Dazu werden wir auch die mit den Prinzipien korrespondierenden theoretischen Ansätze detailliert darstellen und würdigen. Eine besondere Rolle spielt dabei ihr jeweiliger zeitgeschichtlicher Hintergrund, den wir ebenso näher beleuchten wollen.

Wir unterscheiden dabei zwischen einseitigen und wechselseitigen Integrationsformen. Als einseitig bezeichnen wir eine Integrationsform, bei der ausschließlich das Individuum an die Organisation angepasst wird. Einseitige „Integrationen" versuchen dabei über rationale oder instrumentell-funktionale Formen die Beziehung zwischen den Einzelnen und der Organisation ohne große Rücksicht auf individuelle Besonderheiten und Bedürfnisse zu regeln. Dazu können Individuen einerseits im hierarchischen Herrschaftsverhältnis (z.B. einer Bürokratie) „vermachtet" werden (Hierarchisierung). Andererseits können sie über rationale Nutzenkalküle in sachlichen Aufgabenzusammenhängen „verzweckt" werden (Funktionalisierung). Wechselseitig sind Intregrationsformen dagegen dann, wenn Individuum und Organisation aneinander schrittweise angepasst werden. Sie versuchen auf individuelle Besonderheiten und Bedürfnisse Rücksicht zu nehmen oder sie gar in der Organisationsgestalt vorkommen zu lassen. Dazu können Individuen mit Organisationen über normierende, sozio-emotionale Beziehungen in einem Kooperationsverhältnis (z.B. wie im Human Relations-Ansatz) „verpaart" werden (Harmonisierung). Sie können auch durch ein Hineinwachsen in einem mitzugestaltenden sozio-kulturellen Lebensraum „vergemeinschaftet" werden (Kultivierung). Im Weiteren stellen wir nun diese, das Individuum auf unterschiedlichem Weg vereinnahmenden, Integrationsformen im Einzelnen vor.

2.1 Einseitige Integrationsformen

2.1.1 Hierarchisierung

Eine klassische Form der Integration stellen Ansätze dar, welche die Verfasstheit von Organisationen als bürokratischen und hierarchischen Ordnungszusammenhang verstehen. Dabei gelten die Analysen der Bürokratie bzw. der bürokratischen Herrschaft des deutschen Soziologen Max Weber (1864-1920) aus dem ersten Drittel des 20. Jahrhunderts auch heute noch als maßgebliches Referenzwerk für das Verständnis von Organisationen (vgl. näher Sukale 2002). Diese Überlegungen zielen keineswegs nur auf die staatliche Verwaltung ab, sondern sind auch auf moderne, kapitalistische Unternehmen anwendbar. Weber hatte die Herausbildung formaler Organisationen in einen Zusammenhang mit dem Prozess der Rationalisierung bzw. rationalen Zweckhandelns (in Institutionen) gestellt. Nach ihm ist die Bürokratie nicht nur die effizienteste Form der Koordination (und Organisation) von Menschen auf ein Ziel hin (technische Überlegenheit als rational gestalteter Apparat). Zusätzlich ist sie die einzige Form legaler Herrschaft (legitime Überlegenheit als apersonales Instrument). Wer sich einer legal-rationalen Herrschaft unterwirft, gehorcht einer unpersönlichen Ordnung in Form von formal legalen Anordnungen (im Gegensatz zu traditionalen und charismatischen Herrschaftsformen). Weber geht davon aus, dass die traditionale wie auch die charismatische Herrschaft im Zuge des von ihm diagnostizierten Prozesses der Rationalisierung bzw. der „Entzauberung der Welt" (vgl. dazu ausführlich Kieser 2006a, S. 67ff.) irrational werden und an Bedeutung verlieren und vom modernen Herrschaftstyp der Bürokratie abgelöst werden. „Der Anteil der bürokratischen Herrschaftsformen steigt überall" (Weber 1972, S. 43).

Die Bürokratie bzw. bürokratische Herrschaft bedeutet damit die Überwindung von Willkür, wie sie in (vormodernen) absolutistischen Staaten oder Diktaturen herrscht (vgl. Bea/Göbel 2006, S. 63f.). An deren Stelle setzt die Bürokratie eine Form legaler bzw. formal-rationaler Herrschaft, die auf dem Glauben an die Legitimität gesatzter Ordnungen und das Anweisungsrechts der dafür befugten Amtsträger beruht (vgl. Walter-Busch 1996, S. 98). Dieser „Glauben" wird auch von denen, die der formal-rationalen Herrschaft unterliegen, akzeptiert und begründet gleichzeitig ein Vorgesetzter-Untergebenen-Verhältnis als Basis der damit verbundenen Hierarchie. In der Bürokratie sieht Weber eine Form von Verwaltung, die anderen

im Hinblick auf Präzision, Schnelligkeit, Eindeutigkeit, Aktenkundigkeit, Kontinu-
ierlichkeit, Diskretion, Einheitlichkeit und ein klares System von Über- und Unter-
ordnungen deutlich überlegen ist (vgl. Walter-Busch 1996, S. 99). Die von Weber
beschriebene bürokratische Herrschaft ist allerdings ein Idealtypus von Organisation, aber keine Beschreibung der organisatorischen Realität. In Anbetracht dieser
realen Entwicklung bestand das Erkenntnisinteresse Webers darin, auf der Grundlage wissenschaftlicher Methoden das Aufkommen bzw. die Verbreitung sowie die
diese Verbreitung begründende besondere Effizienz der bürokratischen Organisation deutend zu verstehen und damit ursächlich zu erklären. Das Ziel bestand also
nicht darin aufzuzeigen, wie eine optimale Gestaltung bürokratischer Organisationen konkret auszusehen hat (normatives Interesse), sondern nur darin zu analysieren, welches die Gründe für die beobachtbare Bedeutungszunahme und relative
Leistungsfähigkeit bürokratischer Organisationsformen waren (analytisches Interesse).

Im Idealtypus ist dabei eine hohe Ausprägung der Strukturen regelgebundener
Amtsbildung, festgelegter (Amts-)Hierarchie, neutraler unpersönlicher Amtsführung, (verschriftlichte) Aktenmäßigkeit und rationales Fachwissen von geschulten
Experten vorgesehen (vgl. zu den Merkmalen auch Schreyögg 1999, S. 34; Kieser
2006a, S. 73f; Bea/Göbel 2006, S. 63ff.). In der Bürokratie herrscht strikte Arbeitsteilung, nach der jeder Beamte einen festen Verantwortungs- und Entscheidungsbe-
reich hat. Die Beamten werden aufgrund ihrer Fachqualifikation ausgewählt und
angestellt und erwerben sich im Laufe ihrer Tätigkeit zusätzlich ein spezifisches
Fachwissen. Ihr Dienstverhältnis ist hauptberuflicher Natur und beruht auf einem
langfristigen Kontrakt. Sie versehen zu festen Arbeitszeiten ihre Aufgaben und
erhalten hierfür ein festes, nach dem Rang des Amtes – und nicht nach dem Maß
der Arbeit – abgestuftes Gehalt. Dazu können sie nach festen Regeln innerhalb der
Organisation aufsteigen und erwerben schließlich ein Pensionsrecht. Dabei ist die
Amtsführung rein sachlich und „ohne Ansehen der Person" (vgl. Weber 1976, S.
562) auszuüben. Es darf also weder um die Person gehen, die von einem Verfahren
betroffen ist, noch um die Person, die das Verfahren führt. Bei allen Entscheidungen darf es allein um die Sache gehen (Sachrationalität).

Innerhalb der Organisation besteht ein festes System der Über- bzw. Unterordnung (Amtshierarchie), demgemäß Anweisung und Kontrolle von oben nach
unten (Instanzenzug), organisationsinterne Beschwerden von unten nach oben
(Appellationsweg) verlaufen. Hierunter fallen auch feste Regelungen darüber, wer
mit wem (formal) kommunizieren darf (Dienstweg). Die Kommunikation an sich
hat dabei möglichst schriftlich (Briefe, Vermerke, Aktennotizen) zu erfolgen und ist
aktenmäßig zu erfassen, so dass sie – auch für spätere Amtsträger – jederzeit nachvollziehbar bzw. kontrollierbar ist (Aktenmäßigkeit). Der Beamte ist dabei ein jederzeit austauschbarer Amtsträger, dem allerdings für die Dauer seiner Beschäftigung
alle zur Aufgabenerfüllung erforderlichen Entscheidungs- und Weisungsbefugnisse

(Befehlsgewalt) zustehen. Die Aufgabenerledigung (Amtsführung) erfolgt nach erschöpfenden technischen Regeln bzw. Normen, die vom Einzelnen zu erlernen und strikt zu befolgen sind. Dabei kann die unpersönliche, rationale Befolgung im Lauf der Zeit allerdings zu einem inneren Bedürfnis werden. „Je länger die gewohnten Normen und Reglements befolgt werden, desto mehr wird das gehorsame Sichfügen zur festen inneren Einstellung" (Weber 1976, S. 570). Dies führt aufseiten des Individuums zu einer „versachlichten Leidenschaft" und einem Berufethos der strikten Prinzipienanwendung bis hin zur Verformung der Persönlichkeit in einen Bürokraten.

Weber sieht eine rationalisierte Lebensführung als eine wesentliche Voraussetzung für den Kapitalismus im Allgemeinen und für die bürokratische Ordnung im Besonderen. Bürokratie wird bei ihm sogar zum Prototyp technisch-rationaler Vernunft, dessen effizientes Funktionieren die Unterdrückung von Affekten, Leidenschaften, und Gefühlen verlangt. Denn der ideale Beamte waltet seines Amtes „ohne Hass und Leidenschaft, daher ohne Liebe und Enthusiasmus" (vgl. Weber 1976, S. 129). Unabhängig von seiner inneren Stimme oder seinem Gefühl muss er sich an die bürokratisch-vernünftigen Regeln halten. Formale Prozeduren müssen um ihrer selbst willen durchgeführt werden, auch wenn alle Beteiligten gute Gründe hätten, davon abzuweichen. Dieses Ethos der unbedingten Pflichterfüllung und Unterordnung unter rationale Prinzipien hat für das im bürokratischen Organisationszusammenhang handelnde Individuum weit reichende Folgen. Es kommt zu einer Umlenkung persönlich-individueller Emotionen in eine abstrakte Leidenschaft für die Sache, die jene scheinbar gefühlskalten Funktionäre (Sachwalter) hervorbringt, die als „Prinzipienreiter" und „Bürohengste" Eingang in die Umgangssprache gefunden haben und durch die die „Bürokratie im Lauf der Zeit zunehmend zum Schimpfwort geworden [ist]" (Bea/Göbel 2006, S. 65). Dies übersieht die Formen bürokratischer Begeisterung für eine Sache, bedingungslose Hingabe und perfekte Regelanwendung, die Individuen an Bürokratie gefühlsmäßig zu binden vermögen. „Es gibt keine solche Leidenschaft, wie die eines Funktionärs für seine Funktion" (Georges Clemenceau; siehe zur Funktionalisierung Kapitel 2.1.2).

Das bürokratische Organisationsprinzip ist eng mit einer hierarchischen Ordnung verknüpft. Mit dem Begriff der Hierarchie (griechisch ιεραρχία: Heilige Ordnung) bezeichnete man ursprünglich die religiöse bzw. kirchliche Herrschaftsordnung (vgl. Reihlen 2004, Sp. 408). Erst mit der zuvor beschriebenen Analyse der Bürokratie bzw. bürokratischen Herrschaft von Max Weber wurde die Hierarchie bzw. das hierarchische Prinzip zu einem zentralen Bezugspunkt für eine wissenschaftlich begründete Organisationsgestaltung (vgl. auch Döhler 2007, S. 46). Im Allgemeinen meint der Begriff der Hierarchie eine Gesamtheit von Elementen, die zueinander in einem (dauerhaften) Über- und Unterordnungsverhältnis stehen (vgl. Krüger 1985, S. 293). Darin kann ein Ordnungsprinzip gesehen werden, das nicht nur auf soziale Gebilde angewendet werden kann, sondern als Weltbild die schichten- oder ebenenmäßige Natur- und Gesellschaftsordnung begründet (vgl. auch Reihlen 2004, Sp. 408). Mit der Einteilung bzw. Einordnung von Elementen in eine Hierarchie geht meist eine Wertigkeit einher, die eine Rangordnung impliziert. Daher werden Hierarchien häufig als Mittel zur Ausübung von Herrschaft eingesetzt und in dieser Funktion problematisiert (vgl. dazu auch Abraham/Büschges 2004, S. 126ff.).

In Unternehmen sichern Hierarchien als Steuerungs- und Koordinationsmechanismus die Lösbarkeit von (Entscheidungs-) Problemen (vgl. Seitz 2006, S.210) durch ein allgemein akzeptiertes System von anweisenden Übergeordneten (Vorgesetzten) und ausführenden Weisungsempfängern, über das arbeitsteilig strukturierte Wertschöpfungsprozesse organisiert werden. Die Letztentscheidungsbefugnis der Hierarchie verhindert dabei Blockaden durch widerstreitende partikuläre Interessen und Abstimmungsprobleme zwischen Organisationsmitgliedern oder Organisationseinheiten (vgl. auch Neuberger 2006a, S. 198). Durch den Eintritt in Unternehmen unterwerfen sich Individuen einer dort geltenden Herrschaftsverfassung und – bezogen auf die ihnen dadurch zukommende (organisationale) Rolle – teilweise einem fremdem Willen (vgl. Abraham/Büschges 2004, S. 130). Das Motiv für die gezeigte Fügsamkeit gegenüber den Anordnungen von Vorgesetzten basiert auf zweckrationalen Überlegungen, zumal das Dispositionsrecht wie auch die Gegenleistungen (Entgelt) schriftlich fixiert und vertraglich bzw. rechtlich geregelt sind. Damit geht der Modus hierarchischer Koordination in Unternehmen also eng mit den Grundlagen der bürokratischen Herrschaft bzw. Ordnung einher. Gleichzeitig wird hieran auch schon der einseitige Charakter dieser Form der Integration von Individuen ersichtlich, da der Einzelne sich stets einer schon bestehenden Ordnung unterwerfen muss oder ihr ansonsten nur fernbleiben kann.

Hierarchien können im Kontext sozialer oder organisatorischer Gebilde durchaus unterschiedlich ausgeprägt sein. Damit lassen sich folgende grundsätzliche Merkmale von organisationalen Hierarchien bzw. hierarchischen Organisationen in ihrer konkreten Ausprägung wie folgt unterscheiden (vgl. Mayntz 1969, Wild 1973, Weber 1976, Luhmann 1999; zsf. Reihlen 2004, Sp. 408f.):

- *Rollenstruktur der Über- und Unterordnung:* Die organisationale Hierarchie wird durch ein komplexes Rollengefüge von Über- und Unterordnungsverhältnissen gebildet, bei dem die einzelnen Leitungsstellen über genaue, sachlich abgegrenzte Kompetenzen und über eine bestimmte Anzahl eindeutig zugeordneter Untergebener verfügen. Die Verknüpfung der verschiedenen Stellen erfolgt über Befehlsketten, die ein- oder mehrdimensional gestaltet werden können. Das Rollengefüge stattet den Vorgesetzten dabei mit dem Recht einer autoritären Entscheidung bzw. Weisung aus, während die Untergebenen eine vertraglich festgelegte Gehorsamspflicht haben. Dies führt nicht nur zu einem gewollten und planvoll angelegten Machtungleichgewicht, sondern auch zu Unterschieden hinsichtlich Status, Privilegien, Anreizen und Karriereoptionen der Organisationsmitglieder.

- *Monistische Autoritätsstruktur:* In einer Hierarchie geht alle Autorität von der Leitungsspitze aus und wird durch fortschreitende Übertragung von Befugnissen kaskadenförmig nach unten herabgebrochen. Im Gegenzug ist die Verantwortlichkeit für die Ausführung von unten nach oben organisiert, wobei sie jeweils nur dem nächsten Vorgesetzten und niemand anderem geschuldet ist. Dabei können im Zuge der Delegation zwar Aufgaben, Kompetenzen und Verantwortlichkeiten an nachgelagerte Stellen abgegeben werden, jedoch kann diese Befugnis nur kraft Autorität einer höheren Stelle bzw. der Leitungsspitze erteilt werden, so dass auch durch Delegation das Prinzip der monistischen Autoritätsstruktur nicht unterbrochen wird. Gleichermaßen werden alle Konfliktlösungsprozesse über die Autoritätsstruktur organisiert, indem ein Konflikt soweit nach oben getragen wird, bis sich eine mit ausreichender Autorität ausgestattete Stelle findet, die eine Lösung anordnen kann.

- *Formalisierte Koordinationsstruktur:* Aus den generalisierten Verhaltenserwartungen des Rollengefüges ergibt sich eine Aufbau- und Ablaufstruktur von erheblicher Stabilität und Dauer. Denn die Verhaltenserwartungen sind grundsätzlich unabhängig von Einzelpersonen wie Einzelergebnissen formuliert und bleiben auch bei Störungen, Widersprüchen, Blockaden oder Umweltveränderungen solange bestehen, bis ggf. eine neue Struktur geschaffen wird und so neue Verhaltenserwartungen formuliert werden. Dadurch wird klar, dass in hierarchischen Organisationen Veränderungen stets einen erheblichen Eingriff in das Stellen- und Rollengefüge bedingen, der folgenschwerer Natur ist, und ein hohes Risiko des Scheiterns in sich birgt. Andererseits bildet die relativ feste, formale Struktur die sichere Basis für das Gelingen der Koordinationsbemühungen, um die arbeitsteilig organisierte Leistungserbringung zu einem Gesamtergebnis zusammenzuführen.

- *Kanalisierte Kommunikationsstruktur:* Auch die Kommunikationskanäle sind in Hierarchien in vertikaler wie horizontaler Richtung in Form von Dienstwegen klar vorgegeben. Zur Vermeidung allzu langer Dienstwege können auch Querverbindungen (sog. Fayolsche Brücken) zwischen einzelnen Einheiten oder Stellen ohne den Umweg über einen gemeinsamen Vorgesetzten zugelassen werden. Die Kanalisierung von Kommunikationen führt ebenso wie die monistische Autoritätsstruktur zu Ungleichheiten, da hierarchisch höheren Stellen mehr Informationsrechte und mehr Kommunikationsmöglichkeiten eingeräumt werden als den unteren Stellen. Dennoch kommt es häufig zu einer Informationsosmose in Hierarchien (vgl. Kühl 2002, S. 131): Denn Fachwissen und Außenkontakte können nur selten an der Spitze der Hierarchie monopolisiert werden. Untergebene haben so oft einen besseren Sachverstand als die ihnen übergeordneten Vorgesetzten. Da sie zudem häufig einen eigenen Außenverkehr mit der relevanten Umwelt pflegen, haben sie auch einen Informationsvorsprung gegenüber der Leitungsspitze. Dies entspricht dem Prinzipal-Agenten-Verhältnis in der ökonomischen Theorie.

Bezogen auf soziale Systeme sind Hierarchien – wie an ihren Merkmalen ersichtlich – also gleichzeitig mit Verhältnissen von Herrschaft wie Autorität verbunden (vgl. Abraham/Büschges 2004, S. 127f.). Ein klassisches Beispiel für eine Hierarchie sind militärische Dienstgrade, die ihren Inhabern einen festen Platz in der Rangordnung zuweisen (vgl. z.B. Seitz 2006, S. 168ff.). Allerdings spiegeln in der Praxis die Dienstgrade nicht unbedingt die tatsächliche Befehlskette wieder und die Informations- und Kommunikationsbeziehungen müssen nicht mit Weisungslinien identisch sein (vgl. auch Krüger 1985, S. 293). Auch in Unternehmen gibt es eine Hierarchie von Vorgesetzen (Abteilungsleitern), in der festgelegt ist, wer wem Weisungen erteilen kann. Dabei handelt es sich jedoch, meist aufgrund zahlreicher Gremien und Mitspracherechte, selten um eine rein hierarchische Entscheidungsstruktur. Strenger geordnet ist z.B. die Gerichtsbarkeit mit ihren Instanzen, die jeweils Urteile der untergeordneten Instanz aufheben können. Bildlich werden Hierarchien häufig mit einer Pyramide verglichen. Die Elemente lassen sich meist in Ebenen anordnen, wobei jedes Element (bis auf das oberste) nur mit einem (Monohierarchie) oder mehreren (Polyhierarchie) Elementen der jeweils nächsthöheren Ebene verbunden ist.

Eine hierarchische Ordnung kann sehr unterschiedlich ausgestaltet sein. „Die" Hierarchie existiert also nicht (vgl. Krüger 1985, S. 305). In der Organisationsrealität bestehen vielmehr vielfältige Ausformungen des hierarchischen Prinzips, die zu folgenden Grundtypen verdichtet werden können:

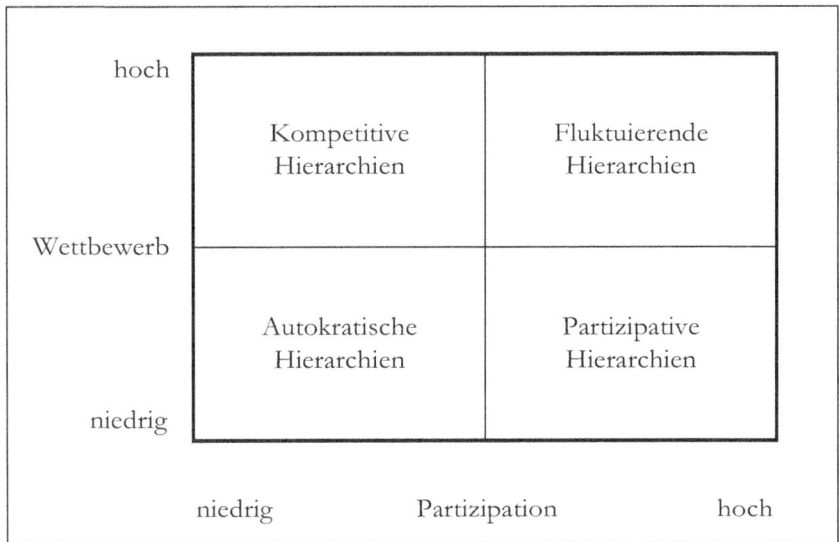

Abbildung 3:   Grundtypen von Hierarchien (vgl. Reihlen 2004, Sp. 410)

Diese vier Grundtypen der Hierarchie lassen sich nach den Grad der Partizipation (strukturelle Förderung der Mitwirkung an Entscheidungen) und dem Grad des Wettbewerbs um Führungspositionen unterscheiden (Besetzung der Ämter durch Konkurrenzprozesse) unterscheiden (vgl. Reihlen 2004, Sp. 410f.):

- *Autokratische Hierarchien* entsprechen dabei der konventionellen Vorstellung von der Hierarchie als autoritäres und repressives Herrschaftsgefüge. Sie werden von Eliten geleitet, die ohne Zustimmung oder Mitwirkung ihrer Untergebenen Leitungsfunktionen unter sich verteilen und einnehmen. Alle Entscheidungskompetenzen sind an der Spitze gebündelt, während die ausführenden Ebenen einer straffen Überwachung und Kontrolle unterzogen werden. Von Untergebenen wird strikter Gehorsam und regelkonformes Verhalten erwartet. Die Merkmale autoritärer Hierarchien finden sich weitgehend in den klassischen Vorstellungen einer bürokratischen Organisation wieder (vgl. Weber 1976, Wild 1973) und werden an der Metapher der Maschinenbürokratie (vgl. Mintzberg 1979) von Massenproduktionsbetrieben oder öffentlichen Verwaltungen anschaulich illustriert.
- *Kompetitive Hierarchien* werden ähnlich autoritär von Eliten geführt wie die autokratischen Hierarchien. Die Leitung ist berechtigt, ihre Anweisungen auch durch Zwang umzusetzen. Die Leitungspositionen werden aber – ähnlich wie

in repräsentativen Demokratien – in einem freien Wettbewerb um die Unterstützung der Organisationsmitglieder und relevanter Anspruchsgruppen vergeben. Damit können die Untergebenen zwar nicht an den Entscheidungen selbst mitwirken, sind aber an der Auswahl und Bestellung der sie leitenden Personen beteiligt. Neben dieser beschränkten Partizipation besteht eine Organisationsverfassung, die eine Konkurrenz um Leitungspositionen vorsieht und so eine bessere Auswahl geeigneter Kandidaten ermöglicht. Die kompetitive Hierarchie ist durch ihre stärkere Umweltorientierung (sog. „professional orientation"; Silberman 1993, S. 12) der eher im anglo-amerikanischen Raum und im Non-Profit-Sektor (z.b. Hochschulen, Krankenhäuser) verbreiteten professionellen Bürokratie (vgl. Mintzberg 1979) ähnlich.

- *Partizipative Hierarchien* fördern explizit die Beteiligung der Mitarbeiter an Entscheidungen. Die Leitung verzichtet zudem weitgehend auf direkte Anweisungen zugunsten einer Koordination durch Rahmenvorgaben (Kontextsteuerung). Die dadurch entstehen Freiräume können durch ein höheres Maß an Selbstorganisation gefüllt werden und ermöglichen (kollektive) Lernprozesse. Das Prinzip der monistischen Autoritätsstruktur wird allerdings hierdurch nicht durchbrochen, da es sich letztlich um eine fremdbestimmte bzw. fremdorganisierte Selbstorganisation handelt. Dennoch können auf diesem Weg strukturelle und motivationale Defizite von autokratischen Strukturen abgebaut werden, was einer Verbesserung der klassischen Bürokratien gleichkommt (vgl. Adler/Borys 1996; Adler 1999). Beispiele hierfür finden sich gelegentlich bei Interessenverbänden oder Parteien.

- *Fluktuierende Hierarchien (Heterarchien)* durchbrechen die Starrheit herkömmlicher hierarchischer Ordnungen, indem Verantwortlichkeiten und Kompetenzen zwischen den Mitgliedern immer wieder neu ausgehandelt werden (vgl. Reihlen/Rohde 2002). Fluktuierende Hierarchien sind also Verhandlungssysteme, in denen Mitglieder die hierarchische Struktur mit ihren Regeln, Rollen und Zuständigkeiten untereinander aushandeln (pluralistische Entscheidungsfindung). Das Prinzip der strengen Über- und Unterordnung wird durch eine „Nebenordnung" (Heterarchie) ersetzt, die eher polyzentrische und partizipative Ordnungsmuster fördert. Ebenso wird das Prinzip der autoritären Weisung durch das der horizontalen Koordination abgelöst, indem die relativ unabhängig voneinander agierenden Entscheidungsträger die Problemlösung durch Konsensfindung herbeiführen müssen. Damit hierfür aber nicht zuviel Zeit verbraucht wird bzw. bedrohliche Entscheidungsblockaden auftreten, müssen hierarchische Verhältnisse temporär zugelassen werden. Heterarchien kommen z.b. in Unternehmensnetzwerken oder bei intra- oder interorganisationalen Projekten vor.

Die Hierarchisierung kann damit als ein grundlegendes und auch heute noch gültiges Prinzip der Integration von Individuum und Kollektiv bzw. Organisation angesehen werden. Der scheinbar vormodern anmutenden Logik der Ein- und Unterordnung und der damit verbundenen Fremdbestimmung folgen Individuen auch heute noch relativ leicht, weil die freiwillige, aus eigenen Stücken einzugehende Mitgliedschaft moderner Organisationstypen den Schritt von der Selbstbestimmtheit in die Strukturen einer fremden Autorität wesentlich erleichtert (vgl. auch Seitz 2006, S. 207). Der Autorität hierarchischer Ordnung wird deswegen freiwillig Folge geleistet, weil sie dem Individuum als gerechtfertigte, legitime Macht erscheint, die auf einem rational nachvollziehbaren Verhältnis von Befehl und Gehorsam gründet und transparenten Zwecken dient (vgl. auch Abraham/Büschges 2004, S. 128). Mit der Partialinklusion in modernen, utilitaristischen Organisationen wird das Indivduum auch nicht in seiner ganzen Persönlichkeit der Macht der Hierarchie unterworfen, sondern nur in seinen spezifischen Aspekten im Rahmen seiner organisationalen Rolle, womit es in seinen Entscheidungen und seinem Handeln eine gewisse Autonomie bewahren kann (vgl. auch Edeling 1999, S. 13).

Der Legitimitätsglaube an die Rechtmäßigkeit gesetzter Ordnungen einer Herrschaft rationalen Charakters begründet – wie zuvor bei der Bürokratie schon erwähnt – die hierarchische Über- und Unterordnung im Vorgesetzten-Untergebenenverhältnis (vgl. auch Weber 1976, S. 124). Aufgrund der grundsätzlichen und unaufhebbaren Asymmetrie dieser Beziehung (vgl. Laske/Weiskopf 1992, S. 796f.) und der entscheidenden Rolle der Macht(-ungleichverteilung) bezeichnen wir eine solche Integrationsform als einseitig und (zusätzlich) als das Individuum „vermachtend". Denn der Untergeordnete beugt sich einseitig der funktionalen und positionalen Autorität der Vorgesetzten und damit der verbundenen, im Voraus zugebilligten (Über-)Macht einseitig zugewiesener Befugnisse. Dadurch wird die in diesem Rahmen zugeschriebene, prinzipielle Überlegenheit des Autoritätsträgers durch den Autoritätsunterworfenen anerkannt (vgl. Abraham/Büschges 2004, S. 129). Den Anweisungen der hierarchisch Übergeordneten wird aus rein formalen Gesichtspunkten Folge geleistet: Der Gehorchende handelt dabei so, „als ob er den Inhalt des Befehls um dessen selbst willen zur Maxime seines Verhaltens gemacht habe, und zwar lediglich um des formalen Gehorsamsverhältnisses halber, ohne Rücksicht auf die eigene Ansicht über den Wert oder Unwert des Befehls als solchem" (Weber 1976, S. 123). In dem vorbehaltlosen Anerkenntnis asymmetrischer Machtverhältnisse liegt damit auch der Schlüssel für den Erfolg dieser Form der Integration von Individuum und Organisation begründet.

Der wohl offenkundigste Vorteil der Hierarchie bzw. des Prinzips der Hierarchisierung besteht in der Reduktion der Beziehungsvielfalt und der Beschleunigung von Angelegenheiten oder ökonomisch gesprochen in der Senkung von Transaktionskosten (Prozesskosten) (vgl. Leipold 2006, S. 36). Denn einigen sich zehn Individuen auf eine übergeordnete Zentralinstanz, so reduziert sich die Zahl der mögli-

chen gleichberechtigten direkten Beziehungen auf neun gegenüber 45 Beziehungs-
möglichkeiten ohne eine solche Instanz. Die Errichtung mehrstufiger Hierarchien
kann dann zwar nicht die Zahl der direkten Beziehungen, aber den Zeitaufwand
reduzieren, da Angelegenheiten auch parallel abgewickelt werden können. Überdies
verkürzen sich Entscheidungswege auch dadurch, dass eine untergeordnete Person
die Entscheidung eines mit rational begründeter Autorität ausgestatteten Vorgesetzten nicht hinterfragen muss, sondern lediglich ausführen brauch (vgl. Seitz 2006, S.
211). Monokratische Disziplinierung mittels hierarchischer Unterordnung schafft
also Zeit- und damit Effizienzvorteile, auf die – wie schon Max Weber erkannte –
moderne Unternehmen unter ihrem hohen Geschwindigkeitsdruck und geforderten
Reaktionstempo nicht verzichten können (vgl. Walter-Busch 1996, S. 100). Somit
kann auf das hierarchische Prinzip in komplexen Systemzusammenhängen nicht
flächendeckend verzichtet werden (vgl. auch Krüger 1985, S. 292). Denn Hierarchien generieren Modularitäten, d.h. die Unabhängigkeit von Subsystemen (vgl.
Kühl 2002, S. 127), um so komplexe Aufgaben/Komplexität zu bearbeiten (z.B. in
Teillösungen oder Arbeitsgruppen).

Hierarchien sichern als Steuerungs- und Koordinationsmechanismus in Unternehmen also die Entscheidbarkeit von (Entscheidungs-)Problemen, die anders als
durch Autorität kaum sinnvoll zu bearbeiten wären. Vor allem senken sie den Ent-
scheidungsaufwand bedingt durch das Einsparen kostenintensiver Aushandlungs-
prozesse und Machtkämpfe. Des Weiteren kommt es zu verhältnismäßig schnellen
(Zeitvorgabe) und relativ eindeutigen Entscheidungen (Reduktion von Unsicherheiten, Herstellung von Eindeutigkeit und Widerspruchsfreiheit) (vgl. Kühl 1999, S.6).
Wettbewerb und Rivalität werden in geordnete Bahnen gelenkt bzw. kanalisiert und
auf zweckrationale, unternehmensdienliche Ziele (z.B. Karrierewege) gerichtet (vgl.
Seitz 2006, 195f.). Dadurch werden nicht nur Eigensinnigkeiten oder gar Aggressionspotenziale eingedämmt, sondern auch die Kooperation gefördert. Hierarchien
und bürokratische Strukturen haben eine besondere Entlastungsfunktion für das
Individuum: „Hierarchie, Bürokratie und Abteilungsaufteilungen schützen auch den
schwächsten Mitarbeiter davor, seine Position ständig neu aushandeln zu müssen.
Sie reduzieren die Konfliktanfälligkeit der Organisation, weil jedes Problem im
Prinzip mit einem Verweis auf die Zuständigkeit einer Abteilung oder eine Delegation zum nächst höheren Chef gelöst werden konnte" (Kühl 1998, S. 103). Zudem
werden in der Literatur noch folgende weitere Vorteile der bürokratischen Organisation geltend gemacht (vgl. Walter-Busch 1996, S. 99f.; Bea/Göbel 2006, S. 64f.):

- *Technische Überlegenheit:* Das nach fachlicher Qualifikation ausgewählte, geschulte Personal und spezielle Sachmittel steigern die Effizienz der Arbeit ganz erheblich. Die technische Überlegenheit beruht dabei ganz wesentlich auf dem
Fachwissen der geschulten (Verwaltungs-)Beamten (Sachbearbeiter), denn ohne sachkundiges Spezialistenwissen wären die technischen Hochleistungen der

modernen Zivilisation nicht möglich. Deswegen kann die Formel „Herrschaft kraft Wissen", als spezifisch rationaler Grundcharakter der Bürokratie angesehen werden. Bemerkenswert ist dabei auch, dass Weber ganz im Gegensatz zu heutigen Auffassungen die Vorteile der Bürokratie eben nicht nur in der Präzision und Stetigkeit, sondern auch in der höheren Geschwindigkeit sah.

■   *Zuverlässigkeit:* Gegenüber ehren- oder nebenamtlichen Arbeitsformen ist eine hauptamtliche und bezahlte bürokratische Arbeit präziser, einheitlicher und verlässlicher. Nach Webers Auffassung funktioniert ein Ehren- oder Nebenamt schlechter, da es weniger an Schemata (Regeln) gebunden bzw. formlos ist und so unpräzise, uneinheitlich und sogar unwirtschaftlicher ausgeübt wird. Die größere Unabhängigkeit einer ehren- oder nebenamtlichen Tätigkeit „nach oben" aufgrund fehlender oder unklarer Über- und Unterordnungsverhältnisse führt zu unerwünschten diskontinuierlichen Effekten und mangelnder Zuverlässigkeit. Das moderne kapitalistische Wirtschaftsleben ist aber auf eine präzise, eindeutige und kontinuierliche Erledigung von Amtsgeschäften angewiesen, die nur durch eine straffe, bürokratische Organisation gewährleistet werden kann.

■   *Legitimität:* Die strenge Bindung des Verhaltens an strikt einzuhaltende Regeln schützt alle Betroffenen vor Willkürakten. Die Amtshierarchie gibt zudem eine klare Verteilung von Befugnissen an, die Aufgabenbereiche klar abgrenzt und Kompetenzanmaßungen verhindert. Trotz gegenteiliger Auffassungen ist die hierarchische Bürokratie damit prinzipiell in der Lage, ein hohes Maß an (prozeduraler) Gerechtigkeit zu schaffen, da jede Person in vergleichbarer Lage auch formal gleich behandelt wird.

Den Vorteilen stehen vielfältige Nachteile und Mängel sowie Grenzen bürokratischer Organisationen und hierarchischer Koordination gegenüber, die insbesondere auch für den Unternehmenskontext von Relevanz sind. Dazu gehören z.B. die Dysfunktionalität und die Unflexibilität der dominierenden Regelorientierung. Denn selbst die Ausnahme von der Regel muss im bürokratischen Regelwerk explizit geregelt werden (vgl. Seitz 2006, S. 169). Zudem steigt die Komplexität der Aufgaben an der hierarchischen Spitze (Reduktion von Spezialisierungsvorteilen, information-overload; vgl. Kühl 1999, S. 6). Des Weiteren treten (indirekte) Durchsetzungsprobleme bei der Regelbindung des Verhaltens auf, in dem z.B. Anweisungen in der alltäglichen Arbeit ignoriert, unterlaufen oder abgeändert werden. (vgl. Scharpf 1980). Eine Kontrolle der Bürokratie erweist sich wegen des Wissensvorsprungs der bürokratischen Fachleute als schwierig (vgl. Bea/Göbel 2006, S. 65). Überdies tut die Bürokratie ein Übriges, um ihre Kenntnisse und Absichten gegenüber Außenstehenden durch Geheimhaltung zu verschleiern und sich so gegen Kritik zu immunisieren (vgl. Weber 1976, S. 572). Schließlich begrenzen ein enges Zuständigkeitsdenken und eine Beschränkung des Verantwortungsgefühls (vgl.

Mayntz 1985, S. 117) die Möglichkeiten bürokratisch(-hierarchischer) Organisationen. Denn selbständige Entschlüsse, eigene Ideen oder Kreativität sind dem „Bürokraten" fremd (vgl. Bea/Göbel 2006, S. 65). Er hat sich nur von Pflichtgefühl leiten zu lassen und seine Aufgaben zu erfüllen („zu funktionieren"). Damit ist die Bürokratie vielen Herausforderungen der heutigen Organisationsrealität und Unternehmenstätigkeit nicht gewachsen.

Moderne Organisationen bieten zudem gegenüber den klassisch, bürokratisch-organisierten (Integrations-)Formen ihren Mitgliedern mehr Möglichkeiten, sich mit ihren Wertvorstellungen und sozio-emotionalen Bedürfnissen einzubringen (vgl. Küpers/Weibler 2005). Denn idealtypisch betrachtet lässt die Bürokratie keinen Platz für solche individuellen Äußerungen, da dort die Arbeit ohne gefühlsmäßige Beteiligung (ohne „Liebe und Enthusiasmus"; Weber 1976, S. 129) ausgeübt werden soll (vgl. Bea/Göbel 2006, S. 65). Die klassische Bürokratie kollidiert mit der individualistischen Orientierung moderner Gesellschaften und ihrer Mitglieder (vgl. dazu auch Seitz 2006, S. 178ff.). Die rein formale, sachlich-kühle Gleichbehandlung aller Fälle ohne Ansehen der Person widerspricht den Eigenarten und dem Eigensinn des modernen Menschen und seinem Wunsch nach individualisierter Behandlung und Flexibilität. Auch sind Organisationen, die weniger Regeln und einen geringeren Grad an Arbeitsteilung haben, nicht notwendigerweise weniger effizient. Einzelfallregelungen und Abweichungen von formal vorgegebenen Regeln machen dort Sinn, wo eine Generalisierung der zu organisierenden Tatbestände nicht hinreichend möglich ist (siehe das Substitutionsgesetz der Organisation; vgl. Gutenberg 183, S. 239ff.). Dazu kommen zunehmende Wünsche nach Selbstbestimmtheit und Eigenverantwortlichkeit der Individuen, die sich vom „stahlharten Gehäuse der Hörigkeit" (Weber 1976, S. 835) einer hierarchisch-bürokratischen Ordnung nicht einschränken lassen wollen. Schließlich unterdrückt die Hierarchie eben auch Kreativitätspotenziale (z.B. durch Nichtmobilisierung von kognitiven oder emotionalen Ressourcen), wirkt sich nachteilig auf die intrinsische Motivation aus und nutzt das intellektuelle Kapital von Mitarbeitern zu wenig (vgl. auch Kühl 1999, S. 7; Reihlen 2004, Sp. 411).

Bei der heutigen Bewertung bürokratischer Organisation und hierarchischer Integration wird zumeist nicht mehr der Vergleich zu anderen Herrschaftstypen herangezogen, weil sie teilweise gar nicht mehr zur Debatte stehen (traditionale Herrschaft mit Herr-Diener-Verhältnis) oder zumindest als fragwürdig gelten (charismatische Herrschaft mit Führer-Anhänger-Verhältnis) (vgl. Bea/Göbel/2006, S. 63, Weibler 1997). Die von Weber gesehenen, relativen Vorzüge der Bürokratie verlieren damit ihren Bezugspunkt und haben so den Raum für eine isolierte und manchmal überzogen wirkende kritische Betrachtung bürokratischer Organisationsformen eröffnet. Zudem ist das hierarchische Prinzip kaum je differenziert (z.B. nach den Typen der Hierarchie) gewürdigt worden. Im Zentrum der Auseinandersetzung standen fast ausschließlich die autokratische Hierarchie und ihre (dysfunktionalen) Nebenwirkungen (vgl. Reihlen 2004, Sp. 412). Neben der Entwicklung von Alternativen zur Hierarchie (Netzwerke, Interne Märkte, Teamorganisation; vgl. Seitz 2006, S. 219) ist auch ein gleichzeitiges Wiederaufleben bzw. eine Aufwertung hierarchischer Prinzipien (Re-Hierarchisierung) zu beobachten. Denn nach wie vor kommen komplexe Systeme nicht ohne Hierarchie aus (vgl. Krüger 1985, S. 292). Ein Mindestmaß an Hierarchie ist selbst in heterarchischen Strukturen (Heterarchien) notwendig, etwa zur Bearbeitung von Routineproblemen sowie als ultimative Entscheidungsstruktur bei Versagen der Selbststeuerungskapazitäten (vgl. Reihlen 1999, Reihlen/Rohde 2002).

Die seit Jahren zu beobachtende Entbürokratisierung und Abflachung von Hierarchien in der Organisationspraxis bzw. ihr Umbau in alternative Strukturierungs- und Ordnungsformen (vgl. Kühl 1999) haben die Einseitigkeit im Verhältnis zum Individuum keineswegs zu beseitigen vermocht, sondern nur ganz neue Abhängigkeiten, Unterordnungslogiken und Machtasymmetrien geschaffen. Auch in diesen neuen Herrschaftsformen ist das Individuum weiterhin einseitig Subjekt (Unterworfener). Offenkundige hierarchische Ordnungszwänge werden nur durch unsichtbare und subtile (neoliberale) Regimes der Gouvernementalität ersetzt. Daraus entsteht eine systemerzwungene Freiwilligkeit, bei der die Beteiligten, von selbst tun sollen, was sie ohnehin müssen. Dabei kommt es zu einer paradoxalen „Ent-Grenzung" bei gleichzeitiger „Re-Territorialisierung": Einerseits werden durch Abbau von Regeln und Deregulierung unternehmerische Denk- und Organisationsprinzipien auf alle Lebensbereiche ausgeweitet. Andererseits werden die dabei freigesetzten bzw. geschaffenen Energien und Kräfte wieder angeeignet, indem sie (kulturell) recodiert und zweckbezogen mobilisiert werden (vgl. Krell/Weiskopf 2006, S. 144). Die „Gouvernementalität im Postfordismus" und Logik des Unternehmerischen durchdringen dabei als hegemoniale Denk- und Praxisform den gesamten Raum des Sozialen (vgl. Opitz 2004). Sie lassen entgegen der begrenzten Regelungsabsicht der Bürokratie keine Freiräume mehr übrig, die sich nicht ökonomisch rechtfertigen lassen. Der „neue Geist des Kapitalismus" fordert eine potenzielle Totalinklusion des ganzen Menschen mit seiner Organisation: „Propagiert und inszeniert wird die völlige Verschmelzung von Individuum und Organisation" (vgl. Krell/Weiskopf 2006, S. 143). Diese Forderung geht über die hierarchische Unterwerfung und bürokratische Hörigkeit klassischer Integrationsformen inhaltlich noch weit hinaus und wirft die Diskussion um die Integrationsfrage gleichzeitig weit zurück.

Dennoch kann es auch wiederum kein einfaches Zurück zu traditionellen bürokratisch-hierarchischen und autokratisch-zentralistischen Strukturen geben. Ein wesentlicher Grund dafür liegt in den Konsequenzen für die Personalführung bzw. die Führungsbeziehungen, die sich aus einer bürokratisch-hierarchischen Vorstellung von Organisation und entsprechender Integrationswege ergeben. Denn in dieser Logik werden Untergebene zu einem reinem Ausführungsorgan, was negative

Auswirkungen für das Führungsverhältnis hat (vgl. Reihlen 2004, Sp. 412; Seitz 2006, S. 208ff.). Insbesondere die autoritäre Hierarchie mit einer Führung durch Anweisung und Kontrolle (vgl. Krüger 1985, S. 306) passt nicht zu heutigen Vorstellungen von einer vertrauensvollen, lernorientierten, motivierenden Führung. Der eingetretene Wertewandel mit einem veränderten Pflichtgefühl und gesunkener Akzeptanz von Autoritäten hat zudem die Hierarchie als Steuerungsmedium ganz grundlegend beeinträchtigt (vgl. Seitz 2006, S. 216). Die aufgrund dieser Entwicklung gehegten Zweifel an legitimer Positionsmacht und Führungsautorität verringern die Entscheidungs- und Kontrollmöglichkeiten eines Managements ganz erheblich. Etwas anders verhält es sich dagegen im Fall von delegativen, partizipativen ausgelegten Hierarchien, zu denen das durchaus bewährte und sinnvolle Führungskonzept des MbO bzw. das Führungsinstrument der Zielvereinbarung passt (vgl. Krüger 1985, S. 305). Dessen Elemente – wie etwa die Zielhierarchie oder die Verschriftlichung von Zielvereinbarungen – sind mit einer hierarchisch-bürokratischen Organisation nicht nur ganz gut vereinbar, sondern brauchen für einen systematischen Einsatz sogar diese Form der Ordnung als sinnvolle Vorsteuerung.

Aus den vorangegangen Ausführungen sollte ersichtlich geworden sein, dass Bürokratie und Hierarchie also letztlich Hand in Hand gehen: Eine Herrschaft der Sache kann nicht auf das Prinzip der Über- und Unterordnung verzichten, sonst wäre sie zu oft in strittigen Fragen einer sachlichen Begründung und Argumentation gelähmt und blockiert. Die Bürokratie legitimiert damit die Hierarchie und ihre prinzipielle Machtasymmetrie. Die hierarchische Ordnung erfährt wiederum durch die Bürokratie insofern eine Legitimation, als dass jede moderne Form der Herrschaft – will sie heute noch Anerkennung finden – rational, d.h. vernünftig nachvollziehbar sein muss. Die Hierarchie bzw. die durch sie geschaffene (Über- und Unter-)Ordnung kann sich jedoch nicht selbst begründen, denn ihre „Spitze" ist (abgesehen von religiösen bzw. transzendenten Begründungsversuchen) „grundlos" (vgl. Seitz 2006, S. 201ff.). Der Vorgesetzte kann in ihr seinen Status als übergeordnete Instanz nur über die freiwillige Akzeptanz und Zuweisung des Untergeordneten erlangen. Dies ist aber in modernen Gesellschaftsformen nur durch eine Rationalisierung dieses Verhältnisses als Vorgesetzter-Untergebenen-Beziehung denkbar, wie sie praktisch ausschließlich die bürokratische Herrschaft vorzubringen vermag.

Die Symbiose zwischen Bürokratie und Hierarchie hat aber nicht nur legitimatorische, sondern auch höchst praktische Gründe: Formalisierung und Regelbindung des Verhaltens in der Bürokratie begrenzen einerseits die Willkür der Hierarchie und andererseits die überwindet die Hierarchie ineffektive Formalisierung und Regelung (sowie Regelungslücken) durch Anweisung (vgl. auch Neuberger 2006a, S. 198). Die Hierarchie bzw. das Prinzip der Hierarchisierung ist damit eine Operationalisierung der Bürokratie: Sie gibt der Sachherrschaft sozusagen ein Gesicht in Gestalt der Übergeordneten (Vorgesetzten) und Untergeordneten (Untergebenen) und integriert so das konkrete Individuum in die abstrakte Struktur der Organisation. Dies ist freilich nur durch eine Umcodierung individueller Handlungslogik möglich: Das Individuum wird durch die Rationalisierung der Lebensführung zum perfekt angepassten Agenten des Systems und unter Verzicht seiner individuellen Persönlichkeit (z.B. durch Eindämmung von Affekten oder die Neutralisierung seines Willens) zum Teil einer abstrakten Sachwelt. So führt der pflichtbewusste bürokratische Beamte die sachlich gebotene Pflicht in einer Art vorauseilendem Gehorsam gegenüber der unpersönlichen Herrschaftsordnung und ihrem abstrakten Regelwerk von selbst aus und entwickelt mit der Zeit gar ein inneres Bedürfnis der Regelbefolgung („Untertanen-Geist"), durch die er perfekt an die Umstände seines Handelns angepasst ist. Diese funktionale Anpassung ermöglicht jenes reibungslose Funktionieren in der Interaktion zwischen Mensch und System (Struktur), wie sie in der Metapher der Maschinenbürokratie zum Ausdruck kommt. Damit wollen wir uns im Folgenden dem Prinzip der Funktionalisierung zuwenden, das eine weitere einseitige Integrationsform darstellt.

2.1.2 *Funktionalisierung*

Eine weitere klassische Form der Integration stellen Ansätze dar, die Organisationen als Aufgabenzusammenhang bzw. Aufgabenerfüllungssystem verstehen und das Individuum hinsichtlich seiner Funktion für die Organisation betrachten. Der Taylorismus oder das so genannte „Scientific Management" (dt. wissenschaftliche Betriebsführung oder Geschäftsführung) geht zurück auf den US-Amerikaner und Ingenieur Frederick Winslow Taylor (1856-1915). Nach einer Lehre als Werkzeugmacher und Maschinist bei den Wasserwerken in Philadelphia war er zunächst einfacher Arbeiter bei der Midvale Steel Company. Dort avancierte er schnell zum Vorarbeiter und Techniker und wurde nach einem Fernstudium der Ingenieurwissenschaft am Stevens Institute of Technology 1884 leitender Betriebsingenieur bei Midvale. Später war er als freier Unternehmensberater (u.a. bei Bethlehem Steel) und als Lehrbeauftragter in Harvard tätig. In seinen beiden bekannten Hauptwerken „Shop Management" (1903/1920) sowie „The Principles of Scientific Management" (1911/1983) entwickelte er zu Beginn des 20. Jahrhunderts zum ersten Mal einen systematischen Zugang zur rationalen Arbeitsteilung und Optimierung betrieblicher Leistungserstellungsprozesse mit Hilfe von kontrollierten Experimenten. Damit versuchte Taylor zu zeigen, dass es möglich sei, in einem Unternehmen die bestgeeigneten Arbeiter, die idealen Bewegungsabläufe bei Arbeitsverrichtungen und das perfekte Entlohnungssystem herauszufinden. Durch Bewegungsstudien wurden einzelne Verrichtungen (z.B. das Verladen von Roheisen auf Eisenbahnwaggons) analysiert und mit variierenden finanziellen Anreizen versucht, die Leistungsmotivation und die faktische Arbeitsleistung der Arbeiter zu steigern.

Ausgangs- und Kritikpunkt des tayloristischen Ansatzes ist die handwerkliche Produktion, die bis in das frühe 20. Jahrhundert hinein die Produktionsprozesse maßgeblich prägte. An diesem tradierten System kritisierte Taylor vor allem den Umstand, dass die Arbeiter für den gesamten Arbeitsprozess selbstverantwortlich waren, die Arbeit also weitgehend selbst steuern konnten (Planung des Arbeitsablaufs, Auswahl der Werkzeuge und Werkstoffe, Einrichtung der Maschinen, Ausführung der Tätigkeiten, Kontrolle des Arbeitsergebnisses). Dass die Arbeiter in diesem Sinne „Herren der Werkstatt" waren, empfand Taylor als höchst problematisch, da er davon ausging, dass sie diese Herrschaft vor allem zu Drückebergerei oder Schlendrian nutzten. Relativ fleißigere, ehrlichere Arbeiter werden dabei stets auf das Niveau der „Faulpelze" herabgezogen, sei es durch Selbstanpassung, sei es, dass sie von den Kollegen dahingehend unter Druck gesetzt werden (vgl. Taylor 1920, S. 8f). Taylors zentrale These war, dass, „[w]enn man dieses 'Sich-Drücken' in jeglicher Form ausmerzen (...) könne (...), so würde sich im Durchschnitt die Produktion jeder Maschine und jedes Arbeiters annähernd verdoppeln" (Taylor 1983, S. 12f). Daneben identifizierte Taylor aber auch zwei weitere Effizienzprobleme der handwerklichen Produktion, nämlich die „mangelhaften Betriebs- und Arbeitsmethoden" sowie eine damit korrespondierende „Unvollkommenheit der Geräte": In Anbetracht dessen war es das erklärte Ziel Taylors, ein neues System zu entwickeln, das genau diese Defizite der handwerklichen Produktion überwinden sollte. Zeitlebens war er überzeugt, dieses neue und bessere System im Scientific Management bzw. in der Wissenschaftlichen Betriebsführung gefunden zu haben.

Das Hauptproblem bei der Entwicklung eines in diesem Sinne besseren Produktionssystems sah Taylor darin, dass die Arbeiter das Wissen darüber, wie man eine Arbeit am besten bzw. effizientesten ausführt, im Kopf haben – und nicht bereit oder nicht fähig sind, dieses Wissen dem Management mitzuteilen. Hieraus entsteht das Problem, dass das (Scientific) Management sich dieses Wissen selbst erwerben muss, wofür Taylor vor allem folgende (wissenschaftliche) Methoden vorschlug bzw. anwandte (vgl. Bea/Göbel 2006, S. 79f):

- *Systematische Beobachtung* (Zeit- und Bewegungsstudien): Hierbei werden verschiedenste Arbeiter beim Verrichten einer Tätigkeit (z.b. Roheisenverladen, Schaufeln, Mauern, Aussortieren von Stahlkugeln) beobachtet. Die Beobachter (Ingenieure) zerlegen die Gesamttätigkeit dabei in elementare Detailtätigkeiten (inkl. Erfassung und Ausschaltung aller überflüssigen Tätigkeiten), deren Ausführungsdauer mittels Zeitmessung (Stoppuhr) exakt erfasst wird. Das Ergebnis solcher Beobachtungen sind feste (Leistungs-/Zeit-) Normen, also sozusagen ein Pensum für die bestmögliche Erfüllung einer jeden Detailtätigkeit.
- *Experiment:* Die systematische Beobachtung wird dabei regelmäßig kombiniert mit Experimenten, bei denen relevante Parameter (z.B. verschiedene Schaufellasten, aber auch unterschiedlich lange Ruhepausen oder unterschiedlich hohe

Prämien) verändert werden, um deren Einfluss auf die Gesamtleistung der Arbeiter zu erforschen. So hat Taylor bspw. über 26 Jahre hinweg 30.000 bis 50.000 Experimente durchgeführt, um zu ermitteln, wie Stahl optimal geschnitten werden kann (vgl. Taylor 1983, S. 111ff.).

Dem Taylorismus liegen folgende Gestaltungsziele bzw. Organisationsprinzipien zugrunde, die teilweise noch heute das funktionalistische Verständnis von Organisationen prägen (vgl. auch Walter-Busch 1996, S. 123f; Ridder 2004, Sp. 29f.; Kieser 2006b, S. 106ff.):

▪ *Trennung von Kopf- und Handarbeit:* Gestaltende und verrichtende Tätigkeiten werden unterschiedlichen Personen zugeteilt, z.b. im Falle Taylors dem Betriebsbüro (Meistern) und den Arbeitern. Die Kopfarbeiten werden dabei allesamt auf spezielle – zumeist aus Ingenieuren bestehende – Arbeitsbüros bzw. Stabstellen übertragen. Zentrale Aufgaben der Arbeitsbüros sind dabei die wissenschaftlich-methodische Untersuchung und Zerlegung aller ausführenden (Hand-)Arbeiten in elementare (Routine-)Arbeiten (vertikale Arbeitsteilung) sowie die minutiöse Ermittlung des für jede Arbeit angemessenen Pensums.

▪ *Pensum und Bonus:* Jedem Arbeitsplatz wird ein gewisses Leistungspensum zugeordnet. Schafft ein Arbeiter mehr als das Pensum erhält er dafür einen Bonus bzw. es wird ein leistungsbezogener Akkordlohn gezahlt. Taylor ging dabei davon aus, dass es nicht genügt, „das tägliche Pensum für jeden Arbeiter festzusetzen. Er muss auch eine erhebliche Belohnung – eine Prämie – ausgezahlt erhalten, so oft er sein Pensum in der ihm zugemessenen Zeit erledigt" (Taylor 1983, S. 130). Diese Prämie sollte zwischen 30 und 100 Prozent des normalen Lohns betragen; umgekehrt plädierte Taylor aber auch dafür, Minderleistungen zu bestrafen, etwa durch Lohnabzüge, (kürzere oder längere) Aussperrung von der Arbeit oder Geldstrafen (vgl. auch Weisbord 1987, S. 34). Dieses Belohnungs- und Bestrafungssystem verweist implizit auf eine weitere Aufgabe des Arbeitsbüros, nämlich eine ausgefeilte Kontrolle der Arbeiter bzw. der Arbeitsergebnisse.

▪ *Systematische Auslese und Anpassung:* Ein permanenter (teilweiser) Umschlag des Personals wird akzeptiert; man versucht sogar aktiv, dasjenige Personal mit geringerer Leistung freizusetzen und dafür jeweils leistungsfähigere Arbeitskräfte einzustellen. Taylor ging dabei (analog zum sog. Babbage-Prinzip; vgl. dazu Kieser 2006b, S. 96) davon aus, dass jeder Arbeiter zu bestimmten Tätigkeiten (z.B. aufgrund besonderer Geschicklichkeit) besonders geeignet, zu bestimmten anderen Tätigkeiten hingegen (z.B. aufgrund geringer körperlicher Kraft) völlig ungeeignet sei. Weitere Aufgaben des Arbeitsbüros definierte er entsprechend dahingehend, dass dieses auf dem Wege geeigneter Auswahlverfahren sicherzustellen habe, dass jeder Arbeiter nur jene Tätigkeit ausübt, zu der er befähigt ist, und die Mitarbeiter im Weiteren aber auch systematisch in den vorteilhaftesten Arbeitsmethoden unterrichtet werden (vgl. Taylor 1983, S. 131).

■ *Versöhnung zwischen (wissenschaftlich weitergebildeten) Arbeitern und Management:* Es gibt keine prinzipiellen Gegensätze zwischen Arbeitern und Management, vorausgesetzt man steuert das Unternehmen „intelligent". Wenn sich Management bzw. Eigentümer und Arbeiter den Zugewinn aus der Leistungssteigerung teilen, wird vielmehr eine Interessenübereinstimmung systematisch hergestellt. Vor allem da die Anwendung seiner wissenschaftlichen Betriebsführung durch die geschicktere Ausnutzung so große Effizienzgewinne ermöglichen würde, dass dadurch der Wohlstand für alle gesichert wäre. Ein bloßes Antreiben zu härterer Arbeit ohne eine entsprechende Lohnerhöhung hielt er dagegen für verwerflich.

Eine effiziente Organisation zeichnet sich nach Taylor durch folgende Merkmale aus (vgl. auch Bea/Göbel 2006, S. 76f.):

■ *hohe Spezialisierung* (strikte Trennung von Leitungstätigkeit und ausführender Arbeit): Jede Art von Leitungsarbeit und gedanklicher Tätigkeit sollte in einem Arbeitsbüro vereinigt werden. Die Leitung hat dabei die alleinige und volle Verantwortung für die Arbeitsausführung.

■ *hohe Standardisierung* (Zerlegung der Ausführung in elementare Routinearbeiten): Minutiöse Beobachtungen der Arbeiten und deren wissenschaftliche Auswertung ermöglichen eine Festlegung eines optimalen Vorgehens, das als Handlungsprogramm bis ins letzte Detail erlernt und durch fortwährende Einübung, Kontrolle und Verbesserung routiniert umgesetzt werden kann.

■ *hohe Formalisierung* (Arbeitsrichtlinien und Pläne als Steuerungsmittel): Es werden dazu Bücher, Statistiken, Formulare, Dokumentationen und Listen angelegt und verwendet. Dadurch werden die aus den Beobachtungen und Experimenten gewonnen Erkenntnisse festgehalten sowie Informationen zum aktuellen Leistungsstand (Pensumerfüllung) oder für die Auslese und Anpassung (Belohnungen/Bestrafungen) generiert.

■ *ausgefeilte Kontrolle* (Einrichtung mehrerer, fester Kontrollinstanzen): Neben der unpersönlichen Kontrolle durch Pläne und Programme existiert auch eine strenge persönliche Kontrolle durch spezifische Kontrollorgane. Dabei werden z.B. Arbeitsergebnisse durch Nachprüfer kontrolliert, die wiederum durch einen Generalinspektor kontrolliert werden sollen. Dabei erleichtern die recht eng geschnittenen Arbeitsaufgaben die Kontrolle der Leistungen ganz erheblich.

■ *ergonomische Gestaltung der Arbeitsmittel* (Optimierung von Werkzeugen): Das Wissen der Arbeiter zum Einsatz von Werkzeugen wird „aus den Köpfen geholt", systematisiert und verfeinert, um Verbesserungen in der Konstruktion oder Beschaffenheit von Werkzeugen oder eine günstigere Anordnung der Arbeitsmittel zu erzielen. Zusammen mit dem Training optimaler Handgriffe und Arbeitsschritte können so Effizienzgewinne realisiert werden.

■ *individuelle, monetäre Leistungsanreize* (z.B. Bonussystem): Zur Steigerung der Arbeitsleistung werden monetäre Anreize eingesetzt, die durch sorgfältige Dosierung eine schrittweise Anhebung des Leistungsniveaus ermöglichen. Die Entlohnung wird dabei immer auf die Einzelleistung des Arbeiters bezogen und in sehr kurzen Zeitabständen (möglichst täglich) ausgezahlt. Eine Gewinnbeteiligung wird dagegen für unwirksam gehalten.

Der Taylorismus als Organisationsprinzip verbreitete sich nach anfänglichen Widerständen zunächst sehr stark in den USA, vor allem weil er als ein geeignetes Instrument zur Disziplinierung der Arbeiterschaft erschien (vgl. auch Weber 1976, S. 687). In Deutschland wurden die Ideen Taylors bis zum Ende des Ersten Weltkriegs kaum in der Praxis umgesetzt und danach vor allem in den Rationalisierungsbestrebungen der DIN- und REFA-Normen deutlich (vgl. dazu näher Türk/Lemke/Bruch 2006, S. 213f.); das Konzept wurde aber nie mit jener Konsequenz verfolgt wie in den USA (vgl. Kieser 2006b, S. 119), dafür aber der attraktiver erscheinende Fordismus. Nur die so genannte Psychotechnik hat den Aspekt der systematischen Auslese von Arbeitern aufgegriffen und weiter perfektioniert (siehe Weisbord 1987, S. 60). Dabei sollten durch experimentelle Methoden die individuellen, psychischen Qualitäten einzelner Arbeiter ermittelt werden, um sie wirkungsvoller einsetzen zu können (vgl. v.a. Münsterberg 1912). Allerdings gingen tayloristische „Theorie"bestandteile in die so genannten Daumenregeln der (instrumentellen) Managementlehre ein. Diese Managementlehre ist im Grunde gar keine Theorie im eigentlichen Sinn, sondern besteht eher aus einer Sammlung bewährter organisationaler Praktiken, anhand derer andere Unternehmen ebenfalls gute Praxis für sich identifizieren können (vgl. Kieser/Walgenbach 2003, S. 32f.). Im heutigen Sprachjargon ist für diese Daumenregeln der Begriff der „best practice" gebräuchlich (vgl. exemplarisch Peters/Waterman 1983). Solche Regeln bieten allerdings nur Lösungen, die sich in der Vergangenheit bewährt haben, deren zukünftiger Erfolg aber unklar ist.

Die tayloristischen Prinzipien der Arbeitsorganisation sind auf einem zutiefst funktionalistischen Ordnungsverständnis gegründet. Jeder Mensch soll nur zu dem Zweck und an dem Ort eingesetzt werden, wofür er veranlagt ist und von den Tätigkeiten befreit sein, zu denen er nicht taugt (vgl. Bea/Göbel 2006, S. 79). Damit wird ihm sein Platz in einem sozialen Zusammenhang nicht durch eine „heilige Ordnung" (Hierarchie) vorgegeben, sondern er wird aufgaben- und zweckbezogen (funktional) bestimmt. Von der Wortherkunft geht der Begriff „funktional" auf das lateinische „functio" zurück, was ursprünglich „Verrichtung" bedeutet. In diesem

Verständnis werden organisatorische Aufgaben als „Verrichtungen an Objekten" (Kosiol 1969, Sp. 201) verstanden. Für Organisationen bezieht sich eine Funktionalisierung also auf eine Strukturierung des Organisationsgebildes und -prozesses nach solchen Verrichtungen oder Aufgaben (funktionaler Organisationsbegriff) und eine entsprechende Anordnung ihrer Aufgabenträger. Dabei werden Organisationseinheiten von der Funktion her unterschiedliche Aufgaben zugeordnet, was gleichzeitig zu einer Spezialisierung führt (vgl. Alewell 2004, Sp. 39). Die funktionale Organisation (Verrichtungsorganisation) als Strukturtypus stellt so eine Variante einer aufbauorganisatorischen Konfiguration dar (vgl. Hamel 2004), die die gesamte Gestaltung der Struktur den Aufgaben (Funktionen) unterordnet. Alle menschlichen und maschinellen Aktivitäten werden dabei als Verrichtungen definiert und jede Spezialisierung (z.B. Ausbildung, Training) wird verrichtungsbezogen vorangetrieben.

Eine funktionale Organisierung ergibt sich dabei aus der Notwendigkeit der Koordination von in Arbeitsteilung zu erfüllenden Teilaufgaben (und Objekten). Durch Organisation bzw. die Tätigkeit des Organisierens, die relativ klar definierte Erwartungen an das Handeln von Personen schafft, soll diese Ordnung erreicht werden (vgl. Türk 1992, Sp. 1633). Die Ordnung wird dabei als notwendige Voraussetzung zur Zielerreichung bzw. Aufgabenerfüllung angesehen (vgl. Vahs 2001, S. 8), denn diese Ordnung beinhaltet wiederum die Vorgabe einer bestmöglichen Erfüllung dieser Arbeitsaufgaben. Die Anwendung von funktionalen Prinzipien dient also der Bändigung und Ausrichtung von Kräften und ihrer Überführung in eine zweckmäßige Ordnung. Der Mensch wird „seines (…) eigenen, durch den organischen Zusammenhang gegebenen, Rhythmus entkleidet und (…) den Bedingungen der Arbeit entsprechend neu rhythmisiert" (Weber 1976, S. 686). Der Einsatz der Aufgabenträger bestimmt sich danach, inwiefern diese für die Aufgabenerfüllung zweckdienlich angeordnet werden können (Zweckrationalität). Während in der klassisch-bürokratischen Organisation (vgl. Kapitel 2.1.1) die Strukturierung über (personelle) Hierarchien mit Weisungsrechten und -unterworfenheiten erfolgt (Homogenisierung der Teilaufgaben), wird dies in funktionalen Organisationen über die Strukturierung nach Verrichtungen (Diversifizierung von Funktionen) gesteuert.

Funktionale Organisationen sind durch spezifische Charakteristika bestimmt (vgl. Hamel 2004, Sp. 326f). Die Orientierung an der Funktion setzt dabei ganz wesentlich auf die folgenden Spezialisierungseffekte arbeitsteiliger Organisation (vgl. Alewell 2004, Sp. 40f.):

- *Optimierter Arbeitseinsatz:* Arbeitskräfte können eher gemäß ihrer speziellen Qualifikationen eingesetzt werden und auf diese Weise eine höhere Produktivität (Lernkurveneffekt) erreichen. Zudem sinkt der Aufwand einer Einarbeitung und die Kontrolle der Leistungsbeiträge kann vereinfacht werden.
- *Beschleunigte Entscheidungsfindung:* Bei gleichzeitiger vertikaler Spezialisierung, können die Entscheidungsstrukturen besser der Verfügbarkeit von Informati-

onen angepasst werden. Damit können Entscheidungen dort gefällt werden, wo die notwendigen Informationen vorhanden sind.

- *Vorteilhaftere Maschinennutzung:* Eine starke Arbeitsteilung ermöglicht den Einsatz von wirtschaftlicher arbeitenden Spezialaggregaten im Vergleich zu Geräten mit einem breiten Leistungsspektrum und verringert damit unter Umständen die Kapitalbindung.

Eine funktionale Organisierung bzw. funktionale Organisation führt dabei zu folgenden Vorteilen (vgl. Schreyögg 1999, S. 130; Bea/Göbel 2006, S. 379):

- *Spezialisierungsvorteile:* Durch die Ausrichtung der organisatorischen Einheiten auf Funktionen können erhebliche Größen- und Spezialisierungseffekte realisiert werden. Diese umfassen Erfahrungs- und Lerneffekte, aber auch Fixkostendegressionseffekte. Aber auch die Beschaffung und das Vertriebssystem lassen sich so rationaler und effizienter gestalten.
- *Klare Abgrenzung:* Da sich die Organisation am Realgüterprozess orientiert, sind Zuständigkeiten eindeutiger geregelt und ein reibungsloses Funktionieren der Prozessabläufe wird wahrscheinlicher. Die Abstimmung der interdependenten Leistungsprozesse stellt aber sehr hohe Anforderungen an die Koordination.

Eine funktional orientierte Organisation weist allerdings auch einige Nachteile auf (vgl. Schreyögg 1999, S. 131; Bea/Göbel 2006, S. 379f.):

- *Fehlende Gesamtsicht:* Durch das stark ausgebaute Spezialistentum und die sehr eng begrenzten Zuständigkeiten gerät oft die Gesamtsicht aus dem Blickfeld und es fehlt häufig am Verständnis für andere Funktionsbereiche (Ressortegoismus). Dies ist insofern besonders problematisch, da die Funktionsbereiche untereinander auf eine gute Zusammenarbeit aufgrund erheblicher Interdependenzen zwischen den Funktionen angewiesen sind.
- *Überlastete Unternehmensspitze:* In Kombination mit einem Einliniensystem führt die funktionale Organisation zu einer Überlastung der Unternehmensspitze (Kamineffekt). Zur Bewältigung der funktionalen Interdependenzen zieht die Unternehmensspitze sehr viele Entscheidungen an sich und wird zunehmend vom Tagesgeschäft beansprucht. Darunter leiden ihre Kontroll- und Steuerungsfähigkeiten und eine langfristige, strategische Perspektive gerät leicht aus dem Blickwinkel.
- *Unselbstständige Subeinheiten:* Wegen der starken Interdependenzen der funktionalen Teilbereiche ist die Bildung autonom agierender Subsysteme (z.B. Profit Center) nicht möglich. Die Vorteile solcher autonomer Einheiten hinsichtlich Motivation, Innovationskraft, unternehmerischen Denkens u.a. sind deswegen in funktionalen Strukturen nicht zu erzielen.

Gerade auch diese Nachteile haben in der Organisationspraxis zu einer Abkehr vom strengen Funktionalismus geführt. Präzise Abgrenzungen zwischen Funktionen sind zwar theoretisch möglich, aber organisationspraktisch zunehmend irrelevant (vgl. Hamel 2004, Sp. 331). Als Visualisierung bestimmter Konfigurationen dominanter Gestaltungsprinzipien sind sie weiterhin hilfreich (vgl. Kieser/Kubicek 1992, S. 126f.), doch für das Handeln und Denken durchaus problematisch. Sie fördern einen Reduktionismus (vgl. Freedman 1992, S. 33), der nicht mehr zu den komplexen Umweltgegebenheiten der heutigen Zeit passt. Der amerikanische Wissenschaftler und Unternehmensberater Peter M. Senge (1998, S. 11) verdeutlicht diese fatalen Konsequenzen eines solchen analytisch-objektivistischen Denkansatzes wie folgt:

„Von frühester Kindheit an lernen wir, Probleme in ihre Einzelteile zu zerlegen und die Welt zu fragmentieren. Dadurch werden komplexe Aufgaben und Themen scheinbar handhabbarer, aber wir zahlen einen versteckten, ungeheuer hohen Preis dafür. Wir sind nicht mehr in der Lage, die Konsequenzen unseres Handelns zu erkennen; wir verlieren die innere Verbindung zu einem umfassenderen Ganzen."

Die Funktionalisierung kann damit als das zweite, grundlegende und auch heute noch universell gültige Prinzip der Integration von Individuum und Organisation angesehen werden. Dabei werden nur diejenigen Teilbereiche eines Individuums, die für die Verwirklichung von Sollwerten des Organisationssystems von positiver oder negativer Bedeutung sind, zum Gegenstand von Betrachtungen oder Maßnahmen. Im Rahmen des Taylorismus wird dies daran deutlich, dass die Arbeiter (und die Arbeit) im Wesentlichen auf physische Funktionen (bzw. deren Verrichtung) reduziert werden (vgl. Reimer 2005, S. 125; siehe Abb. 15). Mit dem Begriff Funktionalismus werden grundlegend Theorieansätze bezeichnet, die individuelle und soziale wie systemische Phänomene auf ihre Funktion in/für die betreffende Gruppe oder Gemeinschaft bzw. das System und deren Ziele hin zu erklären versuchen (vgl. Reimann 1995). So werden beispielsweise (Human-)Ressourcen, Prozesse und Strukturen in Hinblick auf ihre Funktion analysiert, wobei besonders die Reaktion dieser Entitäten, d.h. ihr Output (z.B. Erfolg), auf bestimmte Inputs (z.B. Anreize) interessiert (vgl. auch Servatius 1991, S. 101).

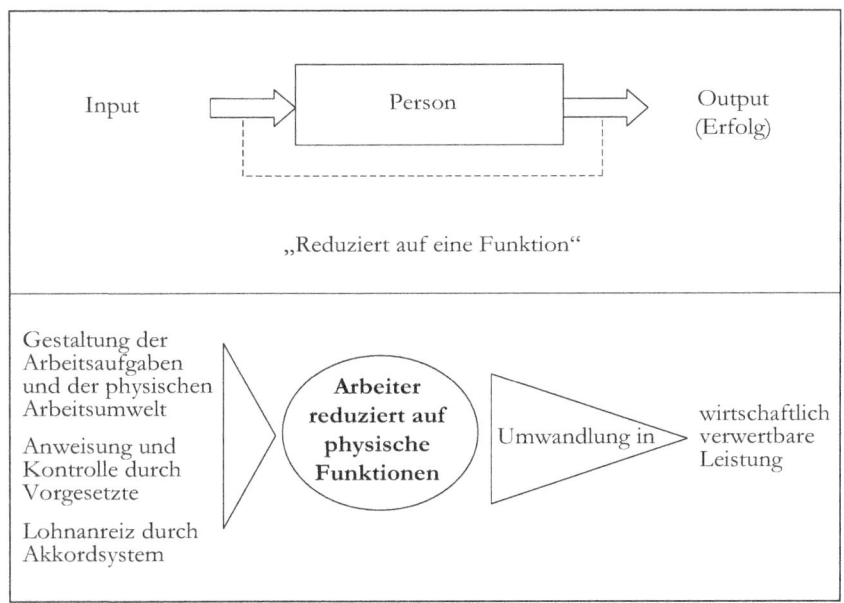

Abbildung 4:   Funktionales Verständnis und Taylorismus (in Anlehnung an Servatius 1991, S. 101 und Reimer 2005, S. 125)

Dieser Funktionalismus (bzw. die Funktionalisierung) stellt ein ambivalentes Prinzip der Integration von Individuum und Organisation dar. Denn einerseits eröffnet er als „strategische Konzeption" zunächst „die Möglichkeit des Auswechselns von Alternativen" (vgl. Luhmann 1999, S. 383). Da ja die Person auf wenige und eng definierte Funktionen reduziert wird (z.b. spezifische Verrichtungen), gibt es zu ihr zahlreiche Alternativen oder Substitute, die diese Funktion in gleicher Weise und gleicher Qualität erfüllen können (sog. *funktionale Äquivalente*). Dadurch wird eine Organisation zunächst einmal unabhängiger von den konkreten Individuen, die in ihr als Aufgabenträger fungieren. Diese Austauschbarkeit des Individuums durch eine funktional-äquivalente Leistungserbringung wird im Taylorismus aufgrund der hohen Arbeitsteilung und Spezialisierung ermöglicht. Für das Individuum ist diese Möglichkeit dabei weniger günstig als für die Organisation. Das unverwechselbare Individuum wird im Extrem zum „Mann ohne Eigenschaften" (Robert Musil), der im Produktionsprozess wie in der Gesellschaft in der Masse gleichförmiger und gleich-funktionaler Menschen verschwindet. Diese Entindividualisierung oder Einebnung aller Unterschiede, führt der Schriftsteller Robert Musil in seinem Roman näher aus, in dem der die „soziale Zwangsvorstellung" einer „überamerikanischen Stadt" entwickelt,

„(...) wo alles mit der Stoppuhr in der Hand eilt oder stillsteht. Luft und Erde bilden einen Ameisenbau, von den Stockwerken der Verkehrsstraßen durchzogen. Luftzüge, Erdzüge, Untererdzüge, Rohrpostmenschensendungen, Kraftwerkketten rasen horizontal, Schnellaufzüge pumpen vertikal Menschenmassen von einer Verkehrsebene in die andre; man springt an den Knotenpunkten von einem Bewegungsapparat in den andern, wird von deren Rhythmus, der zwischen zwei losdonnernden Geschwindigkeiten eine Synkope, eine Pause, eine kleine Kluft von zwanzig Sekunden macht, angesaugt und hineingerissen, spricht hastig in den Intervallen dieses allgemeinen Rhythmus miteinander ein paar Worte. Fragen und Antworten klinken ineinander wie Maschinenglieder, jeder Mensch hat nur ganz bestimmte Aufgaben, die Berufe sind in ganz bestimmten Orten in Gruppen, man ißt während der Bewegung, die Vergnügungen sind in anderen Stadtteilen zusammengezogen, und wieder anderswo stehen Türme, wo man Frau, Familie, Grammophon und Seele findet. Spannung und Abspannung, Tätigkeit und Liebe werden zeitlich genau getrennt und nach gründlicher Laboratoriumserfahrung ausgewogen. Stößt man bei irgendeiner dieser Tätigkeiten auf Schwierigkeiten, so läßt man die Sache einfach stehen; denn man findet eine andere Sache oder gelegentlich einen besseren Weg, oder ein anderer findet den Weg, den man verfehlt hat; das schadet gar nichts, während durch nichts anderes so viel von der gemeinsamen Kraft verschleudert wird wie durch die Anmaßung, daß man berufen sei, ein bestimmtes persönliches Ziel nicht locker zu lassen. In einem von Kräften durchflossenem Gemeinwesen führt jeder Weg an ein gutes Ziel, wenn man nicht zu lange zaudert und überlegt. Die Ziele sind kurz gesteckt; aber auch das Leben ist kurz, man gewinnt ihm so ein Maximum des Erreichens ab, und mehr braucht der Mensch nicht zu seinem Glück, denn was man erreicht formt die Seele, während das, was man ohne Erfüllung will, sie nur verbiegt; für das Glück kommt es sehr wenig auf das an, was man will, sondern nur darauf, daß man es erreicht. Außerdem lehrt die Zoologie, daß aus einer Summe von reduzierten Individuen sehr wohl ein geniales Ganzes bestehen kann." (Robert Musil (1962): Der Mann ohne Eigenschaften, Reinbek, S. 31-32)

Der Funktionalismus kann über die unmittelbaren Arbeitszusammenhänge hinausgehend somit auch als eine umfassende Ordnungstheorie (Gesellschaftstheorie) interpretiert werden, die auf den in Analogie zu biologischen Organismen gebildeten Prinzipien von Systemerhalt und Gleichgewichtsregulierung beruht (vgl. Reimann 1995). Demnach strebt auch die soziale Welt grundsätzlich gemäß einer ihr „natürlich" innewohnenden Harmonie stets von Zuständen der Unordnung zur Ordnung. Wenn Ungleichgewichte oder Konflikte entstehen, sucht sie gesetzmäßig nach Ausgleich bzw. Auflösung, weil dieser Zustand mit weniger Aufwand und Anstrengung für die Träger verbunden ist. Eine Funktion stellt damit abstrakt formuliert den Beitrag einer Aktivität zur Erhaltung von Strukturen dar (vgl. Daheim 1993, S. 28). Dies meint, dass sie ein spezifisches Bedürfnis erfüllt oder einen angebbaren Nutzen stiftet. Im Gegensatz dazu liegt eine Dysfunktion vor, wenn die Anpassung oder der Erhalt eines Systems durch solche Beiträge gemindert wird. Schließlich sind auch Nicht-Funktionen denkbar, also Beiträge, die weder einen positiven noch einen negativen Effekt auf das Gesamtsystem haben. Nach Merton (1957, S. 105) sind schließlich noch latente und manifeste Funktionen zu unterscheiden. Während manifeste Funktionen von den Teilnehmern eines System beabsichtigt und wahrgenommen sind, werden latente Funktion weder wahrgenommen noch beabsichtigt.

Wissenschaftstheoretisch betrachtet ist der Funktionalismus ein eigenes Paradigma (vgl. Gioia/Pitre 1990, S. 591), insbesondere Teil des Objektivismus-Paradigmas (vgl. Burrell/Morgan 1979). Objektivistische Vorgehensweisen versuchen rationale Erklärungen im Sinne einer Subsumptionstheorie für soziale Phänomene zu liefern. Eine solche Erklärung besteht in der Subsumption individueller Sachverhalte unter hypothetisch angenommene allgemeine (Natur-)Gesetze, einschließlich Gesetze der menschlichen Natur, die in ihrer pragmatischen Orientierung handlungsbezogenes Wissen zur Lösung praktischer Probleme zu generieren versuchen (vgl. Burrell/Morgan 1979, S. 26). Dementsprechend ist das Ziel des Funktionalismus in der Sozialwissenschaft die Suche nach Regelmäßigkeiten bzw. Gesetzen, die die sozialen Beziehungen zwischen Individuen regeln (vgl. Daheim 1993, S. 28). Es werden also analytisch Zusammenhänge, Kausalitäten, Verallgemeinerungen erfasst und objektivierend untersucht. Dadurch sollen universelle Prinzipien, die für Voraussage und Kontrolle dienen, formuliert oder funktionale Äquivalente bestimmt werden können. So wollte etwa Taylor Gesetze, Regeln und Prinzipien finden, die ein verständliches, vorhersagbares und kontrollierbares System (der Betriebsführung) ergeben (vgl. Freedman 1992, S. 27).

Diese funktionalistische Denkweise zeigt sich exemplarisch in dem zuvor geschilderten methodischen Vorgehen von Taylor, bei dem solche universell gültigen (Organisations-)Prinzipen durch Beobachtung und Experiment auf analytischem Weg gewonnen werden sollten. Er hat allerdings seine wissenschaftlichen Ergebnisse dazu auf die Ausführung operativer Tätigkeiten beschränkt und so einen arbeitswissenschaftlichen Ansatz verfolgt (vgl. Bea/Göbel 2006, S. 80). Es können aber auch ganze Systeme (Organisationen) entsprechend dieser Logik als Funktionsentitäten bzw. Struktur- oder Aufgabenzusammenhänge betrachtet werden, die von Kräften erhalten werden, die (relativ) unabhängig von ihren Mitgliedern wirken und erforscht werden können. Damit wird eine funktionale Erklärung des Status quo sozialer Systeme aus der Perspektive des Forschers als objektiven Beobachters und meist in einer Sprache der dritten Person angestrebt. Diese große Distanz und starke Abstraktion vom Individuum mit seinen Besonderheiten deutet schon jene Dehumanisierung an, die den auf einem solchen methodischen Boden gegründeten tayloristisch-funktionalen Organisationsprinzipien in ihrer praktischen Wirkung später zum Vorwurf gemacht werden. Das auf einem physikalischen Wissenschaftsverständnis beruhende Vorgehen der Analyse (Zergliederung) zur Vorhersage und Kontrolle im Taylorismus (vgl. Freedman 1992, S. 26f.), unterschätzt außerdem die Eigendynamiken und Emergenzphänomene komplexer Sozialgebilde. In eher indeterminierten, volatilen oder chaotischen Verhältnissen, wie sie im heutigen Wirtschaftssystem zunehmend vorherrschen, kommen solche Methoden schnell an ihre Grenzen. Dem tayloristischen Ansatz kann rückblickend eine paradigmatische Bedeutung für die Güterherstellung im 20. Jahrhundert bescheinigt werden. Denn diese erfolgte ganz überwiegend im Stile einer Massenproduktion, die wesentlich darauf beruht, dass (wenige) spezialisierte Fachleute Produkte und Prozesse konstruieren, die dann von (vielen) an- und ungelernten Arbeitern vermittels einfachster Arbeitstätigkeiten produziert werden (vgl. Womack/Jones/Roos 1994, S. 18f.) – eine Arbeitsstrukturierung, die eindeutig den Prinzipien Taylors folgt. Als konkrete Anwendung des Taylorismus kann dabei insbesondere der sog. Fordismus (vgl. Kieser 2006b, S. 116) verstanden werden, der nachhaltig für die Verbreitung tayloristischer Arbeitsprinzipien sorgte (vgl. Ridder 2004, Sp. 30). Er sieht vor, Menschen und Maschinen entlang des Fertigungsflusses aufzureihen und die zu bearbeitenden Produkte an ihnen vorbeizuführen (Fließbandarbeit bzw. Flussfertigung; siehe Eberhardt 1995, S. 15), wobei der Takt des Fließbandes sozusagen das wissenschaftlich ermittelte Pensum repräsentiert. Relativ unumstritten ist in diesem Zusammenhang, dass die tayloristische (fordistische) Massenproduktion zu enormen Steigerungen in der Arbeitseffizienz, zu deutlich höheren Löhnen, verkürzten Arbeitszeiten und billigeren Produkten, gleichwohl aber auch zur Sinnentleerung und Dequalifizierung der Arbeit sowie zur Verbreitung uniformer und qualitativ minderwertiger (Massen-)Produkte geführt hat. Taylors Trivialisierungslogik, nach der ein von allen Unsicherheiten, Widersprüchen und Überraschungen geschützter produktiver, unwissender Kern in immer gleicher und gleichförmiger (Maschinen-)Logik im Unternehmen operiert (vgl. dazu Kühl 2000, S. 32f.), hat dafür allerdings unbestreitbar den Grundstein gelegt. Denn das arbeitende Individuum wird auf die reibungslose Erfüllung seiner Funktion reduziert und fungiert als reines Ausführungsorgan der von anderen vorher erarbeiteten Pläne.

Umso überraschender erscheint es in Anbetracht dessen, dass Taylor sich selbst alles andere als interessenpolitisch einseitig bzw. arbeitnehmerfeindlich einstufte. Vielmehr war es ihm ein offenkundiges Anliegen, allen am Arbeitsprozess direkt oder indirekt beteiligten Gruppierungen zu dienen, indem – dank seiner Methoden und Prinzipien – die Unternehmer mehr Gewinne erwirtschaften, die Arbeitnehmer höhere Löhne bei geringeren Arbeitszeiten einstreichen und die Verbraucher schließlich auch billigere Produkte erwerben konnten. In seinen Werken entwirft er deswegen eine positive Utopie, deren Attraktivität durch einen rhetorisch stark überzeichneten Kontrast zu den Defiziten und Ineffizienzen der herkömmlichen Verfahrensweise in der Produktion noch gesteigert wird (vgl. im Einzelnen Monin/Barry/Monin 2003, S. 391). Insgesamt erhoffte er sich – nicht minder utopisch – von seinem Scientific Management sogar eine Aufhebung des historischen Konflikts zwischen Kapital und Arbeit, was er folgendermaßen ausführte:

„Fast allgemein hört man die Ansicht vertreten, dass die grundlegenden Interessen des Arbeitgebers und Arbeitnehmers sich unvereinbar gegenüberstehen. Im Gegensatz hierzu liegt einer auf wissenschaftlicher Grundlage aufgebauten Verwaltung als Fundament die unumstößliche Überzeugung zugrunde, dass die wahren Interessen beider Parteien ganz in derselben Richtung liegen, dass Prosperität des Arbeitnehmers auf lange Jahre hinaus nur bei gleichzeitiger Prosperität des Arbeitgebers bestehen kann und umgekehrt" (Taylor 1983, S. 8).

Hieraus spricht seine tiefe, religiös motivierte Überzeugung, dass nur sozialer Ausgleich, Harmonie und Frieden zu einer positiven Entwicklung führen. Gleichzeitig manifestiert sich daran auch seine Abscheu gegenüber Gewalt, Willkür, Widerstand oder Konflikt.

Ungeachtet dieser wohlmeinenden Intentionen seines Begründers ist der Taylorismus seit seiner Entstehung und Anwendung außerordentlich stark kritisiert worden. Im Mittelpunkt dieser Kritik steht der Vorwurf der Inhumanität, demgemäß extrem tayloristisch gestaltete bzw. geteilte Arbeit für die Arbeitenden im Allgemeinen langfristig zu nachhaltiger Dequalifizierung, zu geistiger Unterforderung (Monotonie), zu seelischen Belastungen (soziale Isolation, Resignation, Gleichgültigkeit) sowie auch zu körperlicher Überbelastung und Erkrankung führen kann (vgl. Ridder 2004, Sp. 30). Problematisch ist auch die einfache Verknüpfung von Lohn und Leistung, nach der Arbeitnehmer nur durch monetäre Anreize zu besserer und schnellerer Arbeit zu motivieren sind. Wegen dieser vereinfachenden Annahmen über die Verhaltensmotive und anderer abwertender Äußerungen wird Taylor (und dem Taylorismus) oftmals ein negatives bzw. pessimistisches Menschenbild vorgeworfen (vgl. Bea/Göbel 2006, S. 78). So sah Taylor, wie bereits erwähnt, in den Arbeitenden vor allem „faule Drückeberger", die eine „ehrliche Tagesleistung" freiwillig keinesfalls erbringen wollen und alleine durch geeignete (extrinsische) Belohnungen (v.a. Geld) und Bestrafungen (v.a. Geldstrafen) hierzu bewegt werden können. Ganz anders als die Arbeiter – die Taylor zuweilen auch mit Tieren (z.B. Gorillas, Lastpferden) oder „großen Kindern" verglich (vgl. Taylor 1983, S. 60f., 129) – werden die Ingenieure angesehen, die im Sinne wohlwollender Lehrer die fachliche und moralische Erziehung der Arbeiter zu betreiben haben (vgl. Bea/Göbel 2006, S. 78f.). Diese plakativen Ausdrücke sind aber teilweise eher rhetorische Übertreibungen als ernsthafte Überzeugungen, da Taylor hierdurch die Verständlichkeit und Eingängigkeit seiner Überlegungen und damit die Verbreitung seiner Gedanken zu erhöhen hoffte (vgl. auch Hebeisen 1999, S. 88ff.).

Gegen den Taylorismus lassen sich aber auch ökonomische Gründe anführen. So sind die von Taylor vorgeschlagenen Beobachtungen und Experimente extrem aufwändig und kostenintensiv (vgl. Walter-Busch 1996, S. 125). Dazu kommen hohe Kontroll- und Qualitätssicherungskosten, vermehrte Ausgaben für die personalwirtschaftlichen Anreizsysteme zur Aufrechterhaltung der Leistung, lange Durchlaufzeiten mit hohen Gemeinkosten und schließlich auch die Folgekosten psychischer und physischer Fehlbelastung (vgl. auch Ulich 2005, S. 459ff.; Ridder 2007, S. 224ff.). Ob die von ihm vorgeblich beobachteten, erheblichen Effektivitäts- und Effizienzgewinne wirklich auf die Anwendung ganz bestimmter Prinzipien seiner wissenschaftlichen Betriebsführung zurückzuführen sind, ist heute nicht mehr zu klären, da immer mehrere Parameter (Arbeitsteilung, Arbeitsweise, Entlohnung, Auswahl und Schulung, Arbeitszeiten und Pausen, Werkzeuge etc.) gleichzeitig verändert wurden (vgl. Bea/Göbel 2006, S. 80). Überdies waren die Kostenrechnungssysteme zu seiner Zeit nicht soweit ausgereift, dass er eine so eindeutige Erfolgsbestimmung hätte vornehmen können (vgl. Kieser 2006b, S. 122). Teilweise sind seine angeführten Beispiele auch eher legendärer Natur, als dass sie wirklicher realer Art wären (vgl. Walter-Busch 1996, S. 125). Taylor hielt diese nicht sehr exakte und stichhaltige Vorgehensweise bzw. Argumentation zum Zweck der Verbreitung seiner Gedanken offenbar für durchaus legitim (vgl. auch Hebeisen 1999, S. 88). Dementsprechend resümieren Wrege/Greenwood (1991, S. 117) mit Blick auf die von ihm angeführten „Fakten": Ob phantasievoll oder unverschämt, Tatsache ist, dass Taylor zu glauben schien, dass der Zweck die Mittel heiligt.

Darüber hinaus finden sich auch verschiedene praktische Gründe, die gegen eine tayloristische Arbeitsorganisation sprechen. Dies zeigt sich nicht zuletzt daran, dass kaum ein Unternehmen je den Taylorismus in Reinform verwirklicht hat (vgl. Kieser 2006b, S. 114), sondern nur einige wenige Elemente Eingang in die betriebliche Praxis gefunden haben (vgl. auch Nelson 1980, S. 199). Der hohe Aufwand seiner arbeitswissenschaftlichen Vorgehensweise und das komplizierte Funktionsmeistersystem schreckten schon zur damaligen Zeit viele erfahrene Managementpraktiker ab (vgl. Edwards 1981, S. 113f.; Walter-Busch 1996, S. 124f.). Der starke Formalisierungsgrad und besonders die Notwendigkeit umfangreicher schriftlicher Dokumentation weisen Parallelen zur bürokratischen Organisations- und Integrationsform (vgl. Kapitel 2.1.1) auf und beinhalten die Gefahr ähnlich dysfunktionaler Wirkungen. Daran entzündeten sich auch die Widerstände durch die Skrupel der Unternehmer und Manager, die sich von den neu eingeführten bürokratischen Strukturen und Regelwerken zu sehr eingeengt fühlten (vgl. Nelson 1975, S. 75f.) und den stark apersonal gestalteten Leitungsstrukturen (vgl. Weisbord 1987, S. 38) misstrauten. Diese Widerstände waren unter diesen Personenkreisen oft stärker als bei den Arbeitern, die eher von der Eindämmung der bis dahin praktizierten Willkürmethoden profitierten. Hinzu kommt das wenig diplomatische, oft harsche Vorgehen Taylors (vgl. auch Nelson 1980, S. 75), das einer Akzeptanz seiner Methoden eher entgegenstand. Diese Reaktanz der Betroffenen verwundert nicht, bedenkt man den durchaus radikalen Wechsel, den sie mit sich brachten: Die Führungsmethoden, die er im Gefolge seiner Kämpfe mit seinen Leuten entwickelte, waren so neu und so fremd, dass er gezwungen war, gebieterisch vorzugehen, damit sie übernommen wurden (nach Copley 1923, I, S. 174).

Auf der Suche nach dem „one best way to work", konzentrierte sich Taylor fast ausschließlich auf die Produktivität und verlor damit das Marktgeschehen aus den Augen (vgl. Weisbord 1987, S. 38). Seine reinen Kostenminimierungsstrategien erwiesen sich als nicht hilfreich, wenn eigentlich eine Entwicklung neuer Produkte oder die Gewinnung neuer Kunden erforderlich gewesen wären. Aufgrund seiner starken Fokussierung auf die Neuorganisation von Arbeitsplätzen und Fertigungsabläufen, vernachlässigte Taylor zudem die Frage der Koordination und Kontrolle des Gesamtbetriebs (vgl. Chandler 1977, S. 276f.). Erst der Automobilproduzent Henry Ford fand dafür eine geeignete Lösung, so dass sich in der Praxis der Unternehmensführung vor allem der Fordismus verbreitet hat. Manche gegen Taylor und den Taylorismus gerichteten Kritiken sind damit aber den Folgen fordistischer Arbeitsproduktion (Sinnentleerung und Dequalifizierung der Arbeit) geschuldet und sprechen nicht gegen das System der wissenschaftlichen Betriebsführung im Idealtypus. Problematisch sind freilich die funktionalistischen Argumentationsfiguren und der vermeintlich wissenschaftlich begründete, universelle Geltungsanspruch des von Taylor konzipierten Systems. Denn wie Luhmann (1999, S. 383) ausführt, ist „eine Funktion weder ein logisches noch empirisch-kausales Gesetz, nach dem die Dinge so und nicht anders verlaufen." Die funktionalistische Argumentation, die auf den Nutzen eines Tatbestandes verweist, kann damit nicht seine Entstehung oder sein Wesen wirklich erklären und begründen (vgl. auch Daheim 1993, S. 27). Die postulierten Ursache-Wirkungsbeziehungen müssen keineswegs tatsächlich gegeben sein, zumal die Funktionserfüllung oft genug nur darin besteht, schon vorher existente Strukturen oder Systeme zu erhalten.

Kennzeichnend für den Taylorismus sind besonders die konsequente Vermeidung von Verschwendung und die bestmögliche Ausnutzung von menschlichen und sachlichen Potenzialen oder Ressourcen (vgl. auch Freedman 1992, S. 27), die ganz im Geiste des Utilitarismus stehen. Diese Denkrichtung sieht als treibendes Motiv des Handelns, die Erzielung eines Nutzens mit den dafür günstigsten Einsatz an Mitteln an, das zum Zweck allgemeiner Wohlfahrt und des Glücks der Gesamtheit dient (vgl. Reimann/Wienold 1995). Wesentlich für das Taylor-System ist dazu die arbeitsgerechte Optimierung der technischen Ausstattung der einzelnen Arbeitsplätze, die beispielsweise über die Durchsetzung von Werkstoff- und Werkzeugnormen oder über die adäquate Auswahl und Justierung der Maschinen abläuft (vgl. Taylor 1919, S. 75ff). Deswegen wurde Taylors Konzept oft zu Unrecht als ein einseitiges System zur Anpassung des „psychophysische(n) Apparat(s) des Menschen" an die „Anforderungen, welche die Außenwelt, das Werkzeug, die Maschine, kurz die Funktion an ihn stellt" (vgl. Weber 1976, S. 686) aufgefasst. Eigentlich beruht aber die tayloristische Betriebsumstellung auf einer Doppelbewegung: Der Bewegungs- und Handlungsablauf des Arbeiters wird an die Erfordernisse und die Potentiale seiner Gerätschaften angepasst, diese werden aber auch umgekehrt auf die Leistungsmöglichkeiten und -grenzen des Arbeiters zugeschnitten. Erst durch

das Zusammentreffen beider Bewegungen entsteht das angestrebte Betriebsopti-
mum.

Die tayloristisch inspirierte Managementlehre bietet Leitfäden zur Arbeitsteilung, zur Disziplinierung der Arbeiterschaft, zur Gestaltung des hierarchischen
Koordinationssystems, wie Planung und Kontrolle durchgeführt werden sollen und
darüber, wie eine entsprechende Aktenlegung erfolgen soll (vgl. Kieser/Walgenbach
2003, S. 32). Die Rationalität der Technologiegestaltung und -anwendung ist dabei
(mit-)entscheidend für die Leistungsfähigkeit der Organisation (vgl. Noss 2004, Sp.
1409). Taylor hat die besondere Rolle der Technologie und der Optimierungspoten-
ziale durch Technik erkannt und sowohl für die Beherrschung betrieblicher Abläufe
als auch für die Beherrschung der Belegschaft genutzt. Damit hat er mit den tayloristisch-funktionalen Organisationsprinzipien eine Technokratie geschaffen, also
eine Herrschaft der Technik und ihrer Ingenieure (vgl. auch Merkle 1980). Die
Weberschen Bürokraten werden von den tayloristischen Technokraten abgelöst. Bei
Taylor konstruieren Ingenieure als Technokraten die notwendige Ordnung zum
reibungslosen Ablauf des Produktionsprozesses. Die tayloristisch-funktionale Herrschaft ist weitgehend monokratisch verfasst, da das Prinzip der Alleinherrschaft von
spezialisiertem Expertenwissen rigoros angewandt wird (vgl. Walter-Busch 1996, S.
125).

Die dabei entstehende Hierarchie wird mit angeborenen Unterschieden hinsichtlich Intelligenz und Physis begründet, die zwei Klassen von Menschen begründen (vgl. Bea/Göbel 2006, S. 79). Manche sind so zur Leitung berufen, andere zur
Ausführung. Es sei dabei eine Wohltat für Menschen, von denjenigen Tätigkeiten
befreit zu werden, zu denen sie nicht taugen und das tun zu dürfen, was sie nach
ihrer Veranlagung am besten können (vgl. Taylor 1977, S. 67). Die Leitung übernimmt demnach nur die Arbeit, für die sie sich besser eignet als die Arbeiter und
entlastet diese auch noch von der Verantwortung, die sie zuvor in der handwerklichen Produktion zu tragen hatten (vgl. Walter-Busch 1996, S. 125). Diese Entlastungsfunktion des Taylorismus wird rational begründet: Taylor war der Auffassung,
dass Arbeiter nichts von den komplexen Marktgeschehnissen und dem gesamten
Arbeitsprozess wissen müssten, da dies nur von der Arbeit ablenke (vgl. Kühl 2000,
S. 32). Die Produktion vollzieht sich bei ihm in einem geschützten Kern, für den die
Umweltunsicherheit soweit in ihrer Komplexität reduziert wird, dass sie in die tri-
viale, mechanistische Logik der hochspezialisierten Arbeitsteilung übersetzt werden
kann, und dieser störungsfrei, effizient arbeiten kann. Nur so kann seiner Ansicht
nach der Arbeiter, die ihm zugewiesenen Aufgaben gewissenhaft und zum Wohl des
Betriebs wie der Allgemeinheit erfüllen.

Taylor fordert – gewissermaßen nicht anders als Max Weber – die freiwillige
Unterordnung unter einen rationalen Zweckverband, in dem das Individuum in
Erfüllung seiner (Arbeits-)Pflichten ganz aufzugehen hat. „Bisher stand die Persön-
lichkeit an erster Stelle, in Zukunft wird die Organisation und das System an erste

Stelle treten" (Taylor 1977, S. 4). Der Einzelne wird dadurch nicht vollständig un-wichtig, aber auf ein funktionsadäquates Handeln und seine arbeitsbezogene Rolle beschränkt, so dass seine Bedürfnisbefriedigung nur mehr in der effektiven Ausfüh-rung der Arbeit liegen kann. Seinen Wert kann das Individuum nur dadurch zeigen, dass es sich „funktionsadäquat bewährt", indem es sich in seinem beruflichen Tun immer weiter perfektioniert (vgl. Taylor 1977, S. 134f.). Der ideale Mensch besitzt für Taylor all die klassischen Primärtugenden (z.B. Nüchternheit, Sparsamkeit, Fleiß, Aufrichtigkeit, Strebsamkeit etc.; vgl. Bea/Göbel 2006, S. 78), die auch einen typisch-bürokratischen Beamten im Sinne von Max Weber auszeichnen und als Merkmale einer protestantischen (Arbeits-)Ethik gelten können (vgl. Reimer 2005, S. 125). Jedoch kann der Taylorismus als eine Art säkularisierte protestantische Ethik bezeichnet werden, weil er im Sinne eines amerikanisch-weltlichen Puritanis-mus die gebotene Pflicht einer zweckmäßigen und effektiven Ausführung der Ar-beit mit dem legitimen Eigeninteresse (Vorteil) des Individuums verknüpft. Er verband also in seinen Konzepten gleichzeitig Wertvorstellungen von harter Arbeit mit ökonomischen Rationalitätsdenken, (natur-)wissenschaftlichen Methoden und einem mechanistisch-autoritären Menschenbild (vgl. Hill/Fehlbaum/Ulrich 1992, S. 409).

Um eine Art von Ethik handelt es sich bei den Vorstellungen Taylors auch deswegen, weil er die Bedeutung der inneren Haltung der Arbeiter herausstellte. Demnach setzten seine Methoden in seinen eigenen Worten eine „vollständige Umgestaltung der Auffassung des Arbeiters über ihre Stellung zur Arbeit voraus" (Taylor 1977, S. 106). Damit wird ausgerechnet die von ihm wegen ihres schlechten Charakters oft geschmähte Arbeiterschaft zu einer Art Projektionsobjekt seiner eigenen ethisch-praktischen Ideale. Dies beinhaltet eben auch die Möglichkeit der fachlichen und moralischen Erziehbarkeit der Arbeiter (vgl. Bea/Göbel 2006, S. 79). Er war sogar davon überzeugt, dass gerade sein System der wissenschaftlichen Betriebsführung die Arbeiter – wie er 1912 vor einem Komitee des amerikanischen Repräsentantenhauses sagte – „into higher types of men" verwandeln würde. Sein Pensum- und Entlohnungssystem schien ihm dabei nicht nur den Einzelnen in seinen Verhaltensweisen zu verbessern, sondern ihn auch „in jeder Beziehung wert-voller für die menschliche Gesellschaft werden" zu lassen (Taylor 1977, S. 77). Damit steigere sein System nicht nur die Effizienz des einzelnen Betriebes, sondern auch die allgemeine Wohlfahrt und stelle sich in den Dienst höherer gesellschaftli-cher Ziele (vgl. Taylor 1977, S. 7). Dies zeigt einen doppelten funktionalistischen Gedankengang und eine doppelte Funktionalisierung des Individuums: Der einzelne wird ein funktionsfähiges Glied des Betriebs wie auch der Gesellschaft und nützt so beiden. Das Prinzip der funktionalen Arbeitsorganisation erfüllt damit nicht nur den unmittelbaren Betriebszweck, sondern auch eine gesellschaftliche Funktion.

Das Ziel des Taylorismus war es, eine Strukturierung des Betriebs anhand rati-onaler Regeln so zu gestalten, dass die geforderte Unterordnung unter betriebliche

Zwecke für das Individuum prinzipiell ohne Aufgabe seiner Würde und Selbstachtung vollbracht werden kann. Wie auch Max Weber versuchte Taylor damit die Willkür und Ungerechtigkeit einseitiger Machtverhältnisse (z.B. der Vorarbeiter im Handwerkssystem) bzw. traditionaler Herrschaftsformen zu verhindern. Deswegen bezieht er zudem explizit die Gesichtspunkte der Transparenz und Fairness in der Verhaltenssteuerung und Verantwortungsverteilung, denn auch das Management und die Betriebsleitung sind bei Taylor an die rational begründeten Regeln gebunden (vgl. Hebeisen 1999, S. 124). Eine Unterordnung wird nicht streng autoritär gefordert, sondern ist durch vernünftige, auch den Arbeitern einsehbare Prinzipien und die effektive Funktionsweise des organisatorischen Ganzen zum Wohle aller gerechtfertigt. Diese funktional begründete Über- und Unterordnung legitimiert aber auch die „rationale Abrichtung und Einübung von Arbeitsleistungen" (Weber 1976, S. 686). Der Zweck rechtfertigt die Anwendung von angebrachten Mitteln bzw. instrumentale Eingriffe in das Verhalten des Individuums (z.B. die systematische Auslese und Anpassung der Arbeiter), die sich praktisch gesehen in Form einer systematischen Konditionierung des Verhaltens vollziehen (vgl. Walter-Busch 1996, S. 125) und so letztlich einer Manipulation gleichkommen. Dadurch wird das Individuum aber mehr der zweckmäßigen Ordnung angepasst als diese ihm und so einseitig in die Organisation integriert.

Das implizite Wissen der Ausführenden (Arbeiter) über die Arbeitsprozesse wurde dabei ihrem Besitzstand entzogen, externalisiert und formalisiert (verschriftlicht) und zur minuziösen Planung einer für alle kollektiv verbindlichen Ausführungsform umgestaltet (vgl. Luczak 2004, Sp. 1229). Durch diese Fremdnutzung und Umgestaltung von Wissen als Folge der Trennung von Planung und Ausführung verlieren die Arbeiter letztlich auch die Kontrolle über den Arbeitsprozess (vgl. Braverman 1977). Aufgrund dieser einseitigen Transformation individuell nützlichen Wissens (und der Kompetenzen) für den Organisationsweck bezeichnen wir die Integration von Individuum und Organisation im Sinne tayloristisch-funktionaler Prinzipien als Verzweckung. Als einseitig kann diese Integrationsform deshalb bezeichnet werden, weil diese Aneignung und der Gebrauch solchen Wissens nicht aus deren freien Willen geschieht und der Nutzen vor allem auf der Organisationsseite liegt. Wenn das Individuum ordnungsgemäß funktioniert, hat es seinen Zweck ganz im Sinn der Organisation erfüllt. Der funktionalistischen Integrationsform liegen also zweckrationale Nutzenkalküle zugrunde. Einer Effektivierung der Arbeitsprozesse, stehen freilich die Einschränkung der Freiheit und Entscheidungsfähigkeit des Individuums als verdinglichtes, passives Medium gegenüber. Trotz dieser augenscheinlichen Sachlichkeit und Zweckrationalität sind die Managementprinzipien Taylors aber auch wertgeladen, denn hinter dem rational nachvollziehbaren, vordergründigen Kriterium ökonomischer Effizienz, kommt implizit wie auch explizit das Motiv der Herrschaftssicherung zum Vorschein (vgl. auch Kieser/Walgenbach 2003, S. 33).

Die oft nur wenig gewürdigten Verdienste von Taylor liegen in einer intensiven Auseinandersetzung mit dem Produktionsprozess, wodurch er versuchte, das Wissensdefizit der Unternehmensleitung in dieser Hinsicht zu beheben (vgl. Hebeisen 1999, S. 173). Er schuf die erste Form einer wissenschaftlichen Arbeitsanalyse als neuartige und unabhängige Quelle spezifischen Wissens über die Produktion (vgl. Edwards 1981, S. 112) und leistete damit trotz aller Mängel seines Vorgehens einen nicht zu unterschätzenden Beitrag zu einem verwissenschaftlichten Management. Es gelang ihm dabei auch die bis dahin vorherrschende Kontroverse zwischen Produktionsfunktion und der (noch wenig entwickelten) Personalfunktion abzumildern, da er den systematischen Zusammenhang zwischen Produktionseffizienz und Personalqualifikation erkannte (vgl. auch Nelson 1980, S. 201). Überdies kann er quasi als Pionier des Wissensmanagements und des effizienten Technologieeinsatzes angesehen werden, da er sowohl die Bedeutung betrieblichen Wissens wie auch der Technologie richtig erkannte und beide Faktoren optimal bzw. gewinnbringend einzusetzen versuchte.

Auch wenn die tayloristische Arbeitsorganisation immer wieder mit einseitigen Belastungen und Folgen in Verbindung gebracht wird, betrieb er systematisch die Entwicklung gesundheitsförderlicher Produktionsmittel und die Einführung von gezielten Pausensystemen (vgl. Hebeisen 1999, S. 127). Auch wenn dies nicht aus streng humanistischen Gründen, sondern eher aus funktionalen und zweckrationalen Überlegungen geschah, veränderte dies die Produktionsbedingungen doch nachhaltig. Er ließ aufgrund seiner unzureichenden Methodik jedoch langfristige Betrachtungen weitgehend außer Acht (vgl. Kieser 2006b, S. 124). Seine Idee, Arbeitsaufgaben nach dem Ertrag und nicht nach dem Gehorsam gegenüber einem Vorgesetzten (Meister) zu beurteilen (vgl. Edwards 1981, S. 117), ist bis heute in gängigen betrieblichen Entlohnungsformen zu finden. Ebenso erhalten hat sich die Übertragung bestimmter dispositiver Funktionen (Personalbeschaffung, Lohnfestsetzung, Disziplinierung) in spezielle Abteilungen (Personalabteilung, Planungsabteilung, Arbeitsbüro etc.) und die Idee der Trennung von Planung und Ausführung (vgl. Hebeisen 1999, S. 37). Damit hat die tayloristische Spezialisierungslogik die Ebene des Produktionsprozesses verlassen und prägt heute auch die gesamtorganisationale Arbeitsteilung. Die separate Ausübung betrieblicher Funktionen in Form spezialisierter Abteilungen ist in der Unternehmenspraxis weit verbreitet und findet in der organisatorischen Strukturierung durch die funktionale Organisation einen augenfälligen Niederschlag.

Abschließend bleibt zu konstatieren, dass der tayloristische Ansatz auch weiterhin von erheblicher praktischer Relevanz sein wird – und zwar insbesondere aus folgenden Gründen:

- Auch die sog. *schlanke Produktion* beabsichtigt keineswegs, die tayloristischen Prinzipien gänzlich zu überwinden, sondern will diese Prinzipien vielmehr nur in geschickter Weise mit jenen der handwerklichen Produktion kombinieren. Neuere Untersuchungen behaupten diesbezüglich, dass schlanke Produktionssysteme bestenfalls marginale Unterschiede zu den herkömmlichen tayloristischen bzw. fordistischen Produktionssystemen aufweisen (vgl. Rinehart/Huxley/Robertson 1997).

▪ Überdies wird der Taylorismus in seiner reinen Form so lange Anwendung finden, wie eine Nachfrage nach *Massengütern* weiter besteht. So vermerkt beispielsweise Morgan (2000, S. 44) völlig zutreffend, dass z.B. Fast-Food-Ketten mit ihren uniformen Produkten für den Massenmarkt die tayloristischen Prinzipien konsequent anwenden (Massen von angelerntem Personal, zumeist ohne tarifvertragliche Absicherung, einerseits, Bündelung aller innovativen und dispositiven Kopfarbeit in der Konzernzentrale andererseits) und damit ein gutes Beispiel für die ungebrochene praktische Relevanz des tayloristischen Aufgabenerfüllungssystems abgeben.

Nicht zuletzt sind dem Taylorismus auch höchst universelle Züge zuzuschreiben: „Taylor wird zwar oft als Übeltäter angesehen, doch sollte nicht übersehen werden, dass er tatsächlich auf einen viel umfassenderen gesamtgesellschaftlichen Trend hin zur Mechanisierung des Lebens allgemein reagierte. Die Prinzipien des Taylorismus sind auf dem Fußballfeld inzwischen ebenso zu Hause wie in unserem Privatleben, überall werden Routineabläufe rationalisiert" (Morgan 2000, S. 41). Ein besonders illustratives Beispiel der extensiven Nutzung dieser Prinzipien und des Einsatzes zweckrationaler Kalküle im sozialen Bereich geben dazu die Schilderungen der Kinder von Frank Gilbreth eines Schülers von Taylor ab, der das System der Bewegungsstudien auch auf sich, seine Ehefrau und seine zwölf Kinder angewandt hat (vgl. Winterhoff-Spurk 2002, S. 92f.):

„Paps machte von uns Kindern beim Geschirrspülen Filmaufnahmen, um zu berechnen, wie wir unsere Bewegungen verringern und die Aufgabe so rasch wie möglich erledigen können. Besondere Arbeiten – wenn etwa die Hinterveranda zu streichen oder ein Baumstumpf aus dem Rasen vor dem Haus zu entfernen war – wurden an denjenigen vergeben, der das niedrigste Angebot einreichte. Jedes Kind, dem an einem Extrataschengeld gelegen war, gab in einem verschlossenen Umschlag ein Angebot ab, in dem stand, für welchen Preis es die Arbeit ausführen würde. Wer das niedrigste Angebot einreichte, erhielt den Auftrag. (…) In den Baderäumen brachte Paps Tabellen für alle Arbeiten und sonstige Verrichtungen an. Jedes Kind, das des Schreibens kundig war – und Paps erwartete von seiner Nachkommenschaft, dass die frühzeitig mit dem Schreiben anfing – mußte morgens die Tabellen abzeichnen, nachdem es die Zähne geputzt, gebadet, das Haar gekämmt und sein Bett gemacht hatte. Abends mußte jedes Kind sich wiegen und sein Gewicht in die Tabelle eintragen, und auch nachdem die Hausarbeiten erledigt, Hände und Gesicht gewaschen und die Zähne geputzt waren, mußte man derartige Eintragungen machen. Mutter wollte auf den Tabellen auch eine Spalte für das Sprechen von Gebeten haben, Paps aber meinte: soviel er wisse, seien

Gebete etwas Freiwilliges." Aus: Frank Gilbreth jr./Ernestine Gilbreth-Carey (1971): „Im Dutzend billiger", S. 8f.

Rückblickend betrachtet ist der Taylorismus in Teilen eher als Ideologie mit einer gewissen Bestätigung auf praktischem Erfolg anzusehen, denn als eine wissenschaftlich fundierte Managementmethode (vgl. Kieser 2006b, S. 123). Sein Erfolg lag nicht so sehr auf ökonomischem Gebiet, sondern wurde durch eine Perfektionierung der Kontrolle des Managements und eine Disziplinierung der Arbeiterschaft erreicht (vgl. Edwards 1981, S. 112f.). Diese Kontroll- und Disziplinierungseffekte zeigt auch das obige Beispiel der Anwendung auf die Familie und deren Sozialstruktur recht deutlich. In der betrieblichen Praxis befördern die tayloristischen Regeln und ihre Durchsetzung aber ein konservatives Organisationsverständnis, weil man dadurch stets auf Bewährtes setzt bzw. ein einmal gefundenes Optimum nicht aufgibt und höchstens inkrementale Verbesserungen anstrebt. Allerdings muss das, was in der Vergangenheit erfolgreich war, nicht unbedingt auch in der Zukunft erfolgreich sein. Dafür sorgt schon die inhärente wie extern verursachte Dynamik von Organisation. Die hohe Abschirmung des produktiven Kerns von Umweltdynamik und -unsicherheit im Taylorismus hat zudem ein hohes Wissensgefälle in der Organisation zur Folge, das ein rasches und umfassendes Reagieren auf Umweltveränderungen eher verhindert (vgl. Kühl 2000, S. 33f.). Die strenge Trennung von Management- und Ausführungsfunktionen führt dazu, dass sich Mitarbeiter nur zur Regelbefolgung und nicht zur Regelreflexion oder -änderung veranlasst sehen. Programmfehler oder neue Programmmöglichkeiten kommen so oft nicht in den Betrachtungsfokus, was dem langfristigen Überleben der Organisation schadet. Wer in der tayloristischen Produktion als Ausführender dennoch ungefragt über Verbesserung nachdenkt oder gar Vorschläge macht, riskiert eher eine Bestrafung als eine Belohnung, da er die funktionale Harmonie und Balance stört.

Diese relative Vernachlässigung der (zwischen-)menschlichen Seite der Arbeit bzw. des Arbeitslebens bildete konsequenterweise den zentralen Ansatzpunkt der nachfolgenden Human Relations-Bewegung (vgl. Kapitel 2.2.1). Schon einer der Mitstreiter von Taylor und Mitbegründer des Scientific Management, Henry Laurence Gantt (1861-1919) erkannte die Notwendigkeit, auf die menschliche Natur und menschliche Bedürfnisse Rücksicht zu nehmen: „Whatever we do must be in accord with human nature. We cannot drive people; we must direct their development (vgl. Wren 1979, S. 162)." Aus dieser Fokussierung auf das Individuum und seine Besonderheiten sowie seine Einbettung in kollektive Gebilde erwuchs eine der bis heute einflussreichsten Denkrichtungen in der Managementlehre, die zwar an Taylors Gedanken anknüpfte, aber eine andere Richtung einschlug. Sie markiert den Wechsel von der funktional orientierten, ingenieursmäßigen Technokratie zur humanorientierten, psychologisch fundierten Sozialtechnologie. Statt den nüchternen tayloristischen Funktionsmeistern, sollten nun „Sozialingenieure" das Problem der Integration von Individuum und Organisation auf einfühlsamere Weise lösen.

2.2 Wechselseitige Integrationsformen

Im Gegensatz zu den einseitigen Integrationsformen gehen die wechselseitigen Integrationsformen von einem reziproken Beziehungsverhältnis zwischen Individuum und Organisation aus. Dabei werden im Gegensatz zu den einseitigen Integrationsformen auch die Motive, Bedürfnisse, Ansprüche und Vorstellungen des Individuums ernst genommen wie auch auf kollektive Erfordernisse Rücksicht genommen. Die Perspektive richtet sich zudem nicht mehr so sehr auf die (Gestaltung der) Verhältnisse, sondern mehr auf das Verhalten von Einzelnen und Gruppen. Dabei wird grundsätzlich das Wechselspiel zwischen Struktur und Verhalten dezidierter berücksichtigt und gleichermaßen formalen wie informalen Organisationsaspekten Beachtung geschenkt. Auf diesen Grundlagen versuchen die wechselseitigen Integrationsformen „menschengerechtere" Formen der (Zusammen-)Arbeit zu finden und Individuum und Organisation einander wechselseitig anzupassen.

2.2.1 Beziehungsorientierung

In Kritik an traditionellen Konzepten der Menschenbehandlung wie z.B. des psychotechnischen Taylorismus und der wissenschaftlicher Betriebsführung (Scientific Management) entwickelte sich in den 20-er und 30er Jahren der sog. Human Relations-Ansatz (vgl. zum Sozialkontext Walter-Busch 1996, S. 143ff). Dieser einflussreiche Ansatz stellte die „Mitarbeiterbeziehung" und Beziehungsorientierungen bzw. Gruppenprozesse in den Mittelpunkt der Betrachtung und eingehender Untersuchungen. Er ist aufs engste verbunden mit der Person und dem Werk des in Australien geborenen (Sozial-)Psychologen und „Industriepsychiaters" Elton Mayo (1880-1949). Nach einem gescheiterten Medizinstudium und einer kurzen akademischen Karriere in seinem Heimatland als Philosophie- und Psychologiedozent kam er 1922 in die USA und wurde innerhalb weniger Jahre zu einem der führenden Sozialwissenschaftler seiner Zeit. Es gelang ihm eine Gruppe von Forschern um sich zu versammeln, die von seiner Herangehensweise und seiner Untersuchungsmethodik angeregt wurden und seine Auffassung teilten, dass (zwischen-)menschliche Beziehungen (engl. „human relations") ein zentrales Erkenntnisobjekt in der wirtschaftswissenschaftlichen Forschung und Ausbildung bilden sollten (vgl. Smith 1998, S. 239). Mayo versuchte dabei komplexe soziale (Führungs-)Probleme des Menschen im Organisationszusammenhang als einer der ersten „ganzheitlich" zu betrachten. Mit seinen Forschungen zu Menschenbehandlungsproblemen in der

Wirtschaft untersuchte er dazu die Kooperationsbereitschaft und das Zugehörigkeitsgefühl von Arbeitern zum Unternehmen und zog hieraus Rückschlüsse für die Gestaltung der Arbeitsbedingungen wie für das angemessene Führungsverhalten bzw. den Führungsstil.

Die Erkenntnis, dass eine Herstellung „menschlicher Beziehungen" zu Arbeitern ein wichtiger Produktionsfaktor sein kann, wurde einzelnen Unternehmern wie auch Unternehmen und Wissenschaftlern noch während der Industrialisierung im späten 19. Jahrhundert bewusst (vgl. Kieser 2006c, S. 134). Diese Einsicht reifte auch dadurch heran, dass sich durch die bis dahin weit verbreitete Vernachlässigung des Personalfaktors gravierende Probleme ergaben. Hohe Fluktuationsraten und eine allmähliche Verknappung des Arbeitskräfteangebots nach längerer Zeit des Überflusses, führten nicht nur zu einem wachsenden Selbstbewusstsein der Arbeiter und ihrer kollektiven Solidarisierung, sondern ließ auch die Unternehmen den Wert einer verlässlichen, längerfristig ans Unternehmen gebundenen Arbeiterschaft erkennen. Die erhebliche Unruhe und Unordnung in den Arbeitsbeziehungen, die Vernachlässigung der Bedürfnisse der Belegschaft sowie die politische Auseinandersetzung in sozialen Fragen, hat Mayo unmittelbar miterlebt und die Notwendigkeit der Berücksichtigung sozialer Beziehungen erkannt (vgl. Trahair 1984, S. 27ff.). Vor diesem Erfahrungshintergrund und durch seine eigene Ausbildung betrachtete er die Anwendung von Psychologie auf die Politik und das Wirtschaftsleben als eine angemessene zeitgemäße Vorgehensweise. Bestärkt wurde er in dieser Ansicht durch erfolgreiche Anwendung psychotherapeutischer Praktiken bzw. tiefenpsychologischer Techniken von C. G. Jung und P. Janet zu Beginn seiner wissenschaftlichen Tätigkeit in Australien (vgl. Trahair 1984, S. 103ff.). Die soziale Frage des Industriezeitalters ist somit für Mayo und die Human Relations-Bewegung eine psychologisch zu erklärende Frage (vgl. Walter-Busch 2006, S. 323). Demzufolge lassen sich auch soziale (gesellschaftliche) Probleme mit psychotherapeutischen Mitteln und Techniken lösen.

Vor diesem Hintergrund lässt sich Mayo auch als Gesellschaftstherapeut verstehen (vgl. Walter-Busch 2006, S. 323). Aufschluss hierüber gibt Mayos „Gesellschaftstheorie", die sich aus unterschiedlichsten politologischen, soziologischen, psychologischen und ökonomischen Wissenselementen und Erkenntnissen speist und schon vor seiner Ankunft in den USA Gestalt annahm. Sie greift die politischen Probleme der industriellen Gesellschaft (Zivilisation) auf (vgl. auch Mayo 1947), die auf der Basis einer „neuen", politischen Psychologie analysiert werden. Die Gesellschaft wird dabei als kooperatives System von Gruppen aufgefasst, in dem die Beziehungen zwischen den sozialen Einheiten oder Gebilden auf persönlichem Verständnis, Traditionen, Gebräuchen und dem Willen zur Zusammenarbeit beruhen (vgl. Trahair 1984, S. 99). Das psychologische Bedürfnis des Einzelnen nach Sicherheit und Glück wird dabei am besten durch Gruppenzugehörigkeit und dauerhafte Verbindungen befriedigt. „The solitary who works alone is always a very unhappy man" (Mayo 1945b). Jeder soziale Konflikt in diesem Beziehungsgeflecht kann seiner Ansicht nach auf individuelle Missverhältnisse zurückgeführt werden (vgl. Smith 1998, S. 231). Die industrielle Revolution hatte seiner Ansicht nach der Sinn der Arbeit beseitigt und zu einer tief greifenden Entfremdung des Einzelnen zu seiner Arbeit und Umwelt geführt (vgl. O'Connor 1999a, S. 226). Die an industriellen Arbeitsplätzen zu beobachtenden Symptome von Leiden (Langeweile, Ermüdung, Antriebslosigkeit), sind demzufolge häufig im Zusammenhang mit sozialer Isolation zu beobachten und direkte Folge daraus (vgl. Zaleznik 1984, S. 3).

Ganz ähnlich den ärztlichen Heilbemühungen im Falle physiologischer Krankheiten, sollten Psychologen nun darin eingewiesen werden, die Symptome dieser Leiden zu beobachten und zu analysieren (vgl. O'Connor 1999a, S. 232), um dann ebenso spezielle „Heilmittel" anwenden zu können. Nicht ohne Grund hat Mayo seinen Ansatz auch als „klinische Soziologie" bezeichnet (vgl. Smith 1998, S. 246) und glaubte eine Übertragung medizinischer Methodologie könnte den Sozialwissenschaften helfen, ihre Sichtweise zu schärfen und ihre Fähigkeiten zu verbessern (vgl. Smith 1998, S. 221). Seine diesbezüglichen Absichten trafen bei seiner Ankunft in den USA auf ein äußerst günstiges Umfeld, denn dort förderten Stiftungen seit den 20er Jahren eine professionelle sozialwissenschaftliche Forschung (vgl. Walter-Busch 2006, S. 312). Damit war die Hoffnung verbunden, dass eine interdisziplinäre und praxis-/anwendungsorientierte Sozialforschung die Vorurteile gegenüber der Sozialwissenschaft im Allgemeinen und im Fall von Harvard die Vorbehalte gegenüber den als unwissenschaftlich geltenden Business Schools im Besonderen (siehe dazu Zaleznik 1984, S. 5) abbauen helfen könnte (vgl. Smith 1998, S. 223). Insgesamt war Mayos rascher und außergewöhnlicher Erfolg eine Kombination aus vielen Faktoren, darunter nicht zuletzt der Zufall, um so einfach der richtige Mann zur richtigen Zeit am richtigen Platz zu sein.

Ein wichtiger Vorläufer der Humanorientierung im betrieblichen Zusammenhang waren paternalistische Führungs- und Unternehmerpersönlichkeiten, an denen sich bereits lange vor der Human Relations-Bewegung die Vorzüge wie Nachteile einer verstärkten Hinwendung zum Menschen und menschlichen Bedürfnissen ablesen lassen. Eine der typischen Unternehmerpersönlichkeiten dieser Denkrichtung stellt der saarländische Montanindustrielle Carl Freiherr von Stumm-Halberg (1836-1901) dar. Er engagierte sich als Industrieller wie Politiker in sozialen Fragen und wirkte entscheidend bei der Gestaltung der Wirtschafts- und Sozialpolitik des deutschen Kaiserreiches mit. Seine Einstellungen und Überzeugungen schlugen sich aber auch seinem Führungsstil nieder, den er in seinen Betrieben praktizierte. Als überzeugter Vertreter des Obrigkeitsstaates sah er die Verbesserung der Lage seiner Arbeiter als Mittel zum Zweck, um Ruhe und Produktivität zu gewährleisten. Für die gewährte Versorgung, die sich nach seinem Ermessen richtete, verlangte er im Gegenzug unbedingten Gehorsam. „Die Einführung einer strammen Disziplin und fester Verwaltungsgrundsätze waren die ersten Bestrebungen, welchen ich mich zunächst mit Erfolg hingab", schrieb er in seinen Memoiren (vgl. Winterhoff-Spurk 2002, S. 159). Daraus entstand allmählich das „System Stumm", das keine Vermitt-lerinstanz zwischen ihm und dem Arbeiter vorsah, sondern sich auf ein „persönli-ches Arbeitsverhältnis" als Grundvoraussetzung jeder Disziplin gründete.

C. F. Stumm: Rede an seine Arbeiter

„Ich (…) würde keinen Augenblick länger an eurer Spitze aushalten, wenn ich an die Stelle meines persönlichen Verhältnisses zu jedem von euch das Paktieren mit einer Arbeiterorganisation unter fremder Führung setzen müßte. Ein solches Verhältnis. ..würde mir schon mein sittliches Pflichtgefühl und meine christliche Überzeugung ver-bieten. .. Ein Arbeiter, der sich außerhalb seines Betriebes einem liederlichen Lebens-wandel hingibt, wird auch in dem Betriebe nichts leisten können. (…) Wer in dieser Be-ziehung meinen Anforderungen nicht entspricht, wird zunächst verwarnt, und, wenn das nicht hilft, wird ihm gekündigt werden. (...) Jeder Meister und Arbeiter soll sich auch außerhalb des Dienstes so aufführen, daß sie dem Hause Stumm zur Ehre gerei-chen. (…) Was das Heiratsverbot anbelangt, so habe ich [festgestellt], (...) der Arbeiter soll mir vorher seine Absicht anzeigen, damit ich in der Lage bin (...), törichte Heiraten zu verhindern. [Ich fühle mich aber auch verpflichtet], wenn Leute (...).ohne ihr Ver-schulden nicht in der Lage sind, ihre Kinder zu ernähren, ihnen auch meinerseits beizu-stehen. (…) Wenn ihr meinen Anforderungen und meinem Rate folgt, so stehe ich da-für auch für euch ein. (...) Die Disziplin [ist] eine ganz unvermeidliche Voraussetzung (...) Wenn ein Fabrikunternehmen gedeihen soll, so muß es militärisch, nicht parlamen-tarisch organisiert sein. (...)Wie der Soldatenstand alle Angehörigen des Heeres umfaßt (...), so stehen die Angehörigen des Neunkirchener Werkes wie ein Mann zusammen, wenn es gilt, die Konkurrenz wie die finsteren Mächte des Umsturzes zu bekämpfen. (…) Hat der Arbeiter einmal die Autorität des Arbeitgebers über den Haufen geworfen. (…)[D]ann wird die Autorität auf anderen Gebieten, in Staat und Kirche, sehr bald fol-gen. (…) Bleibt fest für alle Zeit in der alten, unerschütterlichen Treue zu unserem er-habenen Monarchen, bleibt fest in der christlichen Nächstenliebe und der echten Got-tesfurcht."

Im „System Stumm" nahm der Vorgesetzte die Züge eines quasi-militärischen Vor-gesetzten an, der von seinen Untergebenen eiserne Disziplin verlangte. Hinzu kam eine rigide soziale Kontrolle, die sich auch auf das Privatleben der Mitarbeiter be-zog, wie es das voranstehende Zitat veranschaulicht. Neben seiner strengen Be-triebsordnung hatte Stumm auch ein umfangreiches Spitzelsystem in seinem Unter-nehmen aufgebaut, das ihm sowohl Informationen zum Privatleben seiner Beschäf-tigten lieferte als ihn auch über deren politische Aktivitäten informierte (vgl. Win-terhoff-Spurk 2002, S. 160). Enge soziale Kontrolle unter dem Deckmantel der Fürsorglichkeit (wohlwollende Tyrannei). Das Beispiel des Freiherrn von Stumm-Halberg und andere Fälle zeigen, dass eine Humanorientierung und Beschäftigung mit dem „Faktor Mensch" (Walter-Busch 2006) aufkamen, lange bevor die taylo-ristische Produktionsweise verbreitet und dem Taylorismus der Vorwurf der Inhu-manität gemacht wurde.

Der erste Ansatzpunkt von Mayos industriepsychologischer Arbeit bestand im Taylorismus und der fordistischen Produktionsweise, die ihm keineswegs nur als negative Kontrastfolie dienten. Denn Mayo verstand seine Arbeit zunächst als eine Erweiterung und Fortsetzung der Pionierarbeiten von F. W. Taylor (vgl. O'Connor 1999a, S. 224; Bruce 2006, S. 185). Taylor selbst hatte schon vorgeschlagen, „dass ein eingehendes Studium der Motive, welche die Arbeiter in ihrem Tun beeinflussen (vgl. Taylor 1977, S. 128)" als ergänzende wissenschaftliche Untersuchungsmethode eine besondere Aufmerksamkeit verdienen würde. Er war zwar der Auffassung, dass hierbei Gesetzmäßigkeiten schwerer zu finden sein würden als bei der Untersuchung materieller Dinge. Er glaubte jedoch, dass zumindest für eine Mehrzahl von Menschen solche Gesetzmäßigkeiten zu finden wären und „als Richtschnur im Verkehr mit Menschen" (ebd.) von großem Wert sein würden. Mayo wandte sich aber gegen die extrem individualistische Betrachtung der Arbeiter und ihren Aufgaben und Routinen und forderte die gesamte psycho-soziale Situation einer Person – auch in ihren Aspekten außerhalb des eng begrenzten Arbeitsumfelds – einzubeziehen (vgl. Bruce 2006, S. 186). Alle Äußerungen einer Person müssen folglich vor dem Hintergrund ihres Kontextes betrachtet werden, der aus ihrer persönlichen Vergangenheit bzw. Geschichte wie auch aus ihrer aktuellen sozialen Situation besteht (vgl. Smith 1998, S. 225).

Mayo bezeichnete seine Herangehensweise später auch als „total situation approach" (vgl. Walter-Busch 1996, S. 161). Komplexe menschliche Probleme sind demzufolge „ganzheitlich" aus den verschiedensten Blickwinkeln zu beleuchten. So können private Sorgen sowohl aus dem Berufsleben erwachsen, wie auch Arbeitsbelastungen zu privaten Problemen führen. Die Ansatzpunkte seiner Überlegungen waren die Einzigartigkeit jedes Individuums, seine Interaktion mit anderen Individuen und die Bedeutung, die Individuen der Situation beimessen (vgl. Smith 1998, S. 246). Mayo erkannte die Bedeutung der Einstellung des Individuums zur Arbeit und seine Konsequenz auf die Arbeitsmoral. Deswegen betonte er auch bereits sehr früh dass Führungskräfte über soziale Fähigkeiten (social skills) bzw. Sozialkompetenz verfügen sollten, um eben die Einstellungen, Interessen, aber auch Vorurteile von Mitarbeitern besser einschätzen zu können (vgl. Trahair 1984, S. 300). Konsequenterweise sollten Führungskräfte seiner Ansicht nach auch eher Generalisten sein, die in der Lage sind, die Vorgehensweise und das Arbeitsgebiet von Spezialisten kritisch bewerten können.

Die eigentliche Geburtsstunde des Human Relations-Ansatzes war ein Forschungsexperiment, welches das National Research Council (NRC) im Jahre 1923 in Auftrag gab und – noch ganz in tayloristischer Denkungsart bzw. tayloristischem Erkenntnisinteresse folgend – den Zusammenhang zwischen äußeren Arbeitsbedingungen (hier: Arbeitsplatzbeleuchtung) und der Arbeitsleistung untersuchen sollte (vgl. Winterhoff-Spurk 2002, S. 93). Durchgeführt wurde es in den Hawthorne-Werken der Western Electric Company von einem Ingenieur(!) namens Pennock.

Es war ein relativ einfach gehaltener Kontroll- und Experimentalgruppenvergleich über den Einfluss von Beleuchtungsart und -stärke auf die Arbeitsleistung. Aufgrund der überraschenden Ergebnisse dieses Experiments kam es zu mehreren Anschlussuntersuchungen, die in ihrer Gesamtheit als sog. Hawthorne-Forschungsprogramm bezeichnet werden. Dieses lässt sich in seinem Ablauf wie folgt abbilden und ausführen (vgl. Mayo 1945a, Roethlisberger/Dickson 1966, Walter-Busch 1996, S. 143ff.; Kieser 2006c, S. 141ff.; Bea/Göbel 2006, S. 82ff.)

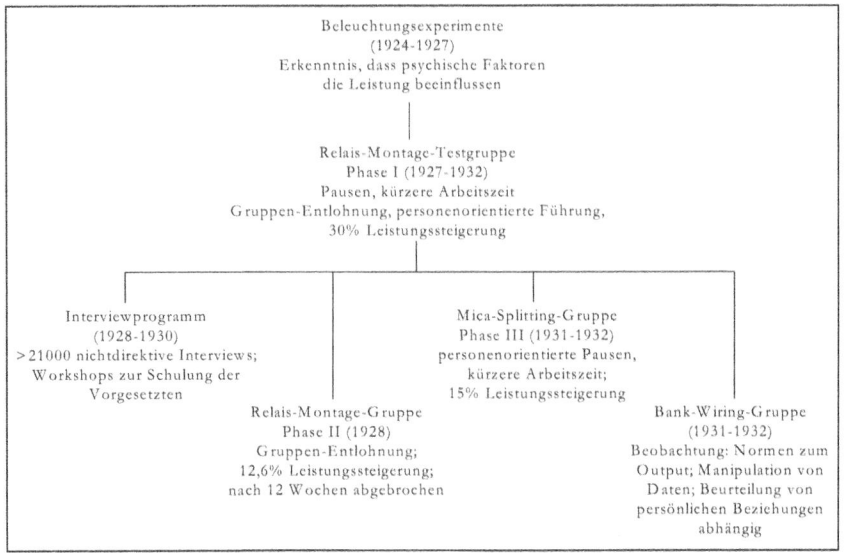

Abbildung 5:   Das Hawthorne-Forschungsprogramm (vgl. Kieser 2006c, S. 145)

Die zunächst durchgeführten Beleuchtungsexperimente (1924-1927) gingen von der Annahme aus, dass die Höhe der Arbeitsleistung positiv mit der Beleuchtungsstärke am Arbeitsplatz korreliert. Dies bestätigten die Experimente auch insoweit, als bei der beobachteten Gruppe von Arbeiterinnen die Leistung mit zunehmender Beleuchtung tatsächlich stieg. Als man die Beleuchtung jedoch wieder reduzierte, sank die Leistung nicht wie erwartet, sondern sie stieg weiter an. In einer anderen beobachteten Gruppe wurde zudem ein Leistungsanstieg festgestellt, obgleich die äußeren Arbeitsbedingungen überhaupt nicht verändert wurden. In einer weiteren Variation wurde von den Versuchsleitern gegenüber den Arbeiterinnen nur behauptet, dass es heller bzw. dunkler würde, d.h. die ausgetauschten Glühbirnen wiesen tatsächlich immer die gleiche Beleuchtungsstärke auf. Die Arbeiterinnen nahmen nichtsdestoweniger unterschiedliche Helligkeiten wahr und leisteten – entsprechend der Hypothese – unter den vermeintlich helleren Bedingungen mehr und unter den vermeintlich dunkleren Bedingungen weniger. Die Forscher interpretierten diese „irrationalen" Ergebnisse dahingehend, dass die Arbeitsleistung realiter nicht nur von den äußeren Bedingungen, sondern ganz wesentlich auch von psychischen bzw. gruppendynamischen Faktoren bestimmt werde.

In einem ersten Anschlussexperiment (1927-1932) wurden sechs Arbeiterinnen in einem gesonderten Testraum mit der Aufgabe betraut, Telefonrelais zu montieren (Relais-Montage-Testgruppe). Erklärtes Ziel dieses Versuches war es noch immer, durch Variationen (hier nun: der Lage und Dauer der Arbeitspausen sowie der täglichen Arbeitszeit) die Auswirkung formaler Arbeitsbedingungen auf die Arbeitsleistung zu untersuchen – wobei die in den Beleuchtungsexperimenten erkannten psychischen Faktoren nunmehr besser kontrolliert werden sollten. Als Methode hierfür galt die Herstellung einer Vertrauensbeziehung zwischen den Forschern und den Arbeiterinnen, was durch eine kooperative Führung (z.B. Mitsprachemöglichkeiten bei der Pausengestaltung), veränderte Arbeitsinhalte (Montage von weniger verschiedenen Relaistypen) sowie einen garantierten Mindestlohn erreicht werden sollte. Im Verlauf dieses zweijährigen Experiments stieg die durchschnittliche Arbeitsleistung um 30%, was auf vier Ursachen zurückgeführt werden konnte: die Arbeitsinhalte (weniger Typen), die modifizierten Arbeitszeit- und Pausenregelungen, das Entlohnungssystem (Garantielohn) und/oder der Führungsstil (kooperativ-partizipative Führung). In ihrer Interpretation machten die Forscher die Leistungssteigerung dabei vorrangig von den beiden letztgenannten Einflussgrößen abhängig, sprich: vom Lohnsystem und Führungsstil (vgl. Kieser 2006c, S. 143).

Um die spezifische Bedeutung dieser Einflussgrößen genauer erfassen zu können, wurden zwei weitere Experimente durchgeführt (Relais-Montage-Gruppe, 1928, und Mica-Splitting-Gruppe, 1931-1932), die z.T. allerdings unter anderen Rahmenbedingungen abliefen, z.T. andere Aufgabenstellungen beinhalteten und z.T. nach kurzer Zeit – aufgrund von Unruhe unter anderen Arbeitern – auch wieder abgebrochen werden mussten. Dessen ungeachtet waren auch diese Experimente von erheblichen Leistungssteigerungen (zwischen 12% und 15%) begleitet, was die Forscher dahingehend interpretierten, dass die höheren Leistungen durch Lohnanreize allein keinesfalls zu erklären seien, Lohnanreize vielmehr immer nur in Verbindung mit interpersonellen Beziehungen (Human Relations) ihre volle Wirkung entfalten könnten (vgl. Kieser 2006c, S. 144). Das letzte Experiment des Hawthorne-Forschungsprogramms widmete sich in den Jahren 1931-1932 schließlich der Untersuchung des Einflusses der Arbeitsgruppe auf das Leistungsverhalten der einzelnen Gruppenmitglieder. Hierzu wurde eine mit der Fertigung von elektrischen Spulen betraute Gruppe (Bank Wiring-Gruppe) einer systematischen Beobachtung unterzogen. Diese Untersuchung ergab insbesondere, dass Gruppen interne Normen zum angemessenen Output entwickeln und dazu tendieren, sich durch Datenmanipulation Leistungsreserven zu schaffen. Auch zeigten sich leistungsmindernde

Wirkungen von Gruppennormen und es konnte festgestellt werden, dass die Beurteilung der qualitativen Arbeitsergebnisse durch prüfende Inspektoren maßgeblich von den persönlichen Beziehungen zwischen den Gruppenmitgliedern und dem Inspektor geprägt war.

Basierend auf dem skizzierten Hawthorne-Forschungsprogramm und kontrastierend zum bis dato vorherrschenden tayloristischen Organisationsverständnis können die zentralen Aussagen der Human Relations-Bewegung wie graphisch folgt zusammengefasst werden:

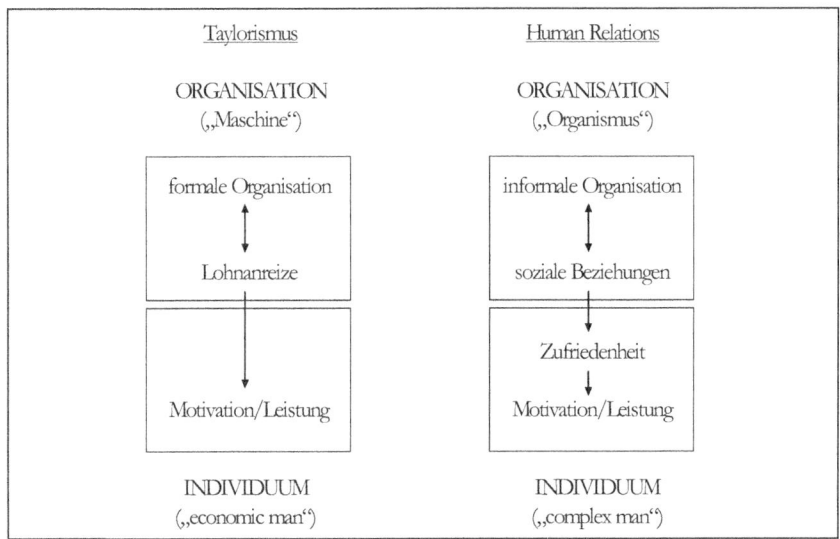

Abbildung 6:   Kernaussagen von Taylorismus und Human Relations im Vergleich

Der Human Relations-Ansatz geht davon aus, dass die Organisation kein reines Aufgabenerfüllungssystem im tayloristischen Sinne darstellt (vgl. Kapitel 2.1.2), sondern zuvorderst als ein soziales System zu verstehen ist. Metaphorisch gesprochen ist sie demzufolge nicht mit einer Maschine, sondern mit einem Organismus (vgl. Mayo 1933, S. XIV; Morgan 2000, S. 53ff.) bzw. mit einem integrierten soziotechnischen System zu vergleichen. Das Hauptaugenmerk des Human Relations-Ansatzes richtet sich entsprechend eindeutig auf die informelle Organisation, also auf jene organisationale Phänomene, die dezentral und weitgehend ungeplant dadurch entstehen, dass die Organisationsmitglieder je eigene Verhaltensnormen und -regeln sowie Traditionen und Routinen (weiter-) entwickeln. Zu betonen ist dabei, dass dem Taylorismus das Phänomen der informellen Organisation zwar auch bekannt war, er dieses jedoch grundsätzlich negativ im Hinblick auf die organisationa-

le Effizienz bewertete (v.a. Drückebergerei, Leistungszurückhaltung) und sich deshalb in seiner Aussagen- und Methodenlehre auf die formale Organisation konzentrierte. Der Human Relations-Ansatz geht demgegenüber – gestützt durch die Ergebnisse des Hawthorne-Forschungsprogramms – davon aus, dass die informale
Organisation ein kultur- bzw. verhaltensprägender Faktor ist, von dem vor allem
auch positive Wirkungen (Motivations- und Leistungssteigerungen) ausgehen können. Dies insbesondere dann, wenn die sozialen Beziehungen (human relations) gut
sind und zur Zufriedenheit bei den Mitarbeitern führen. Das Credo des Human
Relations-Ansatzes lautet vereinfacht gesprochen also: (Sozial) zufriedene Mitarbeiter sind (motivational) gute Mitarbeiter. Frühere Ansätze mit der Betonung formaler
Organisation sahen dagegen Unzufriedenheiten als grundlegend zur industriellen
Arbeit gehörend, die mit materiellen Belohungen abgegolten werden, während
Zufriedenheit nur außerhalb der Arbeitsumgebung erreicht werden kann (vgl. Argy-
ris 1975, S. 225).

Die Human Relations-Bewegung verweist damit neben einer völlig anderen
Auffassung von Organisation und Arbeit auch auf ein gegenüber dem Taylorismus
grundlegend verändertes Menschenbild. Der Mensch bzw. Mitarbeiter wird hier
nicht länger (eindimensional) im Sinne eines „rational-economic man" verstanden,
der allein über materielle Anreize zu höherer Leistung motivierbar ist, sondern
vielmehr als „social man" bzw. als „complex man" (vgl. Schein 1980, S. 50ff.) vor-
gestellt, dessen Motivation und Leistung von vielfältigen Faktoren beeinflusst wird.
Dazu gehören seine individuellen Werte, Ziele, Gefühle, Fähigkeiten und Fertigkei-
ten, zudem aber auch die Qualität seiner sozialen Beziehungen zu Vorgesetzten,
Kollegen und Mitarbeitern. Diese werden durch folgende Faktoren bestimmt (vgl.
Mayo 1945a, S. 131ff.):

- Gefühl der Wichtigkeit (auch durch Aufmerksamkeit seitens der Forschenden)
- soziale Anerkennung (auch durch Untersuchung, Beobachtung)
- Wir-Gefühl (in der Arbeitsgruppe)
- Solidaritäts-Gefühl (z.B. bezogen auf die Gruppenleistung)
- Gefühl der Geborgenheit
- Team-Geist-Atmosphäre
- psychologische Faktoren (geistig-seelische Faktoren, z.B. Arbeit im Team
  macht Spaß, Arbeitszeit geht schnell vorbei, usf.)

Eine konkrete und führungsbezogene Konsequenz aus den Erkenntnissen der
Hawthorne-Forschungen zog Mayo noch während der laufenden Forschungen im
Rahmen des sog. Interviewing-Programms (1928-1932). Sie bestand in der Entwick-
lung eines mitarbeiterorientierten Führungsstils, der eine hohe Wertschätzung der
Geführten durch den Führenden zum Ausdruck bringen sollte, um die Arbeitszu-
friedenheit so systematisch zu steigern. Dieser Führungsstil wurde dabei in speziel-

len Schulungsmaßnahmen trainiert, mittels derer Vorgesetzte u.a. folgende Methoden nicht-direktiver Gesprächsführung erlernen sollten:

1. Schenken Sie der interviewten Person Ihre ganze Aufmerksamkeit, und zeigen Sie ihr dies ausdrücklich.
2. Hören Sie, anstatt selber zu sprechen, aufmerksam zu.
3. Argumentieren Sie nie, und geben Sie keine Ratschläge.
4. Achten Sie darauf
   a. was die interviewte Person sagen möchte.
   b. was sie nicht sagen möchte.
   c. was sie nicht ohne Hilfe sagen kann.
5. Während Sie zuhören, skizzieren Sie für sich versuchersweise (...)das Verhaltensmuster, das sich Ihnen darbietet. Um es zu überprüfen, fassen Sie das von der interviewten Person Gesagte zusammen und lassen Sie es kommentieren. Tun Sie dies mit Vorsicht – das heißt, klären Sie die Dinge, aber ohne ihnen etwas hinzuzufügen oder sie zurechtzubiegen.

Abbildung 7:   Interviewleitfaden zur nicht-direktiven Gesprächsführung (nach E. Mayo; in der Übersetzung von Walter-Busch 1996, S. 176)

Diese Art der Gesprächsführung setzt auf die Wirkung der physischen Ko-Präsenz von Führer und Geführten und eine demonstrative Beziehungsorientierung. Sie markiert die Aufgabe der bis dahin dominanten Haltung, eine emotionale Beteiligung am Arbeitsplatz zu vermeiden und die „Persönlichkeit außerhalb des Jobs zu lassen" (Argyris 1975, S. 226). Mayo nahm an, dass man mit den nicht-direktiven Gesprächsmethoden die wirklichen Mitarbeiterprobleme nicht nur besser eruieren könnte, sondern sie damit auch geheilt werden könnten (vgl. Walter-Busch 1996, S. 176). Sein Heilmittel für die arbeitsbezogenen Symptome von Unruhe, Belastung, Müdigkeit, Isolation oder Depression war es, dass er auf solchem Weg einen (menschlichen) Kontakt zu den Arbeitern herstellte und ihnen das Gefühl gab, nicht länger allein zu sein (vgl. Zaleznik 1984, S. 3). Damit knüpfte an frühere Vorstellungen der sog. „Mentalhygiene" an, die er nun auf den konkreten Kontext von Betrieben anwandte. Methodisch derart geschulte Vorgesetzte sollten psychische Probleme von Mitarbeitern frühzeitig erkennen können und damit soziale Unruhen in der Wirtschaft verhindern (vgl. Walter-Busch 2006, S. 338). Hieran zeigt sich sehr klar die Verknüpfung von betrieblichen und gesellschaftlichen Interessen, die Mayo stets im Auge hatte. Gerade auch vor diesem Hintergrund kann er sowohl als Organisationssoziologe wie auch als Organisationspsychologe bezeichnet werden (vgl. Walter-Busch 1996, S. 161).

Seine Fortsetzung und Verfeinerung fand die beziehungsorientierte Herangehensweise durch das sog. Personnel Counseling Programm, das von 1935-1956 in der Firma Western Electric betrieben wurde (vgl. dazu Walter-Busch 1996, S. 177f.). Nachdem die Weltwirtschaftskrise zu einem Abbruch der eigentlichen Hawthorne-

Experimente geführt hatte, konnte man die zuvor beendeten Interviewaktivitäten in modifizierter Form fortsetzen. Dazu beschäftigte man nun überwiegend hauptamtliche Personalberater, die die Vorgesetzten von den von ihnen nur schwer neben ihrer eigentlichen Arbeit zu erfüllenden Zuhör- und Beratungsfunktionen entlasten sollten. Daneben bot man den Mitarbeitern auf deren Wunsch hin diskrete Hilfeleistung bei privaten oder betrieblichen Schwierigkeiten an. Das Interesse der Hawthorne-Forscher hatte sich damit über das Studium informaler Gruppen- und Strukturphänomene und deren Beziehung zur formellen Leitung hinaus ausgedehnt (vgl. Trahair 1984, S. 262). Es erstreckte sich nun auch auf Fragen der Veränderung und Entwicklung von Individuen wie Kollektiven und den dabei zu beobachtenden Widerständen. Denn die Beachtung der menschlichen Seite oder Komponente der Organisation führt zu folgenden drei Hauptproblemen des Managements (vgl. Roethlisberger/Dickson 1966, S. 578ff.; Bea/Göbel 2006, S. 87):

- *Strukturänderung:* Aufgrund des Zusammenhangs von technischer und humaner Organisation führt jede Änderung in der technischen oder formalen Organisation auch zu Veränderungen in den sozialen Strukturen, die große Widerstände bei den Betroffenen auslösen können und unvorhergesehen Folgen zeitigen können.

- *Kontrolle und Kommunikation:* Weil die Kommunikation immer von Vorurteilen, Gefühlen, Spezialistendenken und rationalen Kalkül der Eigeninteressen verzerrt wird, ist eine Fremdkontrolle sehr schwierig.

- *Anpassung der Individuen an die Struktur:* Jedes Individuum muss sich in der Struktur zurechtfinden und seinen Platz darin bewerten. Da hierbei immer Fehlinterpretationen auftreten können, entsteht oft Unzufriedenheit und auch Fehlverhalten.

Konsequenterweise bestand eine weitere Aufgabe der Personalberater des Personnel Counseling Programm in der Verbesserung der sozialsystemischen Diagnosefähigkeiten des Managements (vgl. Walter-Busch 1996, S. 178). Um die Führungskräfte über die „blinden Flecken" des traditionellen Managements aufzuklären, benutze F. J. Roethlisberger das nachstehende dichotomisch angelegte Schema, das den traditionellen, zweckrationalen Grundbegriffen die neuen, vor den Hawthorne-Studien vermeintlich unbekannten oder unterschätzten Aspekte gegenüberstellte. Gemäß dem erklärten Selbstverständnis des Human Relations-Ansatzes als revolutionärem Bruch mit bisherigen Erkenntnissen und Traditionen der Betriebsführung und Menschenbehandlung, fasste Roethlisberger zunächst die vermeintlich „neu entdeckten" Realitäten informeller Sozialstrukturen als die eigentliche Managementrealität auf und klassifizierte die bisherige zweckrationale Sichtweise als Fiktionen (vgl. Roethlisberger 1977, S. 189).

Roethlisberger über blinde Flecken traditionellen Managements (links) und die neue Human Relations-Perspektive (rechts)

Als „wirklich relevant und wichtig" gelten herkömmlicherweise:	Bisher ignorierte oder verdrängte Neuentdeckungen der Hawthorne-Forscher:
1. logische Handlungen	1. soziale Interaktionen
2. tatsachenorientiertes Handeln	2. Interaktionen, Gefühle, Verhalten
3. formale Organisation	3. informale Organisation
4. technologische Organisation	4. soziale Organisation
5. geplantes Handeln	5. emergierendes Verhalten
6. intendierte Handlungsfolgen	6. unintendierte Handlungsfolgen
7. zweckrationale Handlungslogik	7. Kommunikation zwischen Subjekten
8. effiziente Beziehungen	8. situativ befriedigende Beziehungen
9. logische Konflikte	9. alogische Konflikte
10. Organisationsziele und -entscheidungen	10. persönliche Ziele und Entscheidungen
11. nutzenmaximierende Entscheidungen	11. persönliche befriedigende Entscheidungen
12. ökonomische Rentabilitätskalküle	12. persönliches Engagement, Involviertheit

Abbildung 8:   Blinde Flecken des traditionellen Managements und die neue Human Relations-Perspektive (vgl. Walter-Busch 1996, S. 179)

Eine solche extreme Sichtweise erwies sich aber nicht als haltbar. Er fasste daher die beiden Seiten später als eher gleichrangig auf und hielt sie nicht mehr für inkompatible, sondern sich gegenseitig spannungsreich ergänzende Perspektiven (vgl. Roethlisberger 1977, S. 431 u. 465). Gleichermaßen hatte Mayo schon lange vorher ein Gleichgewicht zwischen formeller Autorität und spontaner sozialer Organisation der Arbeiter für die erfolgreichste Konstellation gehalten (vgl. Trahair 1984, S. 262).

Mit dem Human Relations-Ansatz verbindet sich die Beziehungsorientierung als das dritte Integrationsprinzip im Verhältnis von Individuum und Organisation. Im Mittelpunkt seines Interesses stehen die informalen Beziehungen, die Menschen untereinander im Organisationskontext pflegen und deren Qualität als bedeutsam für Leistungsziele der Organisation angesehen wird. Den Wert (guter oder intakter) sozialer Beziehungen hatte Mayo bereits vor den Hawthorne-Studien als er sich 1927 mit der (Psycho-)Dynamik des Familienlebens beschäftigte (vgl. Trahair 1984, S. 217). Seiner Auffassung nach würden Kinder nur dann zu normalen Erwachsenen heranreifen, wenn ihre überängstlichen Eltern sie nicht davon abhielten, alltägliche soziale Beziehungen außerhalb der Familie zu pflegen. Die Einnahme einer Position der Beziehungsorientierung bedeutet allerdings eine Verschiebung im Betrachtungsfokus wie auch in der Charakteristik der Integration: Denn Beziehungen gründen sich im Allgemeinen nicht auf einer Einheit (einzelnen Entität; z.B. Individuum) sondern auf einer Zweiheit (z.B. Paar) oder Vielheit (z.B. Gruppe; mehrere Entitäten). Daraus ergeben sich nachgeradezu zwangsläufig Wechselwirkungen und somit eine Wechselseitigkeit, aber nicht notwendigerweise eine Symmetrie. So ist etwa Führung als Integrationsform durch eine Beziehung charakterisiert, denn bei Führung ist immer mindestens eine zweite Person mitgedacht (vgl. Neuberger 2002, S. 37) und daraus ergibt sich bei dauerhafter Interaktion auch eine (soziale) Beziehung zwischen den beiden Polen/Personen. Klassisches Beispiel ist die Führungsbeziehung in Gestalt der Führungsdyade: Hierunter versteht man eine wechselseitige, aber asymmetrische Beziehung zwischen Führer und Geführtem (vgl. Weibler 2001, S. 39). Auch wenn der Führer dabei vorwiegend den Geführten beeinflusst, ist die Gegenrichtung immer mitzudenken (vgl. Neuberger 2002, S. 37). Die Geführten konditionieren den Führenden positiv (Kreativität, Mitarbeit, Engagement, Initiative) wie negativ (Kritik, Widerstand, Sabotage) und wenden dazu verschiedene Einflussstrategien (sog. Führung von unten) an. Daraus ergibt sich zwangsläufig eine Wechselseitigkeit; nur in sehr extremen Fällen sind Beziehungen als vollständig einseitig denkbar.

In der Regel hat es die Führung aber nicht nur mit Dyaden zu tun, sondern auch mit den komplexeren Formen von Triaden (Einbezug des nächsthöheren Vorgesetzten; vgl. Weibler 1994), Gruppen (vgl. Wegge 2004) und Netzwerken (vgl. Yukl 2006, S. 24f.). Im Organisationskontext sind durch den hierarchischen Aufbau vertikale Einflussrichtungen, durch die Koordination und Intergruppenzusammenarbeit auch horizontale Einflussrichtungen mitzubedenken (vgl. Weibler 2001, S. 73). Es liegt auf der Hand, dass damit eine Beziehungsorientierung im Führungsverhalten die jeweilige Führungskraft vor erhebliche Schwierigkeiten stellen kann und die im Einzelfall widerstreitenden Anforderungen unterschiedlicher Bezugspersonen/Gruppen zu schwerwiegenden Konflikten und Dilemmata führen können. Die wechselseitige Beeinflussung im Rahmen sozialer Interaktionen hat auch zur Folge, dass jede Aktivität eines Akteurs einen diskriminierenden, aversiven oder belohnenden Stimulus für einen anderen Akteur darstellt (vgl. Opp 1972, S. 113ff.) und so entsprechende Rückwirkungen zeitigt. Ferner werden soziale Interaktionen von den beteiligten Individuen für gewöhnlich danach beurteilt, ob sie ausgewogen und gerecht sind (vgl. Wiswede 1998, S. 151). Schließlich ist bei einer wechselseitigen Einflussnahme noch zu bedenken, dass das Handeln einer Person nicht nur ihren eigenen Plänen und Absichten folgen kann, sondern auch die mutmaßlichen Pläne, Absichten und darauf bezogenen Reaktionen anderer Personen mit einbeziehen muss (vgl. Weibler 2001, S. 41). Und nicht zuletzt sind alle sozialen Interaktionen auf die Vermittlung des gemeinten Sinns einer Handlung über Kommunikationsprozesse angewiesen (vgl. Bisler/Klima 1995, S. 308), woraus sich stets ein erhebliches Potenzial an Missverständnissen ergeben kann. Eine gut gemeinte, vermeintlich humanorientierte Handlung muss nicht notwendigerweise von einem Interaktionspartner als solche wahrgenommen werden. Hierfür sorgen u.a. auch verschiedene, sozial vorgeformte wie auch individuell-subjektive Unterschiede in der Wahrnehmung (u.a. Stereotypen, spezifische Rollenerwartungen, mentale Modelle, Schemata; vgl. dazu Fischer/Wiswede 1997, S. 175ff., Weibler 2001, S. 44ff.; Bosetzky/Heinrich/Schulz zur Wiesch 2002, S. 98ff.) bei den Beteiligten.

Das Prinzip der Wechselseitigkeit bei einer Beziehungsorientierung hat wiederum auch Folgen für die Organisationsebene: Jeder Einzelne passt sich zwar der Organisation an, verändert sie aber auch gleichzeitig (vgl. Bea/Göbel 2006, S. 88). Die Subjektivität des Einzelnen nimmt Einfluss auf die Strukturen und Regelungen einer Organisation (vgl. Ahlers-Niemann 2007, S. 99), z.B. indem diese informell umgangen oder umgedeutet werden und sich aus dieser Handlungspraxis neue, selbstorganisierte Ordnungen ergeben. Dabei besteht die Möglichkeit dass diese spontanen Regeln sich soweit verfestigen oder offiziell legitimiert werden, so dass sie Teil der formalen Organisation werden. Umgekehrt prägt auch die Organisation das Individuum in ganz erheblichen Maß allein schon durch die umfangreiche Zeit, die es in dieser speziellen „Lebenswelt" verbringt. Diesen Umstand formuliert Buchinger (1997, S. 10) wie folgt: „Es kann nicht ohne Auswirkungen auf die Persönlichkeitsstruktur bleiben, wenn man fünfmal in der Woche oder öfter acht bis zwölf Stunden in einer Organisation verbringt und dies ca. 40 Jahre lang 45 Wochen pro Jahr." Neben diesem ungeplanten, evolutionären Emergenzprozess bestehen aber auch Möglichkeiten einer geplanten und bewusst gesteuerten wechselseitigen Anpassung. Individuum und Organisation sollen sich dabei zueinander hin entwickeln, beispielsweise im Rahmen einer simultanen Organisations- und Personalentwicklung (vgl. Wendt 1999, S. 219). Eine Organisationsentwicklung bedeutet dabei die Veränderung der Organisation in Richtung stärkerer Teilhabe (Partizipation) des Individuums. Hingegen stellt die Personalentwicklung auf die Veränderung der Mitglieder in Richtung organisationaler Zielsetzungen und Erfordernisse ab. Weitere Möglichkeiten wechselseitiger Anpassung und Integration liegen in der Betonung kollektiver Bezüge des Individuums (Förderung von Gruppenkohäsion, Maßnahmen der Teamentwicklung) auf der einen Seite (vgl. z.B. v. Rosenstiel 2000, S. 264ff.; Comelli 2003) und der Individualisierung der Personal- und Organisationsarbeit (bedürfnisorientierte Arbeitsplatzgestaltung, individuelle Entlohnungsverfahren) auf der anderen Seite (vgl. z.B. Drumm 1989, Welge/Holtbrügge 1997).

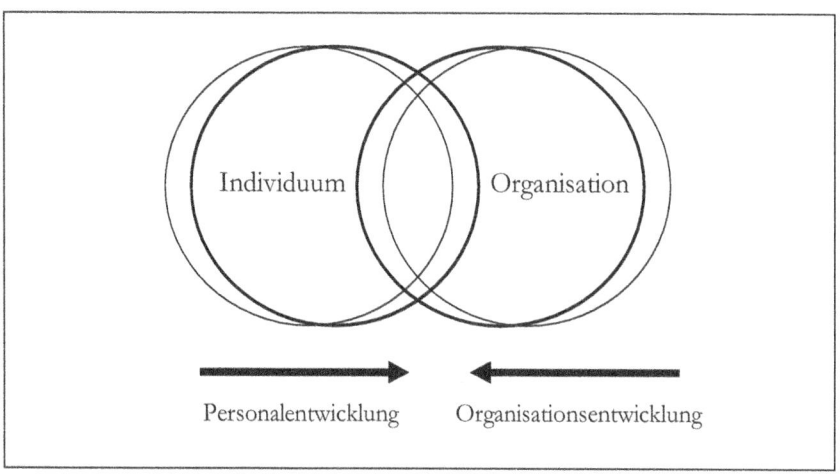

Abbildung 9:   Simultane Personal- und Organisationsentwicklung (vgl. Wendt
                1999, S. 219)

Die Beziehungsorientierung kann somit als das dritte, grundlegende und auch heute
noch universell gültige Prinzip der Integration von Individuum und Organisation
angesehen werden. In der Führungsstilforschung bzw. in den Führungsstilmodellen
bezeichnet der Begriff Beziehungsorientierung (auch Mitarbeiterorientierung) eine
Verhaltensdimension, die ein freundschaftliches, vertrauens- und respektvolles
Verhalten gegenüber Individuen oder Gruppen umfasst (vgl. Ridder 2007, S. 53).
Sie bildet ab, inwieweit ein Vorgesetzter/Führender auf die persönlichen Bedürfnisse seiner Mitarbeiter Rücksicht nimmt, sich um ihr Wohlergehen sorgt und ihre
eigenen Vorstellungen respektiert (vgl. Weibler 2001, S. 311). Als Gegenpol hierzu
wird die Aufgabenorientierung (auch Leistungsorientierung) aufgefasst, die die
Strukturierung von Aufgaben, Rollen, Informations- und Kommunikationsbeziehungen beinhaltet (vgl. Ridder 2007, S. 53; Scott/Davis 2007, S. 66). Sie zeigt an,
inwieweit der Vorsetzte das Erreichen von Organisationszielen durch Aufgabende-
finition, Sicherung der Kooperation und Kommunikation in der Gruppe und Vor-
schriften und Anregungen zur Aufgabenerledigung befördert (vgl. Weibler 2001, S.
311). Zumeist werden die Dimensionen der Beziehungs- und Aufgabenorientierung
als voneinander unabhängige Führungsstile aufgefasst, die beliebig miteinander
kombinierbar sind (vgl. auch Weibler 2001, S. 312). Dahinter steht letztlich der
Gedanke, dass beide Dimensionen auch miteinander vereinbar sind und erst in
ihrem Zusammenwirken den erwünschten Führungserfolg ergeben. Dieser Logik
folgend, versucht auch das Instrument der Zielvereinbarung bzw. das Management
by Objectives die Aufgaben- und Mitarbeiterorientierung integrativ zu verstehen

(vgl. Drucker 1954, Odiorne 1965) und betrachtet betriebliche und persönliche Ziele nicht als grundsätzlich konfliktär. Als System der Führung und Steuerung dient es auch der hierarchischen und inhaltlichen Integration des Führungshandelns in der Organisation (vgl. Reimer 2005, S. 238) und schlägt so eine Brücke zu den strukturellen Dimensionen der Organisation.

Ein großes Manko der Hawthorne-Studien war es allerdings, dass sich hieraus kaum Schlussfolgerungen für eine effiziente (strukturelle) Gestaltung der Organisation ziehen ließen (vgl. Bea/Göbel 2006, S. 93). Dennoch legten die Betonung der Verhaltensaspekte und der Wichtigkeit sozialer Beziehungen immerhin schon nahe, die Organisation als soziales System aufzufassen (vgl. Reimer 2005, S. 129). So inspirierten die Erkenntnisse der Hawthorne-Studien beispielsweise auch Chester I. Barnard zu seiner Sichtweise von Organisationen als Systeme bewusst koordinierter Aktivitäten von zwei oder mehr Personen (vgl. Staehle 1999, S. 35). Eine Erweiterung und Fortsetzung des Versuches eine wechselseitige Integration von Individuum und Organisation zu erreichen stellt der so gennante sozio-technische (System-)Ansatz dar. Er geht auf Untersuchungen des 1946 in London gegründeten Tavistock Institute for Human Relations zurück, das die Beratung von Industriebetrieben auf der Basis psychologischer und soziologischer Erkenntnisse bezweckte (vgl. Bea/Göbel 2006, S. 93). Laut Trist (1973, S. 103) liegt das Problem nicht darin, einseitig Menschen an die Technik anzupassen oder die Technik an die Menschen, sondern die Schnittstellen so zu gestalten, dass die bestmögliche Passung zwischen beiden ermöglicht wird. Hieraus ergab sich in der Weiterentwicklung des Human Relations-Ansatzes der Group Relations-Ansatz (vgl. auch Ahlers-Niemann 2007, S. 105). Der sozio-technische Ansatz betont insgesamt den Nutzen einer Arbeitsgestaltung, die die Bewältigung der Arbeitsaufgabe (ökonomische Effizienz) und die Zufriedenheit der Mitarbeiter (soziale Effizienz) gleichermaßen berücksichtigt (vgl. Weibler 2001, S. 265). Darin spiegelt sich die von Mayo geforderte Ausgewogenheit von technischen und sozialen Fähigkeiten wider (vgl. Mayo 1945b, S. 50). Ebenso verlangen soziotechnisch-inspirierte Führungskonzeptionen die Fähigkeiten des Zuhörens und Einfühlens (vgl. Weibler 2001, S. 272), die typisch für die im Rahmen der Hawthorne-Studien nicht-direktive Gesprächsführung und Interviewmethodik sind.

Im Lauf der Zeit zeigten sich allerdings Probleme und Grenzen des Prinzips der Beziehungsorientierung und des Versuches einer wechselseitigen Integration von Individuum und Organisation, die sich besonders auf der Ebene der konkreten Führungspraxis manifestierten. Die im Gefolge der Human Relations-Ansätze entstandene verhaltensorientierte Führungsforschung ging von der Annahme aus, dass es einen richtigen Führungsstil („one best way" im Verhalten) gibt, der in der Konsequenz zu höherer Leistung und Zufriedenheit der Geführten führt (vgl. Ridder 2007, S. 53). Auf empirischem Weg ließ sich dieses Postulat – jedenfalls in seiner Absolutheit – nicht überzeugend untermauern (vgl. ausführlich dazu Neuberger

2002, S. 427ff.): Die Zusammenhänge zwischen den Verhaltensdimensionen Beziehungsorientierung und Aufgabenorientierung und Erfolgsmaßen der Führung (Leistungsgüte/-menge, Zufriedenheit) bzw. anderen Kriterien (Fluktuation, Fehlzeiten) sind sehr uneinheitlich. Zwar gibt es kaum negative Korrelationen zwischen Beziehungsorientierung und Leistung, aber auch wenig eindeutig positive und viele unsignifikante Korrelationen. Nur zwischen Beziehungsorientierung und Zufriedenheit bestehen positive Korrelationen, die aber eher auf die Beziehungsorientierung als Maß der Zufriedenheit hindeuten und keine Beschreibung des Führungsverhaltens darstellen. Eine eindeutige Überlegenheit einer Führungsdimension – sei es die Beziehungsorientierung oder ihr Gegenpol die Aufgabenorientierung – ist also nicht auszumachen (vgl. Weibler 2001, S. 313). In der Folge davon hat sich die Führungsforschung der Beleuchtung situativer Einflüsse auf das Führungsgeschehen zugewandt, die von Mayo und der Human Relations-Bewegung zwar anerkannt (total situation approach), aber in einer verkürzenden Sichtweise stark personal gedacht wurden. Sehr viel später fanden mit der Substitutionstheorie und der strukturellen Führung auch apersonale Faktoren bzw. apersonale Perspektive eine stärkere Beachtung (vgl. dazu Neuberger 2002, S. 39).

Die im Zuge der Popularisierung der Gedanken des Human Relations-Ansatzes verbreitete These, dass Arbeitszufriedenheit auch zu hoher Arbeitsleistung führt, hat sich als insgesamt nicht haltbar erwiesen (vgl. v. Rosenstiel 2000, S. 400f.). Weder ist die damit verbundene Annahme einer positiven Korrelation eindeutig, noch ist das vermutete Ursache-Wirkungsverhältnis (Zufriedenheit als Ursache hoher Leistung) nachweisbar. Zum einen sind die Korrelation eher schwach und die Ergebnisse je nach Bedingungen breit gestreut, also der Zusammenhang von der jeweiligen Situation abhängig. Zum anderen sprechen die Ergebnisse der Empirie eher dafür, dass intrinsisch motivierende Tätigkeiten und Freude/Stolz über die erbrachte Leistung die Ursache für Zufriedenheit bilden und so die ursprüngliche These allenfalls eine sehr begrenzte und wenig tragfähige Aussage ist. Damit ist aber auch der Wert einer Beziehungsorientierung – zumindest als Mittel zum betrieblichen Zweck bzw. im Dienste des ökonomischen Ziels (vgl. Roethlisberger/Dickson 1996, S. 569) – herabgesetzt. Die angestrebte Zufriedenheit war sowieso kein Selbstzweck und nie nur Ausdruck humanistischer Gesinnung, sondern diente dem Verwertungsinteresse des Unternehmens (vgl. Bea/Göbel 2006, S. 91). Latente Energien der Mitarbeiter und ihre Bereitschaft zur produktiven Mitarbeit sollen aktiviert und genutzt werden (vgl. vgl. Roethlisberger/Dickson 1996, S. 191). Die Entfesselung solcher Handlungsenergie sollte vor allem dadurch gelingen, dass man Organisationsmitglieder anleitete, phasenweise nicht über Sachprobleme, sondern über Beziehungsprobleme im Rahmen ihrer Arbeit zu sprechen (vgl. Walter-Busch 1996, S. 185).

Schon bald nach Mayos Tod setze eine umfassende und nachhaltige Kritik des Human Relations-Ansatzes ein (vgl. Smith 1998, S. 235), die sich nicht zuletzt am

Schlüsselereignis bzw. der vermeintlichen Initialzündung des Human Relations-Ansatzes, den Hawthorne-Studien und dem berühmt gewordenen Hawthorne-Effekt entzündete. Dabei standen die eklatanten methodische Defizite der zugrunde liegenden Studien im Zentrum vielfältiger Einwände: Weder hinsichtlich der Anzahl der Personen noch bezogen auf die Kontrolle möglicher Einflussvariablen genügen die ersten Untersuchungen den Anforderungen an ein solides wissenschaftliches Experiment aus heutiger Sicht (vgl. auch v. Rosenstiel/Molt/Rüttinger 2005, S. 47). Zu viele Faktoren wurden gleichzeitig verändert (vgl. Bea/Göbel 2006, S. 89), als dass sichere Rückschlüsse auf die vermuteten Ursache-Wirkungs-Beziehungen hätten gezogen werden können. Die willkürliche Auswahl der Untersuchungsobjekte und der Austausch mehrerer Personen wegen einem angeblichen Mangel an Kooperationsbereitschaft im Lauf der Untersuchung verstoßen gleichermaßen gegen Grundsätze der empirischen Forschung (vgl. Bronner/Appel/Wiemann 1999, S. 135). Von Zaleznik (1984, S. 8) wird der Hawthorne-Effekt nicht zuletzt wegen dieser methodischen Defizite auch als Übertragungsphänomen und Placebo-Effekt bezeichnet. Walter-Busch (1996, S. 174) spricht von der „Legende vom sog. Hawthorne-Effekt", der eine freie Erfindung von Mayo darstelle und deswegen eher „Mayo-Effekt" (ibid. S. 175) heißen müsse. Auch wenn manche dieser Kritiken vielleicht etwas zu weit gehen und sich bei genauerem Hinsehen als nicht in allen Punkten gerechtfertig erweisen, bleibt doch festzuhalten, dass eine überzeugende und solide empirische Untermauerung der Thesen der Hawthorne-Studien nicht wirklich gelang.

Den Hawthorne-Forschern wurde darüber hinaus eine ideologische Befangenheit vorgeworfen, die zu einer – freilich unbewussten – Datenverfälschung geführt habe (vgl. Bea/Göbel 2006, S. 90; Kieser 2006c, S. 146). Demzufolge wollten sie mit ihren Untersuchungen Ergebnisse erzielen, von deren Richtigkeit sie schon vorher zutiefst überzeugt waren und die von ihnen auch erwartet wurden. Dieser Ideologievorwurf wurde auch durch die unbedachte Wortwahl genährt, da bei ihnen bald vom „Harvard Hawthorne Evangelium" (the Harvard Hawthorne gospel) die Rede war (vgl. Walter-Busch 2006, S. 344) und quasi mit missionarischem Eifer Überzeugungsarbeit geleistet wurde. Rückblickend betrachtet erlagen die Hawthorne-Forscher in hohem Maße dem Zeitgeist (vgl. Kieser 2006c, S. 150), der nach bestimmten Ergebnissen verlangte. Die Untersuchungen dienten so eher der Untermauerung von vorab gefassten, normativen Überzeugungen als der Wahrheitssuche. So mussten die Leiter der Studien selbst einräumen, dass durch ihre Befragungen keine Fakten erhoben wurden, sondern nur persönliche Interpretationen (vgl. Roethlisberger/Dickson 1966, S. 572). Zudem veränderte jede Untersuchung die untersuchte Realität auch aufgrund der Reaktivität der Forschungsobjekte. Damit kann der Hawthorne-Effekt auch als Paradebeispiel der Reaktivität jeder Form von direkter Sozialforschung gelten. Jedoch lässt sich eine Veränderung des Beobachtungsobjektes durch den Beobachtungsvorgang letztlich nie völlig vermeiden (vgl.

Bronner/Appel/Wiemann 1999, S. 30), selbst wenn man noch so sorgfältig vor-
geht.
Eine weitere Kritik richtet sich gegen die übermäßige Konzentration auf (Einstellungen und) Verhalten unter Vernachlässigung der verhaltensprägenden Verhältnisse (Vorwurf des „Psychologismus"; vgl. auch Reimer 2005, S. 129). Die Methoden und Praktiken des Human Relations-Ansatzes sorgen demzufolge nur für
eine verbesserte Stimmung und mehr Verständnis, verändern aber die Arbeitssituation nicht (vgl. Resch 2005, S. 68). Ihre Sozialtechnologien versuchen lediglich, die
Wahrnehmung der Arbeitssituation durch den Arbeitnehmer im positiven Sinn zu
beeinflussen (vgl. Reimer 2005, S. 129). Das „Counseling" fungiert dabei als bloßes
Ventil und dient nicht der Beratung und Hilfeleistung, sondern eher Vereinnah-
mung und „freundlich" erzwungenen Anpassung. Die tayloristische Arbeitsgestaltung wurde trotz ihrer erkennbaren Probleme und Defizite nicht prinzipiell in Frage
gestellt, sondern lediglich der Umgang mit den Individuen am Arbeitsplatz verändert (vgl. Schein 1965, S. 51). Die Erkenntnisse aus den Hawthorne-Studien haben
demzufolge nur die Akzente verschoben und geänderten Führungserfordernissen
Rechnung getragen (vgl. Kieser 2006c, S. 146). Dies erscheint manchen Kritikern
sogar als eine Art „Etikettenschwindel", weil sich quasi nur die Manieren des Umgangs verändern, nicht aber die Moral, also Haltung und Ziele (vgl. Bendix 1960, S.
436f.). Die vermeintlich „freundliche Führung" war dementsprechend auch so
freundlich nicht, betrachtet man die oft rigiden Interventionen im Rahmen der
Hawthorne-Studien und die recht harschen Urteile, die über unwillige Personen, die
sich der erwarteten Anpassung verweigerten, gefällt wurden (vgl. Kieser 2006c, S.
147).
Hinzu kommt der später erhobene Vorwurf, der Human Relations-Ansatz habe einem autoritären Elitismus Vorschub geleistet (vgl. auch Smith 1998, S. 238).
Mayo lieferte demnach der konservativen Manager-Elite höchst willkommene Methoden, um eine (scheinbar) irrationale, für politische Agitation anfällige Masse nur
noch perfider zu beherrschen (vgl. auch Bruce 2006, S. 193). Dazu wurden diese
undemokratischen Herrschaftsansprüche nicht in der Sprache des Autoritarismus,
sondern des Humanismus eingekleidet und so verschleiert. Manageriale Kontrolle
wurde so nach den Rationalisierungs- und Verwissenschaftlichungsversuchen des
Scientific Management und der Industriepsychologie, durch die Human Relations-
Bewegung freundlicher und sanfter („humaner") gemacht (vgl. O'Connor 1999b, S.
129), dabei aber auch die Aufmerksamkeit von den Machtverhältnissen im Betrieb
abgelenkt. Gefühle und Einstellungen von Individuen werden in „ausbeuterischer
Absicht" instrumentalisiert (vgl. Bea/Göbel 2006, S. 92). Der Versuch, die kalte und
kalkulierende Rationalität des Betriebs durch Humanisierung zu überwinden, habe
zu einer nur noch subtileren und raffinierteren Form der Ausbeutung geführt (vgl.
Scott/Davis 2007, S. 68). Die Humanisierung war also letztlich kein Selbstzweck,
sondern ein Mittel der Produktivitätssteigerung.

Eine gute Zusammenarbeit war für Mayo nur durch die Schaffung von Ver-
waltungseliten denkbar, die in Techniken der sozialen Organisation und Kontrolle
geschult waren (vgl. Smith 1998, S. 237). Der Mensch wird zum „Rohmaterial", das
durch geschulte Manager moralisch an die Arbeit angepasst wird und diese moralische Verbesserung würde bessere Individuen wie auch eine bessere Gesellschaft
hervorbringen (vgl. O'Connor 1999a, S. 229). Diese Absicht der Transformation
der Menschen in bessere Wesen kommt der Vorstellung von Taylors einer Ver-
wandlung der Arbeiter „into higher types of men" gleich, die dadurch „in jeder
Beziehung wertvoller für die menschliche Gesellschaft werden" sollten (Taylor
1977, S. 77; vgl. Kapitel 2.1.2). Dies dient nach Taylor der Absicherung der Effizienz des einzelnen Betriebes, soll aber gleichzeitig die allgemeine Wohlfahrt fördern und sich in den Dienst höherer gesellschaftlicher Ziele stellen (vgl. Taylor
1977, S. 7). Während aber bei Taylor das Individuum durch Aufgabenerfüllung nur
einseitig dem Betriebszweck dient und so auch eine gesellschaftliche Funktion erfüllt, sieht Mayo umgekehrt eine soziale Funktion des Unternehmens, das mit seinem Arbeitsbedingungen die Verantwortung für die psychische Gesundheit seiner
Mitarbeiter trägt (vgl. O'Connor 1999b, S. 127).

Die Human Relations-Ansatz sah sich auch dem Vorwurf ausgesetzt, nur eine
Kosmetik für Probleme der Veränderung zu liefern: Das Verhalten von Menschen
erscheint ihm dadurch veränderbar, dass man den Umständen eine neue Bedeutung
gibt (vgl. Walter-Busch 2006, S. 330). Dagegen spielen echte Problemlösungen oder
Prozessverbesserungen kaum eine Rolle. Die einzige „Intervention" des Manage-
ments besteht im Zuhören, denn durch das Zuhören soll das Individuum von seiner
Last befreit werden und so glücklich zur Arbeit zurückkehren können (vgl.
Roethlisberger/Dickson 1966, S. 227f.). Die damit verbundene Erleichterung sollte
zudem in den Wunsch münden, die Interessen der Organisation (und damit des
Managements) aus eigenem Antrieb oder als Gegenleistung für die gezeigte Sympathie zu erfüllen. Dies kommt der Manipulation nahe, da so eine fremdgesteuerte
Selbststeuerung bzw. Selbststeuerung im Sinn der Fremdsteuerung erreicht werden
soll. Das Individuum soll aus eigenem Antrieb das tun, was von ihm erwünscht
wird. Diese Vorstellung wurde später in der humanistischen Psychologie Maslows
auf die Spitze getrieben (vgl. O'Connor 1999b, S. 238f.): Die ideale Arbeitssituation
sollte demzufolge dadurch gekennzeichnet sein, dass die objektiven Erfordernisse
absolute Priorität haben und von jedem Mitarbeiter internalisiert werden. Im Ergebnis sollte also die Arbeitsaufgabe oder die Pflicht nichts mehr sein, was getrennt
vom eigenen Selbst des Subjekts existiert, sondern das Individuum sollte sich so
sehr damit identifizieren, dass seine eigene Identität nicht mehr ohne die Aufgabe
definieren könnte (vgl. Maslow 1965, S. 122). Am Ende dieser Entwicklung steht
letztlich die problematische Idee einer Verschmelzung des Individuums mit der
Organisation.

Ein weiterer Kritikpunkt gegenüber dem Human Relations-Ansatz bildet die Vernachlässigung struktureller und sachlicher Dimensionen der Arbeitswelt durch die übermäßig starke Konzentration auf soziale Beziehungen. Auf diese Weise gerät die motivationale und qualifikatorische Bedeutung der Gestaltung der Arbeitsaufgabe zu sehr aus dem Blickwinkel der Betrachtung (vgl. Reimer 2005, S. 129). So geht beispielsweise das „Zuhörprinzip" des Human Relations-Ansatzes davon aus, dass man auf den einzelnen Mitarbeiter als Individuum gerade dadurch besonders gut eingehen kann, indem man auf seine Sachprobleme eben nicht eingeht (vgl. Walter-Busch 1996, S. 180). Das Zuhören ist damit eine Art Selbstzweck (vgl. O'Connor 1999b, S. 235) und verfehlt die Zielsetzung einer echten Hilfeleistung. Ob eine Verbesserung sozialer Beziehungen auf Dauer auch dann möglich und erfolgreich bleibt, wenn unzureichende Arbeitsbedingungen bestehen, ist mehr als fraglich. Denn einer der größten Demotivatoren sind nachgewiesenermaßen die strukturellen Arbeitsbedingungen (vgl. Wunderer/Küpers 2003, S. 225ff.). Der inhärente Harmonismus und die Gleichgewichtslogik der Organismusmetapher (siehe Mayo 1933, S. XIV) verstellen zusätzlich den Blick auf fundamentale Konflikte am Arbeitsplatz und verhinderten eine differenzierte Auffassung von den Funktionen solcher sozialen Konflikte. So sollte die Anwendung psychotherapeutischer Techniken und die angestrebte Zufriedenheit zwar Konflikte am Arbeitsplatz beseitigen und Menschen glücklicher machen, aber auch Arbeiter davon abhalten, sich gewerkschaftlich zu organisieren (vgl. O'Connor 1999b, S. 236).

Der Human Relations-Ansatz macht – wie vor ihm der Taylorismus – das Ethos der Arbeit und die „moralischen" Beweggründe des Arbeitens zu einem zentralen Bezugspunkt seiner Betrachtungen. So ist die Bedingung der Kooperation die Einstellung (attitude) und die Arbeitsmoral (morale), die beide von der (Zufriedenheit mit der) Arbeitssituation abhängen (vgl. Roethlisberger/Dickson 1996, S. 191). Sie sind damit nicht mehr dem Menschen als Eigenschaft inhärent und im Charakter begründet wie bei Taylor. Ähnlich wie Taylor sah Mayo Arbeit als (All-)Heilmittel und erzielte Erfolge dadurch, dass er Menschen Aufgaben übertrug, die sie von ihren Problemen ablenkten und ihnen durch Reflexionen hierüber Einsichten in sich selbst vermittelte (vgl. auch Zaleznik 1984, S. 6). Mayo vertrat aber eine liberale und gemäßigte (humanistische) Einstellung, die sich auch daran manifestierte, dass er selbst ein eher lockeres und distanziertes Verhältnis zu seiner Arbeit und seinen Lehraufgaben in Harvard pflegte (vgl. Trahair 1984, S. 353; Zaleznik 1984, S. 10). Er wich dem Druck der protestantischen Arbeitsethik aus, ohne ihr offen zu widersprechen. Als Person und Persönlichkeit zeigt er auch gewisse Parallelen zu Max Weber, da ihm die wissenschaftliche Beschäftigung als Ausgleich einer spannungs- und konfliktgeladenen Innenwelt und Ablenkung von bedrückenden Gedanken („obsessive thinking") gilt. Im Anschluss an Sigmund Freud beruhen nach Mayos Auffassung die (kulturellen) Leistungen der Zivilisation auf der Sublimation primitiver Instinkte und Triebe, was letztlich eine erhöhte Fähigkeit der Selbstkontrolle meint (vgl. O'Connor 1999b, S. 128).

Die Arbeit wird als Form der Sublimation angesehen, um übermächtige, irrationale und destruktive Triebe des Individuums in konstruktive Beiträge (zum Nutzen der Allgemeinheit) umzuwandeln (ähnlich dem protestantischen Arbeitsethos; vgl. Kapitel 2.1.1). Das Irrationale soll zur Vernunft gebracht und die Leidenschaft in geordnete Bahnen gelenkt werden. Denn es erschien Mayo nichts so gefährlich wie das außer bewusster Kontrolle bzw. Bewusstseins-Kontrolle geratene Individuum, das er als Ursache von Verbrechen, Krieg und Aufstand ansah. Hieraus erwuchs seine erklärte Absicht einer Beleuchtung der „hidden fires of mental uncontrol" und sein Interesse für „twighlight areas of human mind" und das von ihm so überaus bezeichnend bezeichnete „mental hinterland" (vgl. O'Connor 1999b, S. 126). Aus seinem medizinischen Erfahrungshintergrund resultiert sein letztlich verständlicher, aber dennoch nicht unproblematischer pathologischer Blick auf das Individuum und dessen Verhältnis zur Organisation sowie das Organisationsgeschehen überhaupt. Er betont vor allem irrationale, unlogische und gefühlsbezogene Komponenten und Dimensionen des Menschen wie auch des menschlichen Verhaltens (vgl. O'Connor 1999b, S. 224). Daraus spricht ein tiefes Misstrauen gegenüber der menschlichen Natur, das in der Entwicklung und Etablierung von Soziotechniken zur sichereren Menschenbeherrschung mündet und einer heroischen Stilisierung von Management Vorschub leistet. Die Definition dessen, was als unkooperativ oder unproduktiv gilt, liegt beim Manager oder anderen (externen) Experten (vgl. O'Connor 1999b, S. 236). Und ausgerechnet das Management sollte einseitig einen Interessenausgleich zwischen den Interessen der Arbeiterschaft und seinen eigenen Interessen herstellen. Mayo entsprach mit seinen Vorstellungen dem Zeitgeist und erlag dem Phänomen der sozialen Erwünschtheit bestimmter Lösungen, da er zu erspüren vermochte, was sein Publikum von ihm hören wollte (vgl. Smith 1998, S. 237). Er koppelte geschickt an den ungebrochenen Fortschrittsglauben seiner Zeit an, demzufolge die Wissenschaft und ihre Experten alle (sozialen) Probleme wie Konflikte, Armut oder Verbrechen durch Anwendung geeigneter, wissenschaftlich erprobter Methoden lösen könnten (vgl. O'Connor 1999b, S. 226). Zusätzlich bot er eine Lösung an, die den herrschenden Eliten (Managern) eine Chance zur Verbesserung der betrieblichen Situation bot, ohne dass dazu die Machtverhältnisse verändert werden mussten.

Schließlich verfehlte Mayo seine eigenen ambitionierten Zielsetzungen, indem ausgerechnet sein (scheinbar) komplexeres Menschenbild, die differenziertere Organismusmetapher und das ganzheitlich anmutende Situationsdenken keine entsprechenden Folgen hatten. Es erwies sich als zu simpel und zu mechanistisch gedacht, nach objektiven Faktoren zu suchen, die absolut zuverlässig Leistung und Zufriedenheit bewirken (vgl. Bea/Göbel 2006, S. 86). Zudem gelang methodisch wie inhaltlich gesehen auch keine Abkehr von funktionalistischen Denken (vgl.

Kapitel 2.1.2), denn eine wesentliche Aufgabe für das Management besteht für Roethlisberger/Dickson (1966, S. 604) zu lernen, wie die Organisation wirklich funktioniert und Führungskräfte wurden sogar explizit aufgefordert, funktionalistisch zu denken (ibid. S. 40ff.). Der Human Relations-Ansatz blieb also weitgehend dem objektivistisch-analytischen Paradigma verhaftet, das sich aber nur schwer auf die Komplexität und Eigengesetzlichkeit (zwischen-)menschlicher Beziehungsverhältnisse anwenden lässt. Am erklärten Ziel des Funktionalismus in der Sozialwissenschaft, Regelmäßigkeiten bzw. Gesetze zu finden, die die sozialen Beziehungen zwischen Individuen regeln (vgl. Daheim 1993, S. 28), ist er schon recht früh gescheitert. Auch eine Verfeinerung der Methoden führte dabei nicht zum Erfolg, sondern zeitigte eher paradoxe Effekte: Die letzte Untersuchung der Hawthorne-Studien (Bank Wiring Group) brachte durch genaue Beobachtung und Protokollierung aller Ereignisse sehr umfangreiche und detaillierte Ergebnisse, aber die vermuteten, simplen Ursache-Wirkungs-Zusammenhänge ließen sich um so weniger nachweisen, je umfassender und präziser die Untersuchungsmethodik war (vgl. Bea-Göbel 2006, S. 90). Mayo schlussfolgerte daraus richtigerweise, dass die aus der Physik und Chemie entliehenen objektivistischen Methoden für die Erforschung sozialer Zusammenhänge bzw. für die Organisationsforschung eher ungeeignet sind (vgl. Roethlisberger/Dickson 1966, S. XI). Genuin sozialwissenschaftliche Methoden standen allerdings zur damaligen Zeit auch kaum zur Verfügung und eher durch Zufall öffnete sich das Tor für eine kulturwissenschaftliche Vorgehensweise. Jedoch ist eine solche qualitative Methodik bis heute in der Organisationsforschung nicht unumstritten.

Es ist nicht zuletzt das Verdienst von Elton Mayo und seinen Kollegen und Schülern, dass es heute als selbstverständlich gilt, dass der Unternehmenserfolg von der sorgfältigen Beachtung menschlicher Faktoren abhängt (vgl. Zaleznik 1984, S. 1). Auch die Notwendigkeit einer Balance zwischen technischen und sozialen Erfordernissen wird heute ebenso allgemein akzeptiert wie das gezielte Training sozialer Fähigkeiten (vgl. Smith 1998, S. 245). Ein guter Manager vereint demzufolge technisches Expertenwissen mit sozialen Kompetenzen. Zudem hat der Human Relations-Ansatz den entscheidenden Anstoß gegeben, sich näher mit Motivationsfragen des Individuums zu beschäftigen, die bis dahin wenig Berücksichtigung erfahren hatten (vgl. auch Bea/Göbel 2006, S. 92). Schon sehr früh hat Mayo die Bedeutung der Partizipation erkannt, indem er schrieb „without participation there can be no spontaneity of cooperation." (vgl. Trahair 1984, S. 276). Um dies verstehen, bedürfe es der geistigen Bildung von Arbeitern und Managern gleichermaßen, die ihre Abhängigkeit voneinander einsehen sollten. Letztlich sollten Arbeiter aber nur an marginalen Entscheidungen teilhaben, die Arbeitsorganisation blieb fremdorganisiert wie auch die Machtverhältnisse unangetastet (vgl. auch O'Connor 1999b, S. 227). Mayo schuf aber eine wissenschaftlich-elaborierte Expertensprache für Verhaltensaspekte des Organisationsgeschehens und die lange vor ihm schon als bedeutsam erachteten „Menschenführungsprobleme" (vgl. Walter-Busch 1996, S. 169). Damit verschaffte er den angehenden Disziplinen der Organisationspsychologie wie des „Organizational Behavior" eine ganz entscheidende Legitimation, aber vor allem auch den zu seiner Zeit noch wenig angesehenen Business Schools eine wichtige wissenschaftliche Reputation (vgl. auch O'Connor 1999a).

Nicht zuletzt hatte Mayo großen Einfluss auf die Theorie und Praxis des sich bald formierenden, professionellen Human-Ressourcen-Managements (vgl. O'Connor 1999b, S. 237f.). Viele der von ihm entwickelten oder erprobten Techniken und Maßnahmen beeinflussten bis heute die Methodik von Einstellungsverfahren, Trainings bzw. der Personalentwicklung oder auch die Verfahrensweise des Mitarbeitergesprächs. Seine Idee, psychologische Theorien auf Personalprobleme in Betrieben anzuwenden, wird bis heute im Personalwesen und der Personallehre praktiziert. Auch seine Vorstellungen von der Veränderung der Einstellungen zur Verbesserung von Motivation und Arbeitsmoral sowie der Harmonie zwischen Individuen und Organisation ist immer eine noch gängige Ansatzweise des Personalmanagements. Ganz grundlegend wurde das Personalmanagement von seiner Idee der Anpassung und Integration geprägt, derzufolge Organisationsmitglieder sich mit den Organisationszielen identifizieren müssen/sollen (vgl. Ferguson/Ferguson 1988). Bis in die jüngste Zeit hinein finden sich in Personallehrbüchern zudem weitere von ihm beeinflusste Leitideen wie Gegenseitigkeit, Integration und Kongruenz, Harmonie und Einheit zwischen verschiedenen Organisationsebenen sowie individuelles und soziales Wohlergehen zur normativen Gestaltung der Personalfunktion (vgl. exemplarisch Beer et al. 1985). Interessanterweise wird sein Name in diesem Zusammenhang allerdings kaum je genannt (vgl. O'Connor 1999b, S. 238).

Im Gegensatz zur vorangegangenen Psychotechnik und Industriepsychologie, die über den Weg der Personalselektion nach Individuen suchte, die in der Lage waren, sich den Arbeitsbedingungen anzupassen, sollten nach Mayos Auffassung, die Arbeitsbedingungen besser an das Individuum angepasst werden (vgl. Trahair 1984, S. 299). Seine Idee einer Berücksichtigung der ganzen Situation (total situation approach), zeigte Ansätze eines ganzheitlichen, vernetzen Denkens, das heute als bedeutsam für Organisationsprobleme gilt. Er erkannte als einer der ersten die hohe Komplexität sozialer Probleme (vgl. Smith 1998, S. 246), die nur durch einen interdisziplinären Ansatz umfassend analysiert werden können. Mayo leitete eine Abkehr vom technisch-ingenieurhaften Vorgehen bei den Fragen der „Menschenbehandlung" ein und plädierte für einen anderen Umgang mit der sozialen Komponente im Leistungserstellungsprozess. Anders als bei Taylor geht es nicht mehr darum, informale Phänomene zu unterbinden, sondern ein tieferes Verständnis der konkreten menschlichen Situationen zu entwickeln (vgl. Roethlisberger/Dickson 1966, S. 950). Darüber hinaus macht sich das Management aber die informellen Gruppen und Strukturen für die eigenen Interessen und das Wohl der Organisation zunutze: „the eager human desire for cooperative activity (...) can be utilized by intelligent and straightforward management." (Mayo 1945b, S. 112). Die Hinwendung des Human Relations-Ansatzes zu den informellen, „menschlichen" Seiten der Organisation und die Humanorientierung sind also weniger in humanistischen Motiven gegründet, sondern in utilitaristischen Motiven. Weil Mayo erkannte, dass die informelle Gruppe die Leistungsstandards bestimmte (vgl. Mayo 1945b, S. 79), versuchte er sie in gewissem Maß nutzbar zu machen.

Als Problem erwies sich später die hohe Personenzentriertheit bei der Entstehung des Human Relations-Ansatzes: Der Erfolg der Human Relations-Bewegung ist nachträglich betrachtet nicht nur ganz entscheidend auf ein geschicktes Marketing und Public-Relations(!)-Management zurückzuführen (vgl. Bruce 2006, S. 177), sondern lebte wesentlich von der Person Mayos, die sich zum eloquenten und wirkungsvollen Proponenten sozial sensibler Betriebs- und Menschenführungskonzepte für die Managementpraxis besonders eignete (vgl. auch Walter-Busch 2006, S. 346). Der von ihm selbst erbrachte genuin wissenschaftliche Beitrag fällt – auch gemessen an seiner Praxiswirkung – allerdings eher dürftig aus. An den meisten Forschungen hat Mayo selbst weder unmittelbar mitgewirkt noch darüber extensiv oder detailliert publiziert, sondern war eher indirekt beteiligt und brachte auch wenig Initiative ein (vgl. auch Zaleznik 1984, S. 6). Dies zeigt sich nicht zuletzt auch darin, dass die zentralen Erkenntnisse der Hawthorne-Studien nicht von ihm, sondern seinen Schülern Fritz J. Roethlisberger und William Dickson veröffentlicht wurden (vgl. Roethlisberger/Dickson 1966). Seine Argumentationen halten zudem oft einer genauen, kritischen Prüfung nicht stand, sondern zeigen eine verführerische Eingängigkeit, die nicht selten eine erstaunlich starke Vereinfachung beinhaltet. Vor diesem Hintergrund verwundert es nicht, dass viele seine Ideen und Vorstellungen kaum noch mit seiner Person verbunden werden und seine grundlegenden Werke heute kaum mehr rezipiert werden.

Die Human Relations-Bewegung im engeren Sinn ebbte bald nach Mayos Tod ab, nicht zuletzt, weil Effekte seiner Methode der Heilung eben nur so lange anhielten, wie er selbst als Projektions- und Übertragungsfläche dienende Figur präsent war (vgl. Zaleznik 1984). Eine Fortsetzung durch andere Personen scheiterte, da es nicht gelang, die nachgeradezu „magische" Aura, die Mayo umgab aufrechtzuerhalten oder auf andere Personen auszudehnen. Seinen Schülern und Nachfolgern fehlte mit anderen Worten der Nimbus einer beeindruckenden Persönlichkeit, der den Erfolg der Human Relations-Bewegung zu einem nicht unerheblichen Teil ausgemacht hatte. Mayos Vermächtnis sind mehr als die Erkenntnisse, die Personen, die er beeinflusste und zu deren Entwicklung er wesentlich beitrug (vgl. Smith 1998, S. 225). Aus dem zunächst kleinen Harvard-Kreis von Human Relations-Forschern entstand eine ganze Genealogie von Wissenschaftlern unter denen sich auch einige der bedeutendsten amerikanischen Sozialforscher des 20. Jahrhunderts befinden (vgl. Walter-Busch 1996, S. 167). Darunter fallen u.a. P. Lawrence, J. Lorsch, G. C. Homans, T. Parsons oder H. A. Simon, die teils unter direkten oder aber eher indi-

rekten Einfluss von Mayo und seinen Ideen standen. Daneben markiert der Hawthorne-Forschungszyklus den Beginn einer überaus erfolgreichen Zusammenarbeit mit Praktikern des Personalwesens, die sich später im Rahmen von Feldstudien wie Fallstudien vielfach fortsetzte.
Damit haben die Hawthorne-Forschungen bzw. der daraus hervorgegangene Human Relations-Ansatz anhaltende Auswirkungen, die bis in die heutige Zeit hinein reichen und sich insbesondere an folgenden Entwicklungen festmachen lassen (vgl. Kieser 2006c, S. 150ff.):

- *Bedeutungszunahme der Organisationspsychologie:* Die praktische Verbreitung des Human Relations-Ansatzes führte unmittelbar dazu, dass Unternehmen personale Motivation und Leistung weniger durch materielle Anreize, dafür verstärkt durch Erhöhung der Arbeitszufriedenheit bzw. Vermeidung von Arbeitsunzufriedenheit zu steigern suchten. Hilfestellung hierbei sollte vorrangig die Organisationspsychologie bieten, die in der Wissenschaft und Praxis entsprechend sprunghaft an Bedeutung gewann und sich dabei insbesondere mit den Forschungsfeldern der Arbeitsmotivation (z.b. Maslow 1954) und Arbeitszufriedenheit bzw. Arbeitsunzufriedenheit (z.B. Herzberg/Mausner/Snyderman 1959) auseinandersetzte, aber auch den Anstoß für eine intensivierte Auseinandersetzung mit Fragen des Führungsstils, des Verhaltens in Gruppen oder auch des Konfliktmanagements gab. Nicht zuletzt haben die hierzu gewonnen Erkenntnisse auch nachhaltig die Entwicklung der Führungslehre geprägt, was sich besonders in der Vorstellung eines mitarbeiterorientierten Führungsverhaltens kristallisiert.

- *Entstehung des Organisationsentwicklungs-Ansatzes:* Vor allem der zunehmenden Komplexität der organisationspsychologischen Forschung und der damit verbundenen zunehmenden Praxisferne ist es geschuldet, dass in den 50er und 60er Jahren des vergangenen Jahrhunderts der Organisationsentwicklungsansatz geformt wurde und eine große Anwendung in der Praxis fand (vgl. French/Bell 1973, Kieser 2006c, S. 152ff.). Zu den Zielen der Organisationsentwicklung zählen gleichermaßen die Verbesserung der Effektivität wie auch der Humanität des Arbeitslebens (vgl. Bea/Göbel 2006, S. 501). So ist dieser Ansatz dadurch gekennzeichnet, dass er u.a. die angestrebte hohe Arbeitszufriedenheit – inklusive der daraus resultierenden hohen Arbeitsleistung – nicht mittels am Reißbrett entworfener Veränderungsmaßnahmen erreichen will, sondern dieses durch einen situativ angepassten Entwicklungsprozess anstrebt, der (a) die betroffenen Mitarbeiter zu Beteiligten am Veränderungsprozess macht (Partizipation), wobei (b) dieser Prozess regelmäßig von einem neutralen Berater (Change Agent) zu begleiten ist und (c) auf eine (allerdings einseitige) Harmonisierung zwischen Organisations- und Mitarbeiterzielen hinauslaufen sollte (Interessenintegration).

- *Humanisierung der Arbeitswelt:* Schon Ende der 1950er Jahre erschienen erste Arbeiten einer normativen Managementlehre, die ein humanistisches Bild von Mitarbeitern propagierten (vgl. Staehle 1999, S. 780) und die menschliche Seite der Organisation wie auch das Beziehungsverhältnis von Person und Organisation eingehend betrachteten (vgl. z.b. Maslow 1954, Argyris 1957, McGregor 1960). Sie sahen ein wesentliches Ziel der Organisationsgestaltung darin, die Motive von Menschen dabei eingehender zu berücksichtigen und Möglichkeiten zur Selbstverwirklichung des Individuums in der Arbeit zu schaffen. Dies soll durch eine ganze Reihe von Maßnahmen geschehen: Darunter fallen u.a. die Schaffung von (Mit-)Entscheidungs- und Gestaltungsmöglichkeiten für die Mitarbeiter, verantwortungsvolle und abwechslungsreiche Aufgaben, Möglichkeiten zur Aufnahme und Pflege sozialer Kontakte, Abbau der Trennung in Entscheidung, Ausführung und Kontrolle, Aufhebung stark spezialisierter Arbeitsteilung (durch Rotation, Aufgabenerweiterung und -bereicherung), Hierarchieabflachung, Lern- und Weiterbildungsmöglichkeiten, sowie eine Neubestimmung von Leistungsnormen (vgl. Kieser 2006c, S. 164; Staehle 1999, S. 827).

- *Entwicklung des Human Ressourcen-Ansatzes:* In der Tradition des Human Relations-Ansatzes stehen auch Managementkonzepte, die den Wert der „Ressource Mensch" betonen und den Organisationserfolg als aufs engste verknüpft mit der Personalressource sehen. Sie betrachten dabei den Menschen als Träger eines Bündels von Motiven, die in einem gewissen Widerspruch zur Organisation und ihren Zielen stehen (vgl. O'Connor 1999b, S. 237). Diese Fortsetzungen der Human Relations-Tradition firmieren in der Literatur häufig unter dem Namen „Human-Ressourcen-Ansatz", da solche motivationsorientierten Umgestaltungen von Organisationsstrukturen zu einer besseren Nutzung von Humanressourcen verbunden mit einer gleichzeitig hohen Bedürfnisbefriedigung führen sollen. Dies geschieht unter der Annahme des Menschenbilds einer humanistischen Psychologie, demzufolge letztlich alle Menschen nach persönlicher Entfaltung (Wachstum), interessanten Aufgaben und Partizipation an Entscheidungen streben (vgl. dazu Schreyögg 1999, S 53ff.). Einen weiteren, späteren Ausfluss der Überlegungen Mayos bilden deswegen auch so genannte motivationsorientierte Organisationsmodelle (vgl. näher dazu Klimecki 2004), die zumeist den Human Relations-Ansatz als Referenz verwenden oder ihn weiterentwickeln. Hierbei sollen solche Führungsprinzipien und Strukturmodelle entwickelt werden, die einen Einklang von Motiven und Bedürfnissen des Individuums mit der ökonomischen Zielerreichung ermöglichen (vgl. Schreyögg 1999, S. 53).

Neben diesen Fortsetzungen und Weiterentwicklungen des Integrationsprinzips der Beziehungsorientierung, entstand mit der Zeit eine weitere alternative Lösung für das Integrationsproblem. So wurde schon sehr früh darauf hingewiesen, dass das Gedankengut des Human Relations-Ansatzes mit kulturell-systemischen und sozial-strukturellen Aspekten in einem allgemeineren Sinn verknüpft ist und seine Vorgehensweise durch kulturelle wie strukturelle Faktoren bedingt und limitiert ist (vgl. Etzioni 1958, S. 33). Die darin unterschwellig geäußerte Kritik einer Kulturblindheit ist bei genauerer Betrachtung jedoch nicht haltbar, denn zum Erbe Mayos gehört gerade die Betonung persönlich-kultureller Aspekte des Organisationsgeschehens (vgl. O'Connor 1999b, S. 242): Bereits um 1930 erkannten die Hawthorne-Forscher nach Mayos eigener Aussage, dass die Psychopathologie als ausschließlicher Bezugsrahmen letztlich unzulänglich war (vgl. Walter-Busch 2006, S. 340). Während seiner ersten Industriestudien in Philadelphia von 1923-1925 hatte er bereits die Probleme einer hohen sozio-kulturellen Diversität der Arbeiterschaft kennen gelernt (vgl. Trahair 1984, S. 176). In der Anwendung seines „total situation approach" stellt er fest, dass Schwierigkeiten am Arbeitplatz vielfach häusliche und „sonderbare" kulturelle Wurzeln aus der ursprünglichen Landeskultur der Einwanderer hatten. Mayo war auch auf der Basis solcher Erfahrungen überzeugt davon, dass Menschen sich eher von kulturellen Empfindungen leiten lassen, als von rationaler Logik (vgl. Bruce 2006, S. 182). Das natürliche menschliche Gesellungsbedürfnis („instinct of association"; Affilationsbedürfnis) behielt seiner Ansicht nach die Oberhand über individuelle Interessen und rationale Überlegungen, auf denen Managementprinzipien für gewöhnlich beruhten.

Die logische Konsequenz hieraus war es, die Kulturanthropologie in die industriellen Forschungen miteinzubeziehen – ein Gedanke der Mayo schon deswegen nicht fern lag, da er bereits 1914 in Australien den Anthropologen Bronislaw Malinowski (1884-1942), einen Pionier ethnographischer Feldstudien, kennen und schätzen gelernt hatte. Die Rockefeller Stiftung ermöglichte in den 1930er Jahren kulturanthropologische Gemeindestudien (u.a. in Newbury Park/Mass.) unter der Leitung von William Lloyd Warner, einem Sozial-Anthropologen und Kollegen aus Harvard der mit Mayo die Hawthorne-Werke besucht hatte, durchzuführen. Diese Studien brachten William J. Dickson wiederum auf die Idee, die gleiche Vorgehensweise auf die Erforschung von Arbeitsgruppen anzuwenden, da es sich in beiden Fällen um soziale Strukturen handelte (vgl. Trahair 1984, S. 246). Der entscheidende Punkt, der an Familien durchgeführten Feldstudien war es, sich auf die Beziehungen des sozialen Gebildes statt auf seine einzelnen Mitglieder zu konzentrieren. Diese Methodik beeinflusste die letzten Hawthorne-Forschungen, die Beobachtungsstudien im sog. „Bank Wiring Observation Room" (vgl. Walter-Busch 2006, S. 340). Nicht zuletzt ermöglichte diese – dank einer interdisziplinären Inspiration – veränderte Methodik erst die Entdeckung der Bedeutung informaler Gruppenstruk-

turen, für die die Hawthorne-Studien dann berühmt wurden. Die zunächst ingenieurswissenschaftlichen und dann industriepsychiatrischen Studien wurden schließlich endgültig zu einer sozialwissenschaftlichen Untersuchung.
Jedoch waren die hiermit gewonnen Erkenntnisse keineswegs singulär oder
bahnbrechend. Beispielsweise gelangte auch Mayos Zeitgenosse, der Unternehmer
Henry S. Dennison (1877-1952) – zeitweilig Präsident der Taylor Society sowie
Regierungsberater und Dozent an der Harvard Business School – unabhängig davon in seinem Buch „Organization Engineering"(!) aus dem Jahr 1931 zu ähnlichen
Schlussfolgerungen. So entwickeln Gruppen ihm zufolge einen gemeinsamen Satz
(body) von Angewohnheiten, Verhaltensweisen, Vorurteilen, oder Idealen, die sich
nur schwer verändern lassen. Er betonte damit jene unbewusst akzeptierten Verhal-
tensstandards in Sozialgebilden, die heute gewöhnlich mit dem Begriff Organisationskultur belegt werden (vgl. Bruce 2006, S. 191). Damit haben also die Idee, nach
sozialen Beziehungen Ausschau zu halten, und das darauf basierende Integrationsprinzip der Beziehungsorientierung schon den Boden bereitet für die anschließende
Idee der Organisationskultur und der Kultivierung. Aus den Sozialingenieuren des
Human Relations-Ansatzes wurden bald die „Kulturingenieure" (Schreyögg 1999, S.
467) des Organisationskulturansatzes. Damit wollen wir uns nachfolgend der Kultivierung als viertem Integrationsprinzip näher zuwenden.

2.2.2 Kultivierung

Einer der am häufigsten in den Sozialwissenschaften verwendeten Begriffe ist sicherlich der der Kultur (vgl. Neubauer 2003, S. 15). Auch wenn Kultur in Organisationen schon immer vorhanden war und schon vorher in den verschiedensten
Denkansätzen in der Management- und Führungslehre eine Rolle spielte – wie wir
im vorigen Kapitel schon gesehen haben – war der Blick lange Zeit nicht so prominent und konzentriert hierauf gerichtet. Zumal das Phänomen der Kultur zuvor oft
unter ganz anderen Bezeichnungen firmierte (z.B. „spirit of organization", vgl.
Drucker 1954). Doch bereits die von Max Weber getroffene Unterscheidung zwischen einer Zweckrationalität und Wertrationalität hat den Blick darauf gelenkt,
dass Unternehmen als ökonomische Organisationen nicht nur nutzenorientierte,
zweckrationale Gebilde sind, sondern auch soziale und werteorientierte Zusammenhänge darstellen, in denen sich das Verhalten der Mitglieder auch an gesell-
schaftlich vermittelten normativen Regeln und moralischen Vorstellungen orientiert. Jedoch wurde in klassischen betriebswirtschaftlichen Ansätzen der Kultur-
Aspekt in der Regel nicht weiter problematisiert oder gar näher analysiert (vgl. Neubauer 2003, S. 14). Solange Kultur kein Problem darstellte, wurde ein Nachdenken
über dieses Phänomen nicht für notwendig gehalten (vgl. Krulis-Runda 1990, S. 5).
In diesem Sinne ist nach Türk (1989, S. 111) die „Renaissance" der Organisationskul-

tur im ausgehenden 20. Jahrhundert auch ein Krisensymptom, da in Anbetracht schwindender Bindekräfte, Identifikationsmöglichkeiten und Motivationsquellen und zunehmender Kontingenz, neue „Bindungs- und Identifikationssurrogate" benötigt und (durch Kultur) geschaffen werden müssen. Der „Kult um die Kultur" (Neuberger/Kompa 1987) ist somit auch der Abnutzung anderer Integrationsprinzipien und -wege geschuldet und weniger Ausdruck einer genuinen (Wieder-)Entdeckung der Kulturdimension in organisierten Leistungsgemeinschaften.

Die enge Verknüpfung der Kultur mit dem Leistungs- und Erfolgsgedanken zeigte sich auch schon bei der Entstehung der Organisationskulturdiskussion: Einer der zentralen Ausgangspunkte der verstärkten Diskussion über Organisationskultur in der Managementtheorie und -praxis war eine Studie von W. G. Ouchi (1981), die die kulturellen Unterschiede Japans als Schlüsselvariable für dessen raschen ökonomischen Erfolg gegenüber den USA und Europa ausmachte. Daneben haben weitere populärwissenschaftliche Veröffentlichungen (v.a. Pascale/Athos 1982, Peters/Waterman 1983) zu Auswirkungen von Kultur auf organisationalen Erfolg oder Misserfolg die Aufmerksamkeit auf sich gelenkt und danach auch das Interesse der Wissenschaft geweckt (vgl. Ebers 1985, Dill 1986, Kobi/Wüthrich 1986, Heinen 1987). Der Organisationskulturansatz wurde dadurch bald zu einer nicht mehr aus der Organisationsforschung wegzudenkenden Perspektive. Eng verbunden ist diese Denkrichtung auch ganz wesentlich mit dem Namen von Edgar H. Schein, dessen Kulturebenenmodell sicherlich zu einer der am häufigsten zitierten Vorstellungen über Organisationskultur überhaupt gehört.

Kultur stellt ursprünglich ein in der Anthropologie verwendetes Konzept dar (vgl. Hatch 1993, S. 657). Dementsprechend ist auch der Kulturbegriff aus der Ethnologie entlehnt und bezeichnet dort besondere, historisch gewachsene komplex-verdichtete Merkmale von Volksgruppen (vgl. Steinmann/Schreyögg 2005, S. 710). Dieser umfassende Kulturbegriff, der sonst die im Zuge langer Interaktionen entstandenen Denk- und Verhaltensmuster sowie vermittelnden Symbolsysteme von ganzen Gesellschaften bzw. Völkern bezeichnet, wird nun auf die Ebene der Organisation angewandt (vgl. Staehle 1999, S. 497). Dabei wird angenommen, dass jede Organisation für sich im Lauf der Zeit eine spezifische Kultur entwickelt und damit gewissermaßen auch eine eigene Kulturgemeinschaft bildet. Die zentrale Idee der Organisationskultur als Integrationsform ist es, durch symbolisch begründete Zugehörigkeitsmechanismen handlungsleitende Orientierungen zur Verwirklichung der Organisationsziele und Aufgaben zu schaffen. So soll letztlich eine Steuerung von Individuen und auch von sozialen Einheiten (z.B. Gruppen) durch die „unsichtbare Hand" unbewusster und kollektiv vorgeprägter kultureller Normen erreicht werden. Die Unsichtbarkeit dieser Steuerung ist dabei insofern von Vorteil, als dass dem Einzelnen diese Verhaltenssteuerung gar nicht bewusst ist und somit auch nur wenig Reaktanz gegen diese Art der Beeinflussung zu erwarten ist. Wegen der kollektiven Dimension von Kulturen lassen sich zudem auf diesem Weg auch größere Aggregate von Personen bzw. Personal prinzipiell mit einem geringen Aufwand steuern.

Da Kultur ein von vielen Wissenschaftsdisziplinen verwendetes Konstrukt ist, sind die Definitionen dementsprechend vielgestaltig (vgl. Staehle 1999, S. 498). So weit die Begriffsfassungen und die dahinter stehenden Erkenntnisinteressen auch auseinander liegen mögen, ähneln sie dennoch im Ergebnis und sind durchaus untereinander anschlussfähig (vgl. Steinmann/Schreyögg 2005, S. 711). Demnach steht Organisationskultur damit grundsätzlich für etwas Gemeinsames, das zwischen allen Organisationsmitgliedern herrscht – nämlich für gemeinsam geteilte Werte, (Handlungs-) Normen oder auch Überzeugungen, die ihrerseits das konkrete und alltägliche (Leistungs-)Verhalten der Mitglieder einer Organisation nachhaltig und in einer übereinstimmenden (kollektiven) Weise prägen. Organisationskultur wirkt somit wie ein verhaltensbezogener „Autopilot" (Bleicher 1991, S. 126), wie ein „ungeschriebener Verhaltenskodex" (Eberwein/Tholen 1990, S. 205) oder wie eine „unsichtbare (Führungs-)Kraft" (vgl. Schmelcher/Witte/Linxweiler 2002, Wunderer 2006, S. 153). Diese Zuschreibungen erklären auch, warum die Organisationskultur im Sinne einer Standardisierung von Denk- und Verhaltensweisen („kollektive Programmierung des Geistes"; vgl. Hofstede 1980, S. 13) als wichtiges Integrations- und auch Koordinationsinstrument angesehen wird. In dem Sinne, indem alles organisationale Handeln in Kultur „verwoben" ist, verspricht die Organisationskulturperspektive auch eine „ganzheitliche" Sicht von Organisations- und Personalphänomenen (vgl. (Weber/Mayrhofer 1988, S. 562).

Versucht man das Typische der Organisationskultur etwas differenzierter zu erfassen, so lassen sich folgende Kernmerkmale bestimmen (vgl. auch Steinmann/Schreyögg 2005, S. 711f.):

▪ Organisationskultur stellt aus Sicht des Individuums etwas Implizites und Selbstverständliches dar, d.h. sie wird in der Regel nicht reflektiert, sondern steuert das Denken und Handeln weitgehend unbewusst. Sie ist auch nichts separates, quasi-physisch Existierendes und auch nicht direkt beobachtbar, sondern ein indirekt handlungsprägendes Muster.

▪ Organisationskultur schafft etwas Kollektives bzw. Gemeinschaftliches, was sich im Konkreten in einem – mehr oder minder – gleichgerichteten Denken und Handeln aller Organisationsmitglieder äußert. Die Orientierungsmuster der Organisationskultur werden in der Gemeinschaft gelebt und finden in täglichem Handeln Ausdruck.

▪ Organisationskultur ist ein „Konzept der Welt" für die Organisationsmitglieder, das ihnen über Wahrnehmungsmuster und Interpretationsschemata Sinn und Orientierung vermittelt. Auf der Basis dieser gemeinsamen Grundverständnisse können sie sich damit ein Bild von der Aufgabenumwelt wie auch der Organisationsumwelt machen.

- Organisationskultur beeinflusst die Kognitionen bzw. das Denken, aber auch die Emotionen bzw. die Gefühle – etwa in der Frage, was abgelehnt oder geliebt, ertragen oder angegangen wird. Dadurch wird ihre (Selbst-)Reflexion erheblich erschwert und stellt eher die Ausnahme als die Regel dar.

- Organisationskultur ist etwas Historisches, sprich: etwas, das im Laufe der Zeit entwickelt hat und dabei auch immer wieder wandelbar ist. Organisationskultur ist damit gleichsam etwas grundsätzlich Dynamisches. Kultur ist dabei auch Ergebnis eines Institutionalisierungs- wie Lernprozesses, bei dem erfolgreiche oder bewährte Orientierungsmuster allmählich allgemein akzeptiert bzw. selbstverständlich und dadurch zum Teil der Kultur werden.

- Organisationskultur ist etwas Interaktives, wird sie doch von den Organisationsmitgliedern gemeinsam geschaffen, neuen Organisationsmitgliedern auf dem Wege von Sozialisationsprozessen vermittelt und durch abweichende Denk- und Handlungsweisen schließlich auch wieder verändert. Kultur wird im Rahmen der Sozialisation aber nur selten von den zu integrierenden Individuen bewusst gelernt, sondern über Mechanismen im Sinne von richtigem und falschem Verhalten verdeutlicht.

Organisationskulturen sind demzufolge komplexe Phänomene, da sie nicht nur kognitive Muster oder Handlungsroutinen enthalten, sondern auch gleichzeitig Vermittlungswege und Repräsentationsformen. Deswegen ist es notwendig, die verschiedenen Aspekte und Dimensionen von Kultur zu ordnen und ihre Beziehung zueinander zu klären. Ein erster wichtiger Aspekt zum Verständnis der Organisationskultur ist dabei in dem Umstand zu sehen, dass die Kultur einer Organisation stets nur eine kulturelle Ausprägung inmitten verschiedener anderer kultureller Ausprägungen ist. Zu nennen sind in diesem Zusammenhang vor allem die Dimensionen der Landeskultur sowie der Branchenkultur, die der Organisationskultur sozusagen übergeordnet sind und diese entsprechend beeinflussen, aber auch die Dimension der Subkulturen, welche der Organisationskultur quasi untergeordnet sind, diese aber nichtsdestotrotz substanziell prägen können. Diese Zusammenhänge sind in der folgenden Abbildung in stark vereinfachter Weise grafisch veranschaulicht:

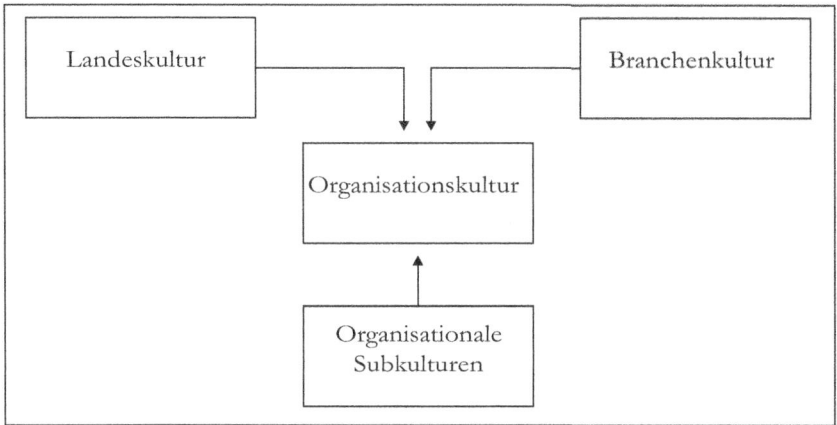

Abbildung 10:   Dimensionen des Kulturkonzepts

Zentraler Ausgangspunkt der Diskussion über Organisationskultur in der Managementtheorie und -praxis war eine Studie von W. G. Ouchi (1981). Diese wurde
verfasst vor dem Hintergrund der Aufsehen erregenden ökonomischen Erfolge der
japanischen Wirtschaft, welche das Land innerhalb kürzester Zeit zu einer globalen
Wirtschaftsmacht aufsteigen ließen. Ouchi lieferte den irritierten Industrienationen
in Nordamerika und Europa eine fundierte Erklärung, warum „(...) the Japanese
know how to manage better than we do" (Ouchi 1981, S. 3). Den Grund hierfür sah
der Verfasser in einer besonderen Kultur der japanischen Unternehmen (sog. Typ
J), die sich von der Kultur der US-amerikanischen Unternehmen (sog. Typ A) deutlich unterscheidet und dabei als zentraler Erfolgsfaktor für einzelne Organisationen
eingestuft wird. Die Diskussion über Organisationskultur begann also nicht mit
einem Vergleich zwischen Organisationskulturen, sondern vielmehr mit einem
Vergleich zwischen Landeskulturen (vgl. ebenso Pascale/Athos 1982). Dieser internationale Vergleich impliziert dabei allerdings gewissermaßen die These, dass Organisationskulturen praktisch vollständig von der Landeskultur bestimmt seien – was
im Weiteren bedeuten würde, dass es letztlich keine originären Organisationskulturen geben kann. Diese These relativierte Ouchi selber insofern, als er einen sog. Typ
Z identifizierte, der für Organisationskulturen steht, die sich zwar in den USA entwickelt haben, aber doch viel Ähnlichkeit mit japanischen Organisationskulturen
aufweisen (vgl. Ouchi 1981, S. 69).
     Diesen Typen J, A und Z wurden in der weiteren, stark international geprägten
Debatte über Organisationskultur(en) mehrere andere Typen hinzugefügt, so der
Typ K (Korea), der Typ C (China) oder der Typ I (Arabische Länder). Ohne diese
Diskussion hier fortführen zu wollen (vgl. dazu Macharzina 1999, S. 728ff.), kann

allgemein festgehalten werden, dass die Kultur einer jeden Organisation natürlich stets – mehr oder minder – von der Landeskultur (mit-)geprägt wird, was in Zeiten zunehmend internationalisierter Mergers & Aquisitions zweifellos ein pragmatisch überaus relevantes Problem darstellt (vgl. z.B. Stadler 2004, Schuppener 2006). Umgekehrt ist aber auch zu konstatieren, dass die prägende Kraft der Landeskultur immer nur eine partielle ist, d.h. Organisationskulturen können innerhalb einer Landeskultur höchst unterschiedlich und über landeskulturelle Grenzen hinweg auch sehr einheitlich sein. Wir wollen uns im Folgenden vor allem auf die Organisationskultur konzentrieren, da sich hieran besonders die Frage der Integration von Individuum und Organisation manifestiert. Deswegen sollen andere Aspekte dabei nur insoweit weiterverfolgt werden, als sie einen Bezug zum Integrationsproblem aufweisen oder das Prinzip der Kultivierung in seiner Wirkung auf das Verhalten in Organisationen veranschaulichen. Der Einfluss von Kultur auf das Verhalten kann mit Adler (1991, S. 15f.) in einem Regelkreis dargestellt werden, den die folgende Abbildung veranschaulicht:

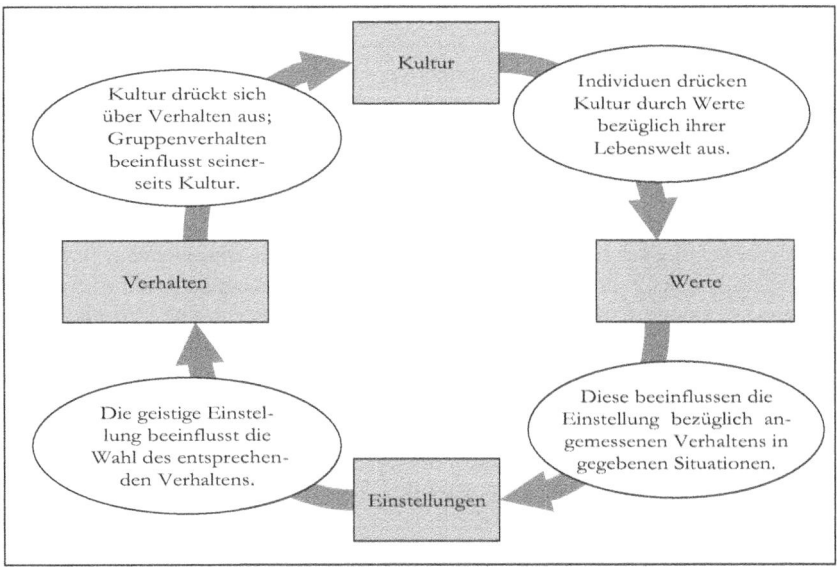

Abbildung 11:   Der Einfluss von Kultur auf das menschliche Verhalten (in Anlehnung an Adler 1991, S. 15f.)

Weiterhin ist festzuhalten, dass Kulturen im Kontext organisatorischer Leistungsgemeinschaften (Unternehmen) verschiedene Funktionen haben können, deren Existenz von entscheidender Bedeutung im Zusammenhang mit dem Integrationsproblem ist. Vor diesem Hintergrund können folgende Funktionen der Organisationskultur unterschieden werden (vgl. Ulrich 1984, S. 312f.; Staehle 1999, S. 512):

- *Integrationsfunktion:* Kultur wirkt demnach sozial integrativ, da sie als Basiskonsens der Organisationsmitglieder wirkt und damit auch zu einer konsensualen Konfliktlösung beiträgt.

- *Koordinationsfunktion:* Kultur koordiniert über Werte und Normen, entlastet von fallweisen Anweisungen und wirkt als Substitut direkter, interaktionaler Führung.

- *Motivationsfunktion:* Weil Kultur zentrale Bedürfnisse der Mitglieder befriedigen kann (z.B. Sinnvermittlung), wirkt sie motivationsförderlich und handlungslegitimierend.

- *Identifikationsfunktion:* Kultur schafft Möglichkeiten, sich mit dem sozialen Gebilde Organisation zu identifizieren, Gemeinschaftsgefühle zu wecken und das Selbstbewusstsein zu stärken.

- *Signalingfunktion:* Kultur hilft nach innen die Aufgaben zu verdeutlichen und zeigt nach außen, welche Inhalte der Kultur Geltung besitzen.

- *Adaptionsfunktion:* Kultur unterstreicht die Vorteilhaftigkeit von Kooperation in unvorhersehbaren Situationen und klärt die Bedingungen einer Zusammenarbeit.

Dabei wird vor allem von Schein (1992, S. 52) neben der zentralen Integrationsfunktion diese letztgenannte Adaptionsfunktion von Kultur betont, derzufolge Kultur der externen Anpassung und damit dem Überleben der Organisation dient. So entwickeln sich seiner Auffassung nach eben gerade in der Auseinandersetzung mit der Umwelt jene Werte, Normen und Einstellungen, die in Form von Mythen, Sagen und Legenden verfestigt, Kultur als Phänomen darstellen. Je nachdem welche Ausprägung eine Kultur dadurch annimmt, ist dies für ihr Überleben förderlich (funktional) oder hinderlich (dysfunktional). Die Umwelt stellt damit einen Referenzpunkt für die Organisationskultur und die in ihr agierenden Führungskräfte dar, dem diese sich quasi unterordnen müssen (vgl. Griffin 2002, S. 96).

Einer der bekanntesten und wichtigsten Zugänge zu einem genaueren Verständnis von Organisationskulturen ist das Kultur-Ebenen-Modell von E. H. Schein (1992), welches systematisch zwischen drei verschiedenen Ebenen einer Organisationskultur unterscheidet – von einer sichtbaren bis hin zu einer unsichtbaren Welt:

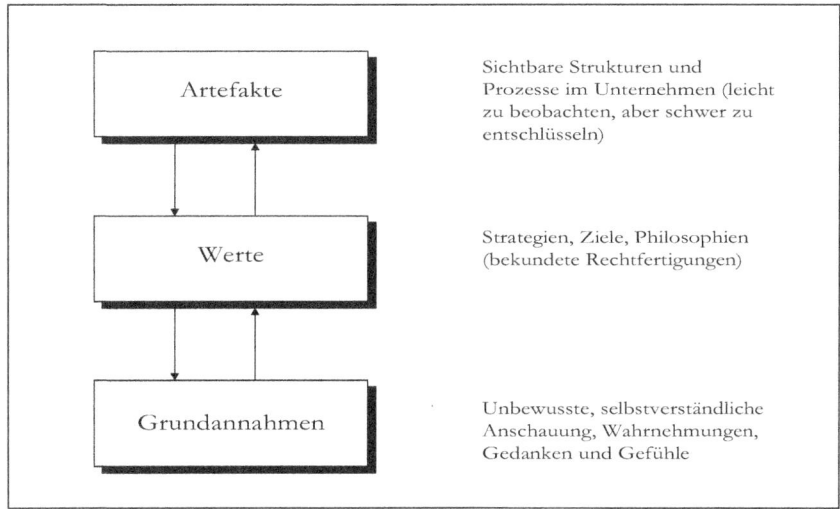

Abbildung 12:   Das Kultur-Ebenen-Modell (vgl. Schein 1992, S. 30)

Diesem Modell zufolge muss man sich, um eine Kultur verstehen zu können, ausgehend von den Oberflächenphänomenen schrittweise ihrem Kern (d.h. den Grundannahmen) im Rahmen eines Interpretationsprozesses nähern. Die unterschiedlichen Ebenen repräsentieren unterschiedliche Grade der Sichtbarkeit eines kulturellen Phänomens für einen Betrachter (vgl. Neubauer 2003, S. 62) und lassen sich wie folgt charakterisieren:

• *Artefakte:* Hierunter fallen alle konkreten Ausdrucksformen einer Organisationskultur. Artefakte gelten als relativ leicht zu beobachten, häufig jedoch nur schwer zu entschlüsseln bzw. als interpretationsbedürftig. Zu den organisationskulturellen Artefakten zählen üblicherweise die Architektur (z.b. Vorstandsetagen), die Ausstattung der Räume (z.b. Großraumbüros), Statusmerkmale (z.b. reservierte Parkplätze), der Kleidungsstil (z.b. Nadelstreifen-Anzug), die Sprache (z.b. Anrede mit/ohne akademischen Titel), Umgangsformen (z.b. offene/geschlossene Türen), zudem aber auch Riten (z.b. Konfliktlösungs-/Integrationsriten) und Zeremonien (z.b. Geburtstagsfeiern, Betriebsjubiläen) sowie Geschichten und Legenden (vgl. Neuberger/Kompa 1987).

• *Werte:* Ihre verhaltensrelevante Wendung erfahren die kulturellen Grundannahmen durch die gemeinsam geteilten Werte einer Gemeinschaft, die sich üblicherweise in bestimmten, mehr oder minder subtilen (Spiel-)Regeln und Standards, Geboten und Verboten manifestieren. Diese geben an, wie man typischerweise mit anderen Menschen (Vorgesetzten, Kollegen und Mitarbeitern, aber auch Kunden, Zulieferern und Konkurrenten), mit seinen Aufgaben (z.b. Grad der Sorgfalt bei ungeliebten oder zusätzlichen Aufgaben) sowie auch mit Veränderungen und Lernprozessen umzugehen hat (vgl. Sackmann 2004, S. 26 u. 36).

- *Grundannahmen:* Auf der untersten Ebene einer Organisationskultur befinden sich elementare Orientierungs- und Vorstellungsmuster, die den Mitgliedern der kulturellen Gemeinschaft weitestgehend unbewusst sind, die sie gleichwohl aber übereinstimmend teilen und die das Handeln der Einzelnen maßgeblich (vor-)steuern bzw. beeinflussen. Zu solchen „basic assumptions" zählen verschiedene „weltanschauliche" Annahmen, insbesondere über die Umwelt (z.B. übermächtig, bezwingbar), über die Wahrheit (endgültig, vorläufig), über die Zeit und deren Veränderungsmodus (z.B. kontinuierlich, zyklisch, erratisch), über die Natur des Menschen (z.B. gut, schlecht), über die Natur des menschlichen Handelns (z.B. aktiv, reaktiv) sowie schließlich auch über die Natur zwischenmenschlicher Beziehungen (z.B. egalitär, hierarchisch). Diese Annahmen bilden den Kern einer jeden Kultur, der von Internen wie von Externen jedoch nur schwer und bestenfalls ansatzweise zu erschließen ist.

Eine weitere Annäherung an das Organisationskulturphänomen, die ebenfalls seinem vertieften Verständnis dient, sind Typologien von verschiedenen Organisationskulturen, die ein Hilfsmittel darstellen, um Alltagserfahrungen zu sortieren (vgl. Steinmann/Schreyögg 2005, S. 722). Eine besonders anschauliche Kulturtypologie haben Deal/Kennedy (1987) entwickelt, die dazu einen signifikanten Zusammenhang zwischen den Marktbedingungen, innerhalb derer sich die Organisation zu bewähren hat, und der Kultur, welche die Organisation herausbildet, postulieren. Die zwei zentralen Bestimmungsgrößen dabei sind: (a) das Risiko des Handelns sowie (b) die Schnelligkeit des (Erfolgs-)Feedbacks. Aus der Kombination dieser Variablen leiten die Autoren eine branchenspezifisch geprägte Kulturtypologie ab, die vier grundlegende Kulturausprägungen unterscheidet:

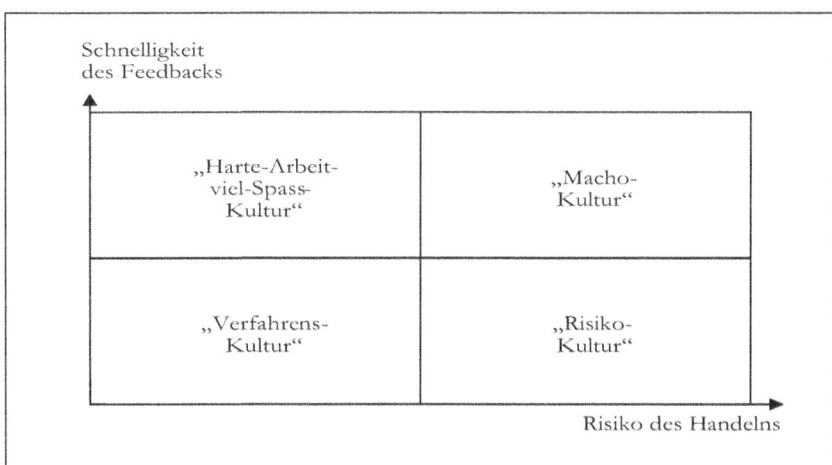

Abbildung 13:   Die Kulturtypologie nach Deal/Kennedy (1987, S. 151ff.)

Die vier Kultur-Typen lassen sich dabei im Einzelnen wie folgt charakterisieren:

- Eine sog. *„Verfahrens-Kultur"* (d.h. geringes finanzielles Risiko, langsames Erfolgsfeedback) findet sich klassischerweise im Bereich der Banken, Versicherungen und Verwaltungen. Typische Werte dieser Branchen sind Seriosität, Integrität und Perfektion. Sichtbares Artefakt einer solchen Kultur ist die unterschiedliche Größe und Ausstattung der Büros.

- Eine sog. *„Harte-Arbeit-viel-Spaß-Kultur"* (d.h. geringes finanzielles Risiko, schnelles Erfolgsfeedback) findet sich typischerweise bei Händlern, Verkäufern oder Maklern. Als zentraler Wert gilt hier die Kundenorientierung. Wichtigstes Artefakt ist das Verkaufsgespräch.

- Eine sog. *„Risiko-Kultur"* (d.h. hohes finanzielles Risiko, langsames Erfolgsfeedback) findet sich typischerweise im Bereich der Industriegüterproduktion oder auch im Flugzeugbau. Geteilte Werte sind hier v.a. Sorgsamkeit, Bedachtsamkeit und ständiger Gedankenaustausch. Sichtbares Artefakt einer solchen Kultur ist die Konferenz.

- Eine sog. *„Macho-Kultur"* (d.h. hohes finanzielles Risiko, schnelles Erfolgsfeedback) findet sich typischerweise im Bereich der Medien (v.a. Film und Fernsehen) sowie im Investment-Banking. Als verbreitete Werte gelten hier Risikobereitschaft, Entscheidungsfreudigkeit und Härte (gegen sich selbst und andere). Sichtbares Artefakt der Macho-Kultur ist eine „Alles-oder-Nichts"-Atmosphäre.

In einer ähnlichen Weise unterstellen Schmelcher/Witte/Linxweiler (2002, S. 67ff.) die Existenz bestimmter Kulturmilieus. Dabei gehen sie davon aus, dass alle Prozesse im Unternehmen danach unterschieden werden können, ob sie (a) vergangenheits- oder zukunftsorientiert ausgerichtet sind und (b) auf einem aktiven oder passiven Verhalten beruhen. Aus der Kombination dieser Variablen leiten sie vier grundlegende Kulturmilieus ab, nämlich die Stagnationskultur, die Traditionskultur, die Reaktionskultur und die Innovationskultur, denen sie im Weiteren typische Branchen bzw. Unternehmen zuordnen:

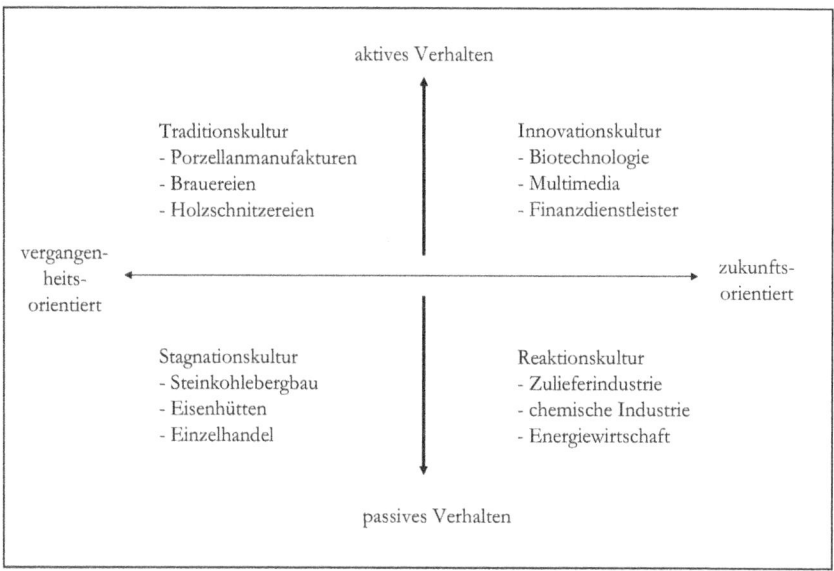

Abbildung 14:   Organisationale Kulturmilieus (vgl. (Schmelcher/Witte/Linxweiler 2002, S. 69)

Die skizzierten Typologien unterstreichen einerseits, dass Organisationskulturen zweifellos einer gewissen Prägung durch die Branche bzw. die jeweiligen Marktstrukturen unterliegen. So postulieren Deal/Kennedy (1987) einen signifikanten Zusammenhang zwischen den Marktbedingungen, in welchen sich die Organisation zu bewähren hat, und der Kultur, welche die Organisation herausbildet. Andererseits ist aber auch hier, wie im Kontext der Landeskultur, davon auszugehen, dass die Prägungsmacht der Branche immer nur begrenzt ist. In ein und derselben Branche können Organisationen folglich durchaus unterschiedliche Kulturen entwickeln und aufweisen.

Eine pragmatisch überaus bedeutsame Kulturdimension ist schließlich die Ebene unterhalb der Organisationskultur – nämlich die der (verschiedensten) organisationalen Subkulturen (vgl. Neubauer 2003, S. 31ff.). Die Differenzierung in unterschiedliche Kulturen innerhalb einer Organisation(-skultur) erfolgt in der Regel entweder auf der horizontalen Ebene, sprich: zwischen verschiedenen Funktionsbereichen (z.b. Forschung & Entwicklung, Produktion, Marketing) und Berufsgruppen (z.b. Ingenieure, Betriebswirtschaftler, Juristen), oder aber auf der vertikalen Ebene zwischen den verschiedenen hierarchischen Positionen (z.b. Arbeiter, Angestellte, Manager). Die Frage, ob bzw. inwieweit sich Subkulturen bilden, kann in Abhängigkeit von folgenden Rahmenbedingungen gesehen werden (vgl. Schreyögg 1999, S. 455):

- *Organisationsstrukturen*, z.B. Art der Abteilungsbildung (funktional, divisional), Zahl der Hierarchieebenen (flach, steil), Wahl der Konfiguration (Einlinien-, Mehrlinien-, Stabliniensystem), u.ä.m.

- *Professionalisierungsgrad*, d.h. immer dann, wenn die Aufgabenerledigung stark an eine bestimmte „Profession" der Aufgabenträger geknüpft ist (z.b. Beratungstätigkeiten, Forschungstätigkeiten), entsteht die Gefahr, dass die Aufgabenträger sich eher an der Kultur ihrer Profession denn an der Kultur ihrer Organisation orientieren.

- *Gemeinsame Erfahrungen*, z.b. bei der Gründung des Unternehmens „dabei gewesen" zu sein oder eine Unternehmensübernahme bzw. einen umfangreichen Personalabbau „überlebt" zu haben.

Dabei ist grundsätzlich auch zu sehen, dass Subkulturen sich nicht unbedingt negativ auf die übergeordnete Organisationskultur auswirken müssen. Dementsprechend unterscheiden Martin/Siehl (1983) verschiedene Stellungen von Subkulturen zur Hauptkultur: So können Subkulturen durchaus verstärkend für die Organisationskultur sein, z.b. durch ein modellhaftes Vorleben der organisationskulturellen Werte seitens einer subkulturellen Einheit (z.b. Führungskräfte, Vorstandsstäbe). Ebenso kann die Beziehung zwischen Gesamtkultur und Subkultur neutral ausgestaltet sein (sog. parallele bzw. ergänzende Subkulturen). Subkulturen können selbstverständlich aber auch als Gegenkulturen angelegt sein und somit eine Bedrohung für die bestehende Kultur darstellen. Diesbezüglich ist allerdings anzufügen, dass eine solche „Bedrohung" je nach Situation und Sichtweise auch etwas sehr Erwünschtes sein kann – beispielsweise dann, wenn die Unternehmensführung die bestehende (Ist-)Kultur als problematisch bewertet und von daher eine Neugestaltung der Organisationskultur anstrebt.

Obwohl Organisationskulturen in der Regel von starken Beharrungskräften und einem erheblichen Konservativismus geprägt sind, sind sie dennoch auch Veränderungsprozessen unterworfen (vgl. auch Schreyögg 1999, S. 466). Diese dynamische Komponente von Kultur haben die zuvor dargestellten Modelle und Typologien entweder gar nicht oder nur randständig betrachtet. Dabei stellt sich die Frage, wie sich Kulturen eigentlich verändern können, wenn sie in hohem Maße aus nicht hinterfragten Selbstverständlichkeiten und vorwiegend unbewussten Annahmen und Werten bestehen. Besonders im Unternehmenskontext ist dieser Aspekt von erheblicher Bedeutung, da die hohe Umweltdynamik nicht ohne Auswirkungen auf die Kultur bleibt und im Zuge der Veränderung des Unternehmensgebildes (z.B. durch Fusionen, Akquisitionen) unterschiedliche Kulturen aufeinander treffen.

Die folgende Abbildung zeigt einen typischen Verlauf eines empirisch ermittelten, emergenten Kulturwandels:

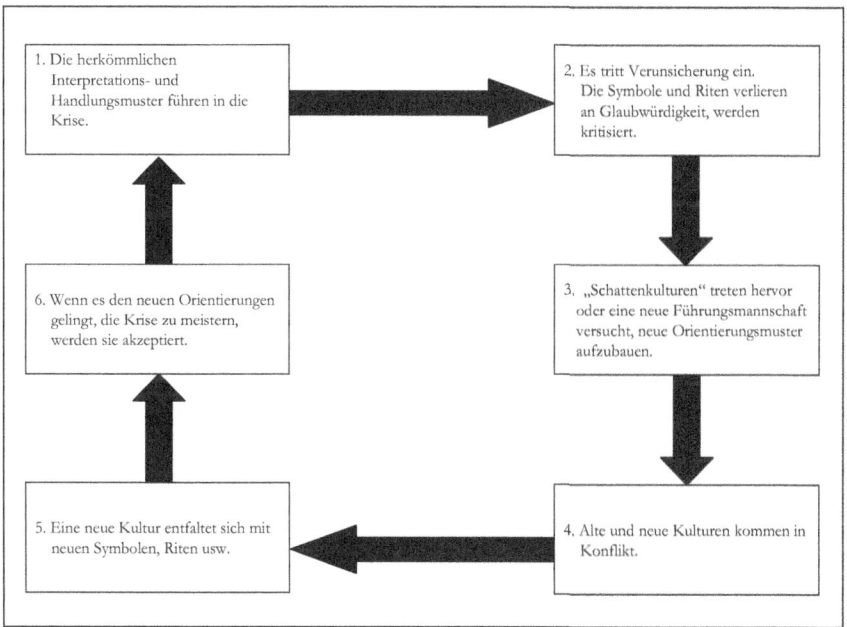

Abbildung 15: Typischer Verlauf eines Kulturwandels nach Dyer (1985) (vgl. Schreyögg 1999, S. 466)

Der Ausgangspunkt dieses dialektischen Kulturwandelmodells ist eine Konfliktsituation, in der die tradierten, kulturellen Handlungs- und Interpretationsmuster in eine Krise geraten. Dies erzeugt eine Verunsicherung, da hierdurch alte Symbole und Riten an Glaubwürdigkeit verlieren und zunehmender Kritik ausgesetzt sind. Dies ermöglicht es „Schattenkulturen", d.h. latent vorhandenen, aber nicht prominent sichtbaren Deutungsmustern (oft auch Subkulturen), hervorzutreten und sich als ein neuer Deutungszusammenhang anzubieten. Alternativ kann auch eine neue Führungsmannschaft versuchen, neue Orientierungsmuster aufzubauen, da nicht selten Krisen mit Führungswechseln an der Spitze (und weiteren Ebenen) verbunden sind. In beiden Fällen entsteht ein offener Konflikt zwischen alter und neuer Kultur, da die bisherigen Deutungsmuster und ihre Anhänger ihr „Weltbild" verteidigen und andere Sichtweisen in Zweifel ziehen. Gelingt es aber der neuen Kultur mit ihren Problemlösungen die Krise zu bewältigen und Akzeptanz zu erzielen, entfaltet sie sich mit neuen Riten und Symbolen. Jedoch dauert ihre Vorherrschaft wiederum nur solange, bis wieder eine Krise entsteht, die sich nicht lösen lässt, um den Kreislauf wieder von vorn in Gang zu setzen. Wie hieraus ersichtlich wird, sind bei diesem Verlaufsmodell Kulturveränderungen kriseninduziert, wobei vor allem externe Auslöser (wie z.B. gesellschaftlicher Wertewandel oder neue Forderungen von Anspruchsgruppen) den Anstoß für den Veränderungsprozess geben. Jedoch bedarf es keineswegs nur solcher externer Faktoren, um eine kulturelle Dynamik zu verursachen; wie das nachfolgende Modell zeigt, ist das Moment des Wandels Kulturen auch inhärent zueigen. Demnach liefern die Organisationsmitglieder selbst durch ständige Interpretations- und Bewertungsprozesse ausreichend Impulse für eine Veränderung von Kultur in unterschiedliche Richtungen.

Das Prozessmodell der Kultur von Hatch (1993) – als eine weitere Vorstellung von der Dynamik einer Kultur – knüpft an das zuvor vorgestellte Kulturebenen-Modell von Schein an, entwickelt es aber in verschiedener Hinsicht weiter. Im Gegensatz zur hierarchischen Schichtung des Modells von Schein werden hier die zentralen Elemente von Kultur – ergänzt um das Element der Symbole – kreisförmig angeordnet und in einem Wechselverhältnis zueinander gesehen. Eine besondere Aufmerksamkeit erfahren dadurch die Verbindungen bzw. Beziehungen zwischen den Elementen. Diese Beziehungsgefüge werden als Transformationsprozesse konzipiert, die von den Grundannahmen ausgehend als Manifestation, Realisation, Symbolisation und Interpretation beschrieben werden. Die nachfolgende Abbildung zeigt diese Zusammenhänge grafisch:

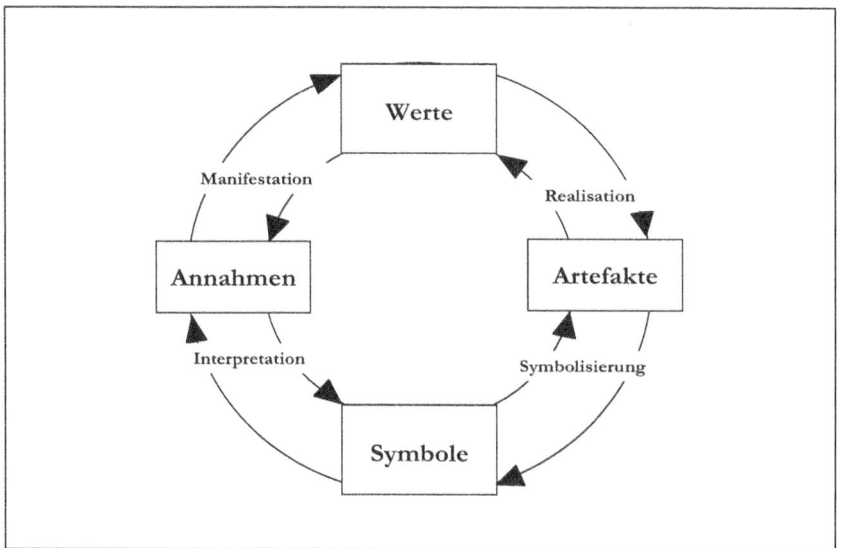

Abbildung 16:   Prozessmodell der Kultur nach Hatch (1993) (übersetzt; vgl.
                Neubauer 2003, S. 67)

Die Transformationsprozesse zwischen den Elementen können dabei in zwei unterschiedlichen Richtungen verlaufen – vorwärts (proaktiv/prospektiv) und rückwärts
(retroaktiv/retrospektiv). Daraus ergeben sich acht einzelne Transformationsprozesse, die sich wie folgt charakterisieren lassen (vgl. dazu Hatch 1993, Neubauer
2003, S. 68ff.):

▪ *Proaktive Manifestation:* Bei diesem Vorgang bilden sich aus den (Grund-) Annahmen spezifische Werte heraus. Dies geschieht dadurch, dass sich aus den
  Grundannahmen Erwartungen ableiten, die Wahrnehmungen, Gedanken und
  Gefühle über die Organisation und die Umwelt beeinflussen. Dieses Geschehen wird als Reflexion erlebt, wodurch Menschen realisieren, was sie wert-
  schätzen und was nicht, und sich so ihrer Werte bewusst werden (vgl. Hatch
  1993, S. 662). Dabei gibt es aber keine strenge Korrespondenz zwischen
  Grundannahmen und Werten, sondern beide werden als Zusammenhang erlebt.

▪ *Retroaktive Manifestation:* Dieser Prozess beschreibt den Einfluss der Werte auf
  die Grundannahmen. Dabei bestätigen die Werte entweder die Annahmen
  oder sie verändern sie. Solange Werte und Grundannahmen harmonieren, entsteht keine Veränderung. Treten aber neue Werte auf, die im Widerspruch zu

bisherigen Grundannahmen stehen, kann dies der Anlass zu einem Wandel sein. Dabei können solche neuen Werte sowohl im Sinne der proaktiven Manifestation aus vorhanden Grundannahmen stammen, als auch aus anderen Zusammenhängen importiert und adoptiert werden (vgl. Hatch 1993, S. 664). Da es sich normalerweise um unbewusste Prozesse handelt, werden oftmals keine Unterschiede zwischen eigenen kulturellen Werten und anderen Werte gemacht, sofern diese „fremden" Werte in einem passenden oder (re-)affirmativen Verhältnis zur vorhanden Wertebasis stehen.

- *Proaktive Realisation:* Hierbei werden Werte in Handlungen umgesetzt, aus denen dann beobachtbare und teils dauerhafte Ergebnisse (Artefakte) entstehen. Im Einzelnen besteht dieser Prozess aus Aktivitäten, die Erwartungen aus den Manifestationsprozessen Substanz verleihen (vgl. Hatch 1993, S. 666). Dazu zählen die Verfertigung von Objekten (z.B. Produkte, Gebäude, aber auch Berichte), Teilnahme an organisationalen Aktivitäten (z.B. Meetings, Firmenfeiern) und Beteiligung an der Kommunikation (z.B. offizielle Ansprachen oder inoffizielle Besprechungen) – inklusive des Imports von Gegenständen, Schriftstücken oder Sprechakten. Von den entstandenen Artefakten kann aber nicht mehr zuverlässig auf die Werte zurückgeschlossen werden, weil bei diesem Prozess auch andere situative Einflüsse wirksam sind.

- *Retroaktive Realisation:* Dieser Prozess betrifft die Rückwirkung von Artefakten auf die zugrunde liegenden Werte in Verbindung mit den Erwartungen darüber, wie die Dinge sein sollten. Wie bei der retroaktiven Manifestation können dabei Übereinstimmungen oder Widersprüche auftreten (vgl. Hatch 1993, S. 667). Liegt eine widersprüchliche Beziehung vor, besteht die Möglichkeit, Artefakte zu ignorieren, zu entfernen oder außer Funktion zu setzen oder sich daran zu gewöhnen und sie zu akzeptieren. Im Fall der Akzeptanz kommt es zu einer Werteveränderung, die über den Prozess der retroaktiven Manifestation auch die Grundannahmen beeinflussen kann.

- *Prospektive Symbolisation:* Bei diesem Prozess werden Artefakte und beobachtbare Handlungen mit Inhalten verknüpft, die über ihre rein gegenständliche Bedeutung hinausgehen. Sie werden also sozusagen „symbolisch aufgeladen", d.h. mit einem Sinngehalt versehen, der mit einem bestimmten kulturellen Kontext zusammenhängt und erhalten damit eine Überschussbedeutung. Beispielsweise werden so die Größe eines Büros oder Schreibtisches zum Symbol für Macht und Status in einer Organisation. Damit wird der Gegenstand mit abstrakten Konzepten oder Bedeutungen assoziiert (vgl. Hatch 1993, S. 669), die über ihn hinausweisen.

- *Retrospektive Symbolisation:* In diesem Fall verläuft der vorher beschriebene Transformationsprozess genau umgekehrt ab, indem aus symbolisch belegten Artefakten wieder reine Gegenstände gemacht werden. Dies kann dann geschehen, wenn ein Individuum durch einen Symbolgehalt eines Artefakts nicht angesprochen wird (vgl. Hatch 1993, S. 671) oder sich ein Symbol abnutzt und seine Überschussbedeutung verliert. Dies kann beispielsweise der Fall sein wenn ein Statussymbol wie etwa ein teurer Dienstwagen wieder bewusst als reiner Gebrauchsgegenstand (d.h. als Fortbewegungsmittel) wahrgenommen wird.

■ *Prospektive und retrospektive Interpretation:* Diese beiden Prozesse sind nicht vollständig voneinander trennbar, da sie wechselseitig aufeinander bezogen sind. Mit Interpretation wird dabei das Verstehen von Symbolen im Rahmen eines spezifischen kulturellen Kontexts bezeichnet, indem Wahrnehmungen mit Bedeutungen versehen werden, die aus den Grundannahmen stammen. Dabei setzt jede Interpretation eine Vorerfahrung voraus und wirkt gleichzeitig auf die Annahmen zurück („hermeneutischer Zirkel"). Mit anderen Worten beruht Interpretation sowohl auf bereits Gewusstem (Annahmen) wie auch auf der Möglichkeit eines neuen Verständnisses, das bereits inhärent, aber noch unerschlossen in Symbolen ruht (vgl. Hatch 1993, S. 675). Auf dem Wege prospektiver Interpretation werden Annahmen vor dem Hintergrund von Symbolen bestätigt oder hinterfragt; retrospektive Interpretation verändert dagegen die Bedeutung von Symbolen im Lichte der Annahmen.

Die Organisationskultur-Diskussion war von Beginn an von der Idee geprägt, dass bestimmte Kulturen in ganz besonders intensiver Weise das Handeln der Organisationsmitglieder beeinflussen und in bestimmten Fällen sogar die eigentliche Ursache für herausragende Leistungen und organisationalen Erfolg bilden können (vgl. Steinmann/Schreyögg 2005, S. 722). Dabei wurde eine starke, d.h. seitens der Organisationsmitglieder sichtbare, akzeptierte und ihr Alltagshandeln in eine gemeinsame Richtung lenkende Organisationskultur als Kennzeichen erfolgreicher Unternehmen gesehen (vgl. Peters/Waterman 1983, Deal/Kennedy 1987). Als Indikatoren für eine solche Einteilung in starke oder schwache Kulturen werden folgende Kriterien vorgeschlagen (vgl. Sathe 1985, Saffold 1988, Heinen/Fank 1997, Neubauer 2003, S. 86f):

■ *Verbreitungsgrad:* Wie groß ist der Anteil der Organisationsmitglieder, der die organisationskulturellen Denk- und Verhaltensweisen teilt? Eine „starke" Kultur würde demnach vorliegen, wenn viele (oder gar alle) Mitarbeiter die Organisationskultur teilen und umgekehrt.

■ *Verankerungstiefe:* Wie selbstverständlich ist es für die Organisationsmitglieder, sich an den organisationskulturellen Denk- und Verhaltensweisen zu orientieren? Die Abstufungen reichen hier von einer vollständigen Internalisierung (= „starke" Kultur), über eine opportunistische Anpassung, bis hin zu einer vollständigen Ablehnung der Organisationskultur (= „schwache" Kultur).

- *Prägnanz:* Wie klar und umfassend sind die organisationskulturellen Denk- und Verhaltensweisen? Spannungsfelder sind hier Klarheit versus Konfusion sowie Ganzheitlichkeit versus Selektivität der Organisationskultur - wobei die Attribute Klarheit und Ganzheitlichkeit eine „starke" Kultur charakterisieren.

Die Unterscheidung von Organisationskulturen anhand dieser Kriterien in starke und schwache Kulturen folgte einem klaren ökonomischen Verwertungsinteresse. Dazu wurde ein einfacher Wirkungszusammenhang zwischen der Stärke einer Unternehmenskultur und dem Leistungsniveau (Rentabilität, Produktivität, Wachstum etc.) angenommen (vgl. Steinmann/Schreyögg 2005, S. 728). Weil von starken Kulturen angeblich stimulierende und begeisternde Impulse ausgehen, sollte dies zu einem Domino-Effekt führen, bei dem aus den stark internalisierten und verfestigten Werten ein höheres Commitment, eine größere Produktivität und schließlich ein besseres wirtschaftliches Ergebnis erwachsen sollten (vgl. Martin/Frost/O'Neill 2007, S. 727). Empirisch ließ sich dieser Zusammenhang allerdings nicht in der wünschenswerten Klarheit belegen, da die Wirkungsketten in der Praxis viel komplizierter und die funktionalen Bezüge ambivalenter sind (vgl. Schreyögg 1992, Sp. 1531; Mayrhofer/Meyer 2004, Sp. 1030). Auch ist es beispielsweise ohne weiteres denkbar, dass eine Kultur höchst prägnant, sehr verbreitet und stark internalisiert ist, und also als „stark" einzustufen ist, dieselbe Kultur aus Sicht der Organisationsleitung bzw. mit Blick auf die Zielerreichung der Organisation jedoch als höchst problematisch bzw. „schwach" zu bewerten ist.

Dieser Gedanke führt zu einem differenzierteren Bewertungsansatz. Zentrale Kriterien für eine Bewertung der Organisationskultur sind demnach die (positiven/negativen) Effekte, die die (Ist-) Kultur auf das personale Arbeits- bzw. Leistungsverhalten und damit auf den gesamtorganisationalen Erfolg ausübt. In den Mittelpunkt der Bewertung rückt damit die Frage, ob bzw. inwieweit die Organisationskultur bestimmte erwünschte (erfolgsförderliche) und unerwünschte (erfolgshemmende) Denk- und Verhaltensweisen der Organisationsmitglieder befördert oder beschränkt. Dabei haben starke Organisationskulturen nicht nur positive, sondern auch z.T. ausgeprägt negative Wirkungen. Deswegen ist zwischen funktionalen und dysfunktionalen Aspekten starker Kulturen zu unterscheiden (vgl. etwa Schreyögg 1992, Sp. 1531ff.).

Funktionale Aspekte, d.h. positive Effekte einer starken Kultur wären demnach (vgl. Schreyögg 1999, S. 463f; Steinmann/Schreyögg 2005, S. 728f.):

- ein geringer formaler Regelungsbedarf (aufgrund relativ einheitlicher Sichtweisen und Interpretationsmuster)
- ein offenes und reibungsloses Informations- und Kommunikationsverhalten (aufgrund der allgemeinen Orientierung am gemeinsamen Ziel)

- eine rasche Entscheidungsfindung (infolge einer gemeinsamen Sprache und gemeinsamer Werte)
- eine zügige Implementation (aufgrund hoher Akzeptanz bzw. geringer interner Widerstände),
- ein geringer Kontrollaufwand (aufgrund einer hohen Selbstkontrolle),
- eine hohe Stabilität (aufgrund eines starken Gefühls sozialer Einbindung und Sicherheit)

Daneben stehen folgende dysfunktionale Aspekte, d.h. negative Effekte einer starken Kultur (vgl. Schreyögg 1999, S. 464f.; Steinmann/Schreyögg 2005, S. 730f.):

- eine Tendenz zur Abkapselung gegenüber der Umwelt (durch eine tiefe Internalisierung der Wertsysteme)
- eine ungeprüfte Abwertung und Blockierung neuer (Wert-)Orientierungen (da Veränderungen suspekt erscheinen)
- eine starke Implementationsbarriere (da der Umgang mit Neuem und Ungewöhnlichem nicht geübt ist)
- eine Fixierung auf althergebrachte Erfolgsmuster (da eine starke emotionale Bindung an traditionelle Denkansätze und Vorgehensweisen besteht)
- eine kollektive Vermeidungshaltung (da Offenheit, Kritikbereitschaft und Unbefangenheit fehlt)
- ein Drang zur Harmonie (da die Bereitschaft fehlt, Widerstände zu artikulieren oder auszuhalten)
- ein Mangel an Flexibilität (da eine Umstellungsfähigkeit nicht entwickelt ist)

Dabei erweisen sich gerade der Mangel an Flexibilität bzw. die Starrheit starker Kulturen und ihre entsprechend geringe Anpassungsfähigkeit als hinderlich in einer Situation zunehmender Wandelerfordernisse. Deswegen entfalten sich die Vorteile starker Kulturen stärker in stabilen Umwelten, während sich eine starke Kultur in turbulenten Umwelten schnell als hinderlich erweisen kann (vgl. Sørensen 2002). Schwache Kulturen können damit nicht nur gute Gründe für sich reklamieren, sondern in bestimmten Situationen sogar eher von Vorteil sein (vgl. auch Schreyögg 1992, Sp. 1533). Schließlich können Kulturen – gleichgültig ob stark oder schwach – auch insofern dysfunktional sein, als dass sie in Analogie zu psychischen Störungen potenziell krankhafte und krankmachende Züge aufweisen, wie dies pointiert im Pathologie-Konzept zum Ausdruck kommt (vgl. Mayrhofer/Mayer 2004, Sp. 1030).

Mit dem Organisationskultur-Ansatz verbindet sich das Prinzip der Kultivierung als das vierte und letzte Integrationsprinzip im Verhältnis von Individuum und Organisation. Dabei wird das Individuum in einem Wert- und Sinnzusammenhang über den Weg der Enkulturation oder Sozialisation „vergemeinschaftet" und so in kollektive Bezüge integriert. Als wechselseitig kann diese Art Integration deswegen bezeichnet werden, weil das Individuum nicht nur einer Organisationskultur passiv ausgesetzt ist, sondern im Sinne des interaktiven Aspekts von Kultur auch immer daran partizipiert und mitgestaltend wirkt. Zwar gründeten das Interesse und die Beschäftigung mit der Kultur als „weichem (Erfolgs-)Faktor" zunächst in umwelt-bezogenen Problemlagen, für die man sich durch die Beschäftigung mit der kultu-rellen Seite des Organisationsgebildes neue Lösungsansätze erhoffte (vgl. auch Dülfer 1991). Doch auch unter dem Binnenaspekt der Integration und Partizipation hat die Organisationskultur eine herausragende Bedeutung erlangt, die besonders in Zeiten fortschreitender Dynamik struktureller Gebilde und zunehmender Verunsi-cherung der Einzelnen (wie auch der Kollektive) noch an Wert gewonnen hat. Denn das Individuum ist durch die Organisationskultur eingebettet in eine kollekti-ve Werte- und Orientierungsstruktur, die ihm Sicherheit und Bindung in einem sozialen Kontext gibt (vgl. Schreyögg 1999, S. 435). Kultur wird damit ein Stück weit ein Surrogat für die stabilisierende Fiktion von Dauerhaftigkeit, die der Organi-sation durch die sich immer stärker wandelnden Strukturen verloren geht. Da sich gleichermaßen die Hoffnungen auf eine rationale Planbarkeit, Gestaltbarkeit und umfassende Steuerbarkeit von Organisationsgebilden verflüchtigt haben, wurde außerdem versucht, über die Organisationskultur einen neuen, intelligenteren Steue-rungsmodus zu finden (vgl. Kühl 1998, S. 154).

Für Einsatz der Kultur als Integrationsprinzip wird zudem auf deren identitäts- und gemeinschaftsstiftende Wirkung gesetzt. Hinzu zählt vor allem das Verbinden-de des Verbindlichen (wie etwa Werte und Normen), das der fortschreitenden Ero-sion des Unternehmensgebildes (u.a. durch Dezentralisierung, Outsourcing, Netz-werkbildung) entgegenwirken soll. Sehr anschaulich illustriert wird diese Hoffnung, die in die Bindungskräfte durch Kultur gesetzt wird, durch die vielfach verwendete Klebstoff-Metapher: Kultur fungiert demnach als sozialer Klebstoff, der das Orga-nisationsgebilde zusammenhält (vgl. Smircich 1983, S. 344). Dabei wird regelmäßig unterstellt, dass eine Organisationskultur auch eine relative Kohärenz aufweist, die nach Ansicht der integrativen Perspektive der Kulturforschung eine Grundbedin-gung des Kulturellen überhaupt darstellen soll (vgl. Martin/Frost/O'Neill 2007, S. 728). Schein (1992, S. 10) formuliert dies wie folgt: „Culture somehow implies that rituals, climate, values, and behaviors bind together into a coherent whole. This pattern or integration is the essence of what we mean by ´culture´." Bei der Integra-tion auf kulturellem Weg geht es um die Eindämmung zentrifugaler Kräfte durch die Sichtbarmachung einer gemeinsam verbindenden Organisationskultur (vgl. auch Remer 1992, S. 242). Kultur hat in ihrer instrumentell verstandenen Integrations-wirkung für die Organisationsmitglieder zudem die Aufgabe, die Unterschiede zwi-schen der Binnenwelt der Organisation und ihrer Umwelt zu verdeutlichen und zu klären, was die innere Struktur der Organisation ausmacht (vgl. Kühl 1998, S. 157). Sie transportiert damit auf besonders subtile Weise auch bedeutsame Botschaften zu den entscheidenden Leitdifferenzen, auf denen Organisationen als Gebilde aufbauen und ohne die sie nicht lebensfähig wären.

Eine Kultivierung als Prinzip der Integration von Individuum und Organisation setzt auf eine absichtsvolle Gestaltung des Mediums Kultur, in das alle organisationsförmig vereinten Personen eingebunden sind. Diese systematische, zielgerichtete Gestaltung von Kultur zum Zweck einer besseren Integration, die dabei vorwiegend im Sinne der Organisationsleitung geschieht, kann als Kultur-Management bezeichnet werden. Umstritten ist dabei allerdings, inwieweit Kultur einem gezielten Managementeingriff überhaupt zugänglich ist. Dazu haben sich zwei konträre Vorstellungen in der Diskussion herausgebildet, die als funktionalistisch-objektivistische Sichtweise und symbolisch-interpretative Sichtweise bezeichnet werden können (vgl. dazu u.a. Staehle 1999, S. 498; Mayrhofer/Meyer 2004, Sp. 1028; Steinmann/Schreyögg 2005, S. 710f.):

▪ Aus der *funktionalistischen Perspektive* ist Kultur eine von mehreren objektiven, deskriptiven Variablen wie etwa Struktur oder Technologie (vgl. auch Siehl/Martin 1990, S. 274). Diese Sichtweise betrachtet zudem Kultur unter dem Aspekt ihres Leistungsbeitrags für den organisationalen Erfolg. Dabei wird angenommen, dass Organisationen Kulturen herausbilden, um bestimmte Probleme zu lösen. Solche organisatorischen Probleme können die Identifikation und Integration, aber auch die Reduktion von Unsicherheit und Ambiguität sein (vgl. Schein 1992). Dieser Auffassung zufolge kann Kultur mit herkömmlichen Methoden quantitativer Sozialforschung untersucht werden (nomothetischer Forschungsansatz).

▪ Im Gegensatz dazu sieht die in der anthropologischen Tradition stehende *symbolische Perspektive* Kultur als Interpretationsmuster, mit dem sich Organisationsmitglieder die Welt erschließen können und an dem sie ihr Handeln ausrichten können. Kultur ist damit ein selbst entwickeltes Netz von Deutungsmustern (vgl. Geertz 1983), aus dem sich eine Sinngemeinschaft ergibt. Die organisatorische Welt entfaltet sich also erst vor dem Hintergrund einer symbolischen Konstruktion. Kultur ist damit ein individuelles, ideelles Konstrukt, das weder fassbar noch konkret beobachtbar ist, sondern nur auf verstehendem Weg erschlossen werden kann (ideographischer Forschungsansatz).

In der ersten Sichtweise *haben* Organisationen also eine Kultur, während in der zweiten Sichtweise Organisationen eine Kultur *sind* (vgl. Staehle 1999, S. 498). Dabei verbergen sich hinter jeder Sichtweise nicht nur gravierende forschungsmethodische Differenzen, sondern auch Unterschiede im Hinblick auf die Gestaltungsfrage (vgl. dazu Mayrhofer/Meyer 2004, Sp. 1028): Während die von der funktionalistischen Sichtweise geprägten „Interventionisten" oder „Kulturingenieure" (z.B. Pümpin/Kobi/Wüthrich 1985), davon ausgeht, dass Kultur ähnlich wie die Führungsinstrumente einsetzen lässt und wie andere Variablen auch intentional beeinflussbar ist, halten die „Kulturalisten" der symbolisch-interpretativen Sichtweise (z.b. Smircich 1983) dagegen, dass Kultur eine organisch gewachsene Lebenswelt ist und sich einer Einflussnahmen vollständig entzieht (vgl. Schreyögg 1992, Sp. 1534). Dabei hält die symbolische Sichtweise nicht nur die Absicht, eine Kultur „machen" zu können für naiv, sondern wendet dagegen auch schwerwiegende normative Bedenken ein (vgl. Ulrich 1984). Jedoch können auch über ein symbolisches Management, Organisationsmitglieder über die Bedeutung symbolischer Ressourcen mobilisiert werden (vgl. auch Mayrhofer/Meyer 2004, Sp. 1029).

Aus einer anders begründeten, skeptischen Position wird – vor allem mit Bezug auf die Systemtheorie – argumentiert, dass kulturelle Veränderungen ein Emergenzphänomen darstellen, d.h. sich nur eigendynamisch und im Rahmen von Selbstorganisationsprozessen ergeben (vgl. Klimecki/Probst 1990). Kultur gehört damit zu den unhinterfragten Entscheidungs- und Handlungsprämissen, über die – z.b. im Gegensatz zu Strategien – die Organisation selbst nicht absichtsvoll entscheiden kann (vgl. Luhmann 2000, S. 240f.). Schließlich besteht eine vermittelnde Position darin, dass zwar gezielte Anstöße zu einer Kulturveränderung gegeben werden können, der auf Basis dieser Impulse ablaufende Prozess allerdings ergebnisoffen ist (vgl. Schreyögg 1992, Sp. 1535). Mit Hilfe einer Beschreibung und kritischen Analyse der bestehenden Kultur können demnach Anstöße zu einer „Kurskorrektur" gegeben werden. Dies kann unter anderem dadurch geschehen, dass verkrustete Muster mit dem Verweis auf ihre problematischen Wirkungen bewusst gemacht werden und durch „Gegenkulturen" aufgelockert werden, wobei deutliche Plädoyers für neue Werte die Sinnhaftigkeit neuer Sichtweisen demonstrieren (vgl. Martin/Siehl 1983).

Vor diesem Hintergrund ist insgesamt bei den Versuchen einer Kultivierung bzw. eines Kulturmanagements von einer nur bedingten Steuerbarkeit solcher Vorgänge auszugehen. Gleichwohl ist bei aller Bedingtheit der auf kulturelle Zusammenhänge abzielenden Beeinflussungsversuche dennoch gleichzeitig die Notwendigkeit eines aktiven, gestalterischen Umgangs damit gegeben. Diese Notwendigkeit einer Gestaltung der Organisationskultur lässt sich generell aus zwei Perspektiven erklären, nämlich (vgl. Kuhn 2000, S. 118f):

- aus *konkurrenzbezogener Sicht*; d.h. Organisationen (v.a. Unternehmen) mit einer vergleichsweise „schlechten" Kultur haben gegenüber ihren Konkurrenten mit einer vergleichsweise „besseren" Kultur einen Wettbewerbsnachteil und sind unter sonst gleichen Bedingungen geradezu gezwungen, „kulturell" aufzuholen und zumindest gleichzuziehen.

- aus *koordinationsbezogener Sicht*; d.h. Organisationen, die über eine passende, „starke" Kultur verfügen, dürfen mit einer weit reichenden Selbstkoordination ihrer internen Aktivitäten rechnen und benötigen daher einen entsprechend geringeren Einsatz anderweitiger (Fremd-)Koordinationsinstrumente.

Die praktisch bedeutsame Frage, wie eine Organisationsleitung Einfluss auf die Organisationskultur nehmen kann und also eine „schlechte" Kultur in eine „besse-re" überführen bzw. aus einer einigermaßen „guten" in eine „exzellente" Kultur machen kann, ist allerdings sehr umstritten. Folgt man den einschlägigen Überlegungen zum Kultur-Management (vgl. z.b. Peters/Waterman 1983, Bleicher 1992, Kuhn 2000, Schmelcher/Witte/Linxweiler 2002, Neubauer 2003, Sackmann 2004), dann ist Kulturgestaltung grundsätzlich prozessual zu verstehen und zu verfolgen. Die wesentlichen Schritte eines solchen Kultur-Management-Prozesses lauten dabei wie folgt:

- *Erster Schritt: Auseinandersetzung mit der Organisationskultur:* Dies verweist auf den Umstand, dass die Kultur und ihre Bedeutung als Erfolgsfaktor häufig unterschätzt oder zumindest doch vernachlässigt wird, Organisationsleitungen sich also oft erst dann mit Fragen der Kulturgestaltung auseinander setzen, wenn erfolgsgefährdende Krisen das Thema Kultur als Problemursache und/oder als Lösungsperspektive ins Bewusstsein rücken. Die Auseinandersetzung mit Organisationskultur sollte von daher idealerweise kontinuierlich erfolgen, was auch die Erfolgsaussichten eines Kultur-Managements wesentlich steigert (vgl. Sackmann 2004, S. 182f).

- *Zweiter Schritt: Diagnose der Ist-Kultur:* Unabhängig davon, ob der Kulturwandel nun dauerhaft begleitet oder spontan angestrebt wird, für ein zielführendes Kultur-Management bedarf es in jedem Falle einer möglichst genauen Bestimmung sowie einer verhaltens- und erfolgsbezogenen Bewertung der gegebenen (Ist-)Kultur. Wie zuvor bereits angedeutet, ist die Erfassung der Organisationskultur ein schwieriges Unterfangen, weil Kultur ein komplexes Phänomen mit verschiedenen Dimensionen und Ebenen darstellt. Somit müssen Erfassungsversuche zunächst bei den sichtbaren Elementen (Artefakten) ansetzen um sich von diesen ausgehend den Weg zu den zentralen Werten und – soweit möglich – zu den grundlegenden Annahmen der Organisationsmitglieder zu bahnen. Zur Bewältigung dieser Aufgabe sind von Seiten der Managementlehre sowie auch von Unternehmensberatungen zahlreiche Ansätze entwickelt worden, die zur Diagnose der Organisationskultur beitragen sollen. Hierbei wird sehr häufig in Dichotomien, d.h. in entgegen gesetzten Begriffspaaren gesprochen. Eine Organisationskultur kann demnach als „gut", „stark", „gesund" oder „exzellent", oder eben auch als „schlecht", „schwach" oder „pathologisch" bewertet werden.

- *Dritter Schritt: Bestimmung der Soll-Kultur:* Hierzu bestehen unterschiedlichste Möglichkeiten und Methoden. Anzufügen bleibt dabei allerdings, dass eine definierte und anvisierte Soll-Kultur sich notwendigerweise in einer offiziellen und formalen Form präsentieren muss. Dies geschieht üblicherweise in Form von organisationalen Leitbildern und Leitlinien. Diese können sich auf die zentralen – zumeist in wirtschaftlicher, sozialer und ökologischer Hinsicht unterschiedenen – Organisationsziele konzentrieren, sie können aber auch abgeleitete Subziele präzisieren (z.b. Umweltleitlinien, Mitarbeiterleitbilder, Führungsgrundsätze).

- *Vierter Schritt: Veränderung der Kultur:* Die in dieser Phase des Kultur-Managements angestrebte Überwindung des „culture-gap" zwischen Soll und Ist stellt pragmatisch den womöglich schwierigsten Teil des Kulturgestaltungsprozesses dar. Als zielführendes Handlungskonzept gilt dabei v.a. der Einsatz von Kultur-Trägern. Gemeint ist hiermit konkret die Forderung, dass die verantwortliche Organisationsleitung sowie die Führungskräfte in der Linie die erwünschten Verhaltensweisen nicht nur kommunikativ vermitteln, sondern zudem auch beispielhaft (z.b. symbolisch) vorleben sollen. Nur im Falle einer solchen Entsprechung von Worten und Taten, so die These, greifen Lernmechanismen und kommt es zu einer Werte- und Verhaltensübernahme seitens der Mitarbeiter (vgl. Sackmann 2004, S. 41). Unternehmensleitung und Führungskräfte haben damit eine Multiplikatoren- und Rollenmodellfunktion im Rahmen eines Kulturwandels; sie erscheinen gleichsam als die wichtigsten „Kulturschaffenden" innerhalb der Organisation, die mit ihrem Vorbild die anderen Mitglieder „anstecken" sollen.

Daneben soll die Unternehmenskultur aber auch über den Einsatz von Kultur-Gestaltungsinstrumenten beeinflusst werden. Eingefordert ist damit eine sozusagen kulturelle „Justierung" des personalwirtschaftlichen Instrumentariums, etwa im Sinne einer „Kulturverträglichkeits-Prüfung" im Rahmen der Personalauswahl, von „Kulturvermittlungs-Seminaren" im Rahmen der Personalentwicklung, von „Kulturanpassungs-Kontrollen" im Rahmen der Personalbeurteilung sowie von „Kulturübernahme-Sanktionierungen" im Rahmen der Personalbelohnung und Personalfreisetzung. In Ergänzung dieser Vorstellungen zeigt die folgende Liste weitere mögliche Ansatzpunkte für eine Kulturveränderung:

- Entwicklung einer missionarischen Stimmung zur Zukunftsbewältigung

- Schaffen eines gemeinsam verbindenden Bandes einer Unternehmensidentität

- Schaffen eines akzeptablen Gleichgewichtes von explizit-harten und implizit weichen Faktoren im Management

- Auswahl von Persönlichkeiten mit zukunftstragenden Wertvorstellungen und ihrem Einsatz in kultursensiblen Positionen mit hoher symbolischer Sichtbarkeit

- Pflege subkultureller Inseln mit progressiven unternehmerischen Einstellungen und entwickle sie weiter

- Verpflanzung stark symbolischer Führer in Nester des Widerstandes gegen Veränderungen

- Dissemination und Rotation von Trägern sowohl positiver wie negativer Werthaltungen

- Anpassung von Anreiz- und Belohnungssystemen derart, dass sie Wissen, Können und Einstellungen in eine zukunftsorientierte Richtung lenken

- Schaffen eines Bewusstseins für die Kraft symbolischer Wirkung in allen Aktionen und Versuch, ein eindeutiges, konsistentes und berechenbares Verhalten vorzuzeigen

---

Abbildung 17: Ansatzpunkte für eine Kulturentwicklung (vgl. Bleicher 1992, Sp. 2249)

Ob man sich der Auffassung anschließt, dass Organisation entweder Kultur hat oder Kultur ist, hat dabei entscheidende Folgen für die Vorstellung eines Kulturmanagements und einer Kultivierung. Während im ersten Fall eine gezielte Fremd-Kultivierung betrieben werden kann, folgt aus dem letzteren Fall, dass nur eine ungeplante Selbst-Kultivierung im Sinne eines Emergenzphänomens möglich ist (vgl. Mayrhofer/Meyer 2004, Sp. 1029). Ein Kulturentwicklungsprozess ist allerdings grundsätzlich sehr eingeschränkt steuerbar, da sich aufgrund des komplexen Charakters von Organisationskulturen aus den wie auch immer gearteten Anstößen zur Kulturveränderung vielfach ganz überraschende und nicht planbare Wirkungen bzw. unvorhersehbare Nebenfolgen ergeben können (vgl. Schreyögg 1992, Sp. 1535). Ein gezielter Eingriff aus einer „objektiven" Position heraus erscheint auch deswegen schwer, weil Kultur einen umfassenden Einfluss auf Managemententscheidungen hat. Schein (1992) zufolge gibt es folglich kein „kulturfreies Managementkonzept und deswegen auch kaum eine Möglichkeit einer Steuerung von Organisationskultur nach Maßgabe des Unternehmenserfolgs. Diese Kulturgebundenheit von Management, die in ihrer derzeit intensiv betriebenen Analyse der landeskulturellen Dimension unter dem Blickwinkel einer interkulturell vergleichenden

Managementforschung die kulturgebundenen Prämissen analysiert und offen legt (vgl. z.B. Weibler/Wunderer 2007), lässt sich aber auch anders auffassen. Eine etwas weitergehendere Vorstellung auf Basis der Kulturgebundenheit besteht darin, das Management selbst als Kulturentwicklung zu definieren (vgl. Walter-Busch 1996, S. 262). So unterscheidet Ulrich (1984) zwei verschiedene Dimensionen des Organisationsgeschehens und der Managementpraxis:

	Management als Systemsteuerung	Management als Kulturentwicklung
allgemeine Prämissen	Unternehmung als... - soziotechnisches System - spezialisiertes Subsystem der Gesellschaft - funktional zu rationalisierendes System	Unternehmung als... - soziokulturelle Institution - soziale Lebenswelt - kommunikativ zu rationalisierende Lebenswelt
managementtheoretische Prämissen	Managementziele, -konzepte und -methoden: - Komplexitätsbeherrschung - Informationsverarbeitung - Sozialtechnologie - funktionale Systemintegration - Aufbau strategischer Erfolgs- und operativer Leistungspotentiale - Informations-, Entscheidungs-, Organisations-, Führungs-, Kontrolltechniken	Ziele, Konzepte und Methoden des Managements: - Sinnvermittlung und Sinnverständigung - Traditionsentwicklung - soziale Interaktion - normative Sozialintegration - Aufbau symbolischer Sinn- und kommunikativer - Verständigungspotentiale - symbolisches Handeln, argumentative Konsensfindung, dialogische Ansätze der Team-, Organisations- und Strategieentwicklung

Abbildung 18:   Management als Systemsteuerung und Kulturentwicklung (vgl. Ulrich 1984; in der Darstellung von Walter-Busch 1996, S. 263, gekürzt)

Bezug nehmend auf die Kommunikationstheorie von Habermas (1981) werden dabei zwei verschiedene Koordinationsmodi dieser Unterscheidung zugrunde gelegt, nämlich das erfolgsorientierte Handeln einerseits und das verständigungsorientierte Handeln andererseits (vgl. dazu Steinmann/Schreyögg 2005, S. 87): Der erste Koordinationsmodus zielt dabei auf eine Verständigung über die anzustrebenden Ziele und die dazu zu verwendenden Mittel. Der Handelnde geht bei einer Erfolgsorientierung mit nicht-sozialen Objekten instrumentell und mit sozialen Erscheinungen strategisch um (vgl. Walter-Busch 1996, S. 263). Dabei verfolgt er eine subjektive (Handlungs-)Rationalität, indem er nach Maßgabe seiner Präferenzen und in Anbetracht seines Wissens über Mitteln seinen Nutzen in der gegebenen Situation durch die Wahl optimaler Mittel maximiert. Demgegenüber umfasst der zweite Koordinationsmodus Anpassungsprozesse der Individuen für ihr zukunftsbezogenes Handeln auf der Basis beobachteter Handlungswirkungen in der Vergangenheit. Bei einer Verständigungsorientierung werden die Zielvorstellungen und das Wissen aller Betroffenen in Argumentationsprozessen abgewogen und eine freiwillige, konsensuale Einigung über Ziele und Mittel erzielt. Die Basis dafür sind gemeinsam gefundene gute Gründe, die nur über das Medium der Sprache zustande kommen können (kommunikative Rationalität).

Bei dem Versuch der Anwendung der Gestaltungsempfehlungen eines Kulturmanagement bzw. der Implementation des Integrationsprinzips der Kultivierung zeigten sich bald erste Schwierigkeiten und Grenzen. Denn Erfahrungen aus der Praxis lehren, dass es bei Versuchen einer gezielten Veränderung der Organisationskultur bzw. der Kultivierung einer Organisation immer wieder zu typischen Fehlern kommt, die einem tatsächlichen Kulturwandel entgegenwirken. Als solche „Fallstricke" sind zu nennen (vgl. Davies 1984, Neubauer 2003, S. 164ff.):

- „*Nicht-Ereignis*", d.h. alle Organisationsmitglieder werden über einen geplanten Kulturwandel informiert - und hören im Weiteren dann aber nichts mehr hierüber.
- „*Zynismus*", d.h. die Organisationsleitung verkündet die neuen Werte – und verzichtet im Weiteren darauf, diese neuen Werte in eigenen Entscheidungen und Handlungen zugrunde zu legen.
- „*Schneller Erfolg*", d.h. die Organisationsleitung hegt überzogene Erwartungen an die „Implementierung" der neuen Werte und verliert das Ziel vorschnell wieder aus den Augen.
- „*Nichts sagende Leitsätze*", d.h. die kulturellen Leitsätze sind ohne spezifischen Bezug zur jeweiligen Organisation, mithin beliebig und entsprechend ohne Wirkung auf das Denken und Handeln der Organisationsmitglieder.

Neben diesen pragmatischen Fehlern bei der Umsetzung eines geplanten Kultur-Managements (vgl. auch Schüppel 1996, S. 293) werden häufig auch – v.a. von wissenschaftlicher Seite – programmatische Bedenken bezüglich der Möglichkeit einer gezielten (top-down) Gestaltung der Organisationskultur geäußert. Argumentiert wird dabei insbesondere in folgenden Bezügen:

- *Zeitlicher Bezug:* Hier wird darauf verwiesen, dass sich bestehende Organisationskulturen regelmäßig über einen langen Zeitraum entwickelt haben und dass es unrealistisch ist, einen Kulturwandel kurz- oder auch nur mittelfristig herbeiführen zu wollen (vgl. Schreyögg 1991, S. 208).

- *Gesellschaftlicher Bezug:* Hier wird herausgestellt, dass Organisationsmitglieder immer auch von anderen (nichtorganisationsspezifischen) Werten geprägt sind, sodass neue organisationskulturelle Werte nicht einfach übernommen, sondern stets vor dem Hintergrund anderer (lebensweltlicher) Werte reflektiert und relativiert werden (vgl. Kuhn 2000, S. 125f).

- *Hierarchischer Bezug:* Hier wird betont, dass die Organisationskultur letztlich „das Eigentum" aller Organisationsmitglieder sei und es von daher unmöglich sei, dass eine kleine Gruppe von Managern sich der Kultur „bemächtigt" (vgl. Foy 1994, S. XVI).

- *Ethisch-normativer Bezug:* Hier wird zu Bedenken gegeben, dass ein Kulturmanagement auf eine Manipulation und Funktionalisierung menschlicher Werte hinausläuft und die Legitimation für ein solches Vorgehen fraglich ist (vgl. Weber/Mayrhofer 1988, S. 563; Ulrich 1990).

Obwohl der Organisationskulturansatz und seine Idee der Kultivierung im Vergleich zu den zuvor vorgestellten Integrationsformen und -prinzipien noch vergleichsweise jung sind, sah er sich bald ebenso einer umfassenden und vielfältigen Kritik ausgesetzt, die im Lauf der Zeit und in Anbetracht der nicht unerheblichen Schwierigkeiten der Erforschung und Erfassung von Kulturen und der ausbleibenden Erfolge eines instrumentell orientierten Kulturmanagements eher noch zunahm. Ein Schwerpunkt der Kritik entzündete sich dabei zweifellos an der Frage der Kultur als Gestaltungsvariable bzw. der Gestaltbarkeit von Kultur. So wurde kritisch angemerkt, dass es bei allem Verständnis für den unbedingten Glauben von Unternehmensberatern an die Veränderbarkeit und Formbarkeit von Kulturen und den Möglichkeiten eines Kulturmanagements (vgl. auch Staehle 1999, S. 517) doch unverständlich sei, dass sich die Wissenschaft dem „Sirenengesang der Gestaltbarkeit" aus der Praxis – wider bessern Wissens – dennoch oft genug nicht entziehen konnte (vgl. Mayrhofer/Meyer 2004, Sp. 1029). Dabei darf aber nicht vergessen werden, dass gerade die symbolische Perspektive in ihrer Wertschätzung für intakte lebensweltliche Gemeinschaften versucht hat, die Organisationskultur als „kostbares Traditionsgut" vor dem „profanen Zugriff einer ingenieursmäßigen Gestaltungsrationalität" zu schützen (vgl. Schreyögg 1992, Sp. 1535).

Erhebliche Kritik setzte auch an den Vorstellungen der Kohärenz und Homogenität von Kulturen an: Denn in modernen Gesellschaften sind kaum noch einheitliche Kulturen zu erwarten, sondern eher ein Nebeneinander von verschiedenen Symbol- und Wertsystemen (vgl. Dierkes 1988, S. 563). Obwohl sich in gesellschaftlichen Subsystemen (z.b. der Wirtschaft) und im Kontext von Organisationen durchaus bestimmte Leitwerte herausbilden können, herrscht dennoch eine große Vielfalt, die nicht ohne weiteres im organisationalen Binnenverhältnis einfach zu einer Organisationskultur homogenisiert werden kann. Damit enthält das Kultur-Konzept eine paradoxe Komponente, die bis an die Unmöglichkeit der Umsetzung heranreicht, da hierbei sozusagen zusammenwachsen soll, was eigentlich nicht zusammen gehört (vgl. Kühl 1998, S. 155). Die damit verbundene Überbetonung von Gemeinsamkeiten verschleiert Interessengegensätze und Machtunterschiede aber nur und erklärt Konflikte in einer unzureichenden Sichtweise zu einem störenden und dysfunktionalen Phänomen (vgl. Weber/Mayrhofer 1988, S. 561). Der produktive Wert von Differenzen und Dissonanzen für Organisationen gerät dabei leicht aus dem Blickfeld und gibt einem naiven Harmonismus und einem problematischen Totalitarismus eines fest gefügten und geschlossenen Gemeinschaftszusammenhangs Raum. Solche Vergemeinschaftungs- und Vereinnahmungsstrategien (vgl. Krell 1993) werden auch deswegen mit einiger Skepsis betrachtet, da sie vom Eigensinn und Eigenwert der Subjekte absehen und Gemeinsinn und Gemeinschaftswerten prinzipiell den Vorrang geben. Eine Wechselseitigkeit der Integration ist damit aber nur noch bedingt gegeben, weil das Individuum unter Preisgabe von Teilen seiner Besonderheiten vorwiegend vergemeinschaftet wird.

Ein anderer Teil der Kritik setzt an den interventionistischen und verwertungsbezogenen Denkansätzen in der Organisationskultur-Diskussion an: Hierbei wird kritisiert, dass hiermit eine Instrumentalisierung und Ideologisierung von Kultur betrieben wird, aus der sich in der Folge ein Zerfall in eine „Belegschaftskultur" und eine „Firmenideologie" ergäbe (vgl. Wittel 1997). Die Fokussierung auf Führungskräfte (Manager) liefe letztlich auf einen „kulturellen Imperialismus des Managements" (Deutschmann 1989) hinaus, das bestimmt, was die richtige, starke und gesunde und vor allem erfolgsträchtige wie profitable Kultur ausmacht. Subtilere Sozialtechniken der Verhaltenssteuerung und Organisationskultur als raffinierte (Bewusstseins-)Kontrolle des Managements und Ausweitung der Hegemonie des Kapitals werden auf bislang unberührte, als unverfügbar gedachte Bereiche des menschlichen Daseins ausgedehnt (vgl. Kühl 1998, S. 155). Dadurch kommt es zu einer „strategischen Instrumentalisierung der Subjektivität der Arbeitenden" und einer weitere „Entgrenzung der Arbeit" (vgl. Kratzer 2003), mit der immer neue Potenziale und Reserven freigesetzt und nutzbar gemacht werden sollen. Ganz ähnlich wie bei der Extensivierung des hierarchischen Prinzips (vgl. Kapitel 2.1.1), werden so Unterordnungszwänge entpersonalisiert und subtil zu System- oder Gruppenzwängen umgewandelt, denen sich der Einzelne nur noch schwerer entziehen kann. Die Ganzheitlichkeit von Kultur kann damit genutzt werden, die „Ressource Individuum" für ökonomische Zwecke „ganzheitlicher" und damit noch effektiver zu nutzen (vgl. Stolz/Türk 1992, Sp. 843).

Die kollektive Programmierung des Geistes reicht schließlich soweit, dass über kulturell-vermittelte Selbstorganisations-Ideologien Beschäftigte zum „Taylor in eigener Sache" (vgl. auch Kieser 1994, S. 220) gemacht werden. Jedoch wird nur eine Form der Fremdsteuerung für eine letztendliche Fremdorganisation der Selbstkoordination und -strukturierung benützt (vgl. kritisch Kieser 1994). Der „Preis der Anerkennung" (Kocyba 2000) von Beschäftigten nach langer tayloristischer Missachtung als vermeintlich gleichwertigen Subjekten und gleichrangigen (Selbst-)Managern kann freilich hoch sein und im Extremfall bis zu einer unbewusst gesteuerten Selbstausbeutung reichen. Das Problem des Taylorismus, der aus tiefen Misstrauen heraus einen Vollzug der Aufgaben in größtmöglicher Isolation vorsah (vgl. Freedman 1992, S. 28), wird durch eine oberflächliche Vertrauenskultur, bei der darauf vertraut wird, dass jeder Mitarbeiter schon von sich aus tut, was kulturell-allgemeinverbindlich fremddefiniert wurde, nur scheinbar überwunden. Programme zur Kulturgestaltung wie Kulturvermittlung können also zu einem unfassbar weit reichenden Beherrschungsinstrument ausgeformt werden (vgl. auch Morgan 2000). So stellt vor allem die symbolische Kommunikation eine verschlüsselte Kommunikation dar und kann daher leicht für manipulative Zwecke missbraucht werden (vgl. auch Schreyögg 1992, Sp. 1535). Vor diesem Hintergrund erweist sich selbst das zurückhaltende Vorgehen das symbolisch-interpretativen Ansatzes als durchaus folgenschwer: Indem er Symbole verstehbar macht, erschließt er einen nicht unproblematischen Zugang und eröffnet damit – wenn auch ungewollt – potenziell noch weit bedenklichere Einflusswege als eine funktionalistische Kulturtechnologie auf der Artefaktebene.

Als problematisch erscheint auch die Idee einer Einheitskultur, die von einem (Macht-)Zentrum ausgeht und homogenisierend wirkt. Denn eine zentralistische, von oben verordnete Organisationskultur verfehlt ihren integrativen Zweck, wenn sie nicht auf der Zustimmung von Subkulturen, Statusgruppen und einzelnen Mitarbeitern basiert. Ob zentral-verordnete Kulturen aber wirklich „funktionieren", kann bezweifelt werden, da Kultur zwar (auch) in der Organisation „produziert" wird, aber eher aus kondensierten Kommunikationen des Alltags bzw. Verständigungen der Organisationsmitglieder über die Wahrnehmung der Wirklichkeit und nicht aus Entscheidungen besteht (vgl. Mayrhofer/Meyer 2004, Sp. 1029). Tradiertes kulturelles Wissen fungiert dabei als Selektions- und Interpretationsfilter, der die Aufmerksamkeit steuert und der Informationsverarbeitung dient (vgl. Neubauer 2003, S. 66). Aus der Menge aller vorliegenden Informationen werden diejenigen aufgriffen, die vor dem Hintergrund der eigenen Kultur auch „Sinn" machen, während andere Informationen unbemerkt bleiben. Die bewusstseinsprägende und damit auch handlungsleitende Kraft von Kultur liegt damit eher in der Vermittlung einer Weltsicht, die aber keineswegs einer realen Problemlage entsprechen muss und so auch verzerrt wie verzerrend (d.h. pathologisch) sein kann. Damit kann eine Organisationskultur von einem Erfolgsfaktor auch zu einer Falle im Sinne einer ideologisch geschlossenen Weltanschauung werden. Somit ist die Organisationskultur ein ambivalentes Phänomen, das Individuen fest „zusammenschweißen" kann, aber auch deren Realitätssinn aufweichen kann.

Mit einer Kulturperspektive geht die Gefahr einer Vernachlässigung „harter" Aspekte der (Organisations-)Realität einher (vgl. Weber/Mayrhofer 1988, S. 561). Dies zeigt sich besonders in der plakativen und oberflächlichen Nutzung des Kulturbegriffs durch die Verwendung eingängiger Leitbilder, die Vermittlung eines ansprechenden „Images" oder inhaltsleerer Zeremonien. Durch Hochglanzbroschüren wird ein glänzender Anschein erweckt und durch „Sonntagsreden" vom profanen Alltag abgelenkt: Dazu werden Mitarbeiter gerne mit wahren „Orgien humanistischer Prosa" überschüttet und das „Hohelied" von Zusammenhalt, Kooperationsbereitschaft und Verantwortung gesungen (vgl. Kühl 1998, S. 154). Der Kulturbegriff degeneriert hier leicht zur Phrase, die als Ablenkung und Alibi dient und damit Strukturprobleme verschleiert oder systembedingte Ungerechtigkeiten verdecken hilft. Dazu kommt, dass Kultivierungsanstrengungen und Kulturmanagementkonzepte oft mehr von Machbarkeitsphantasien und Wunschdenken geleitet werden, als dass sie von Wahrheit und Wirklichkeitssinn geprägt sind. Damit droht auch die Organisationskulturdebatte zu einem „kosmetischen Palaver" und in einer ähnlich gefährlichen Harmlosigkeit zu einer „Neuauflage der Human-Relations-Bemühungen" zu verkommen (vgl. Weber/Mayrhofer 1988, S. 561).

Der besondere Wert von Kultur für das Verständnis wie auch die Gestaltung des Organisationsgeschehens liegt darin, dass sie formale und informelle Aspekte der Organisation in sich vereint. Kultur umfasst gegenständliche Artefakte wie schwer fassliche Symbole, expressive Riten wie implizite Werte. Vielmehr noch als dem Human Relations-Ansatz gelang es damit dem Organisationskulturansatz eine wechselseitige Integrationsform herauszubilden, bei der sich subjektive und objektive Seiten über den Weg der Enkulturation des Individuums und das Zusammenspiel von Identität und Handlung sowie Bild und Bedeutung annähern können (vgl. insbesondere Hatch 1993, S. 685). Wechselseitig ist die Integration deswegen, weil das Individuum als Teil einer Organisationskultur nicht nur deren passiver Kulturträger ist, sondern im Sinne des interaktiven Aspekts von Kultur auch immer ein Mitgestalter von Kultur ist. Da es sich bei Kultur eben nicht um eine „Diktatur" kollektiv verbindlicher Werte, Normen und Symbole handelt, sondern um das Ergebnis sozialer Konstruktionen (vgl. Kühl 1998, S. 154), kann sich das Individuum auch konstruktiv einbringen. Dies wird erleichtert durch die tendenzielle Offenheit und Dynamik von Kultur, die eine Anpassung erlaubt und so auch individuelle Absichten, Bedürfnisse und Wünsche aufzunehmen vermag.

Wissenschaftlich gesehen ist die Entstehung des Organisationskulturkonzepts mit spezifischen Defiziten und Einseitigkeiten verbunden, die von Theoretikern wie

Praktikern gleichermaßen empfunden wurden (vgl. Mayrhofer/Meyer 2004, Sp. 1026). So bildet das Kulturkonzept ein Gegengewicht zur Dominanz positivistischer und stark quantifizierender Organisationsforschung und steht teilweise in erklärtem Widerspruch zum funktionalistischen Denkansatz (vgl. Kapitel 2.1.2) bzw. dem funktionalistischen Paradigma der Organisationswissenschaft (vgl. Staehle 1999, S. 498). Damit ist der Organisationskulturansatz zugleich eine Kritik am herkömmlichen analytischen Rationalitätsbegriff (vgl. Quinn 1988, Küpers/Weibler 2005, S. 22). Dementsprechend wird organisationale Rationalität nicht mehr als das Ergebnis optimaler Entscheidungsfindung gesehen, sondern als Bewältigung einer Vielzahl von organisatorischen Prozessen, wozu auch eine Traditionspflege oder das Wecken von Emotionen gehören können (vgl. Steinmann/Schreyögg 2005, S. 710). Dadurch gewinnen etwa die Erfahrungsverarbeitung, der Einbezug von Geschichten oder die Entwicklung spezifischer, impliziter Kompetenzen jenseits einer analytischen Durchdringbarkeit an Bedeutung. Auf diese Weise nimmt ein organisationskultureller Zugang eine ganzheitliche Sicht von Organisationsphänomenen ein, die die Vielschichtigkeit und Komplexität des Organisationsgeschehens besser berücksichtigt, ein prozessuales Denken befördert und der Wechselwirksamkeit der Elemente von Organisationen Rechnung trägt (vgl. auch Weber/Mayrhofer 1988, S. 62). Hierin liegt auch die Chance, weitere „weiche" Faktoren wie Intuition oder Improvisation (vgl. Weick 1985, Schanz 1997, Lehner 2004) zum Gegenstand von Analysen machen zu können und Sinn- und Deutungsfragen untersuchen zu können, um die Vieldeutigkeit des Organisationsgeschehens besser zu verstehen (vgl. Weick 1995, Walter-Busch 2004).

Zusammenfassend betrachtet vollzieht sich aus der Perspektive des Kulturansatzes eine Integration vorwiegend über eine „Kultivierung" sozialer Sinn- und Orientierungsmuster. Demnach bietet die Kultur einen relativ stabilen Orientierungsrahmen zur Integration der Mitarbeiter. Als soziale wie kulturell geprägte Wesen sprechen Menschen kulturell erzeugte Sinnangebote wie auch kollektive Einbettungsmöglichkeiten in (Werte-)Gemeinschaften an. So sind Organisationsmitglieder neben einer vielfältigen und herausfordernden Arbeit an sozialen informalen Kontakten und einem als sinnhaft erlebten Handlungszusammenhang interessiert, reagieren auf entsprechende Gestaltungsformen motiviert und engagiert. In Anbetracht zunehmender Pluralität und Heterogenität des Personals und daraus entstehender diverser Subkulturen ist es daher wichtig, dass gemeinsame, übergreifende Orientierungsmuster ein Mindestmaß an Homogenität und Kohäsion sicherstellen (vgl. Trice/Beyer 1993, S. 184). Demgegenüber steht der emergente Charakter von Organisationskulturen, wonach sie keine wohlstrukturierten Gebilde sind, sondern miteinander verflochtene symbolische Konstruktionen und wandelnde Prozesse, die immer in ihrer multi-kausalen und systemischen Vernetzung zu sehen sind. Ferner sind Kulturen komplexe Hybridgebilde aus formalen und informalen Elementen mit durchaus ambivalenten Konsequenzen. Deswegen ist vor einer kulturalistischen Überschätzung von Kulturen als organisch gewachsenen Lebenswelten zu warnen, die Kulturen in den Status eines Naturereignisses erhebt oder deren Gegebenheit als Status-quo affirmiert (Kulturdetermismus). Auch wenn es so scheinen, mag sind Organisationskulturen keine Naturgewalten, sondern letztlich nur Schöpfungen menschlichen Handelns, denen man – wie anderen schöpferischen Erzeugnissen auch – mit einiger kritischer Distanz begegnen sollte (vgl. Schreyögg 1992, Sp. 1535).

2.3 Zusammenfassende Beurteilung

Das unauflösbare Dilemma zwischen individuellen Bedürfnissen und organisationalen Erfordernissen ist ein grundlegendes Problem der Organisationsgestaltung und eine „ewige" Herausforderung für alle Führungskräfte (vgl. Argyris 1975, S. 233). Die im Organisationsprinzip liegende Zweckrationalität bringt es zwangsläufig mit sich, dass individuell höchst unterschiedliche Ziele von Organisationsmitgliedern gar nicht oder nur teilweise erfüllt werden können und Anlass für Frustration und Demotivation bieten (vgl. v. Rosenstiel 2000, S. 119). In diesem Kapitel haben wir einige zentrale traditionelle Grundformen der Integration von Individuen und der Organisation kennengelernt. Hierzu rechnen einerseits die einseitigen Integrationsformen wie die Hierarchisierung und Funktionalisierung. Integration wird hierbei paradoxerweise über Division erreicht. Dies zeigt sich an der weit reichenden Rollensegmentierung hierarchischer Strukturformen wie auch an der stark ausdifferenzierten Arbeitsteilung bzw. Spezialisierung der funktionalen Organisationsstrukturen. Der funktionale Zweck steuert dabei die Reintegration der stark segmentierten Rollen der einzelnen Aufgabenträger. Anderseits gibt es auch wechselseitige Integrationsformen wie die Beziehungsorientierung und die Kultivierung. Integration soll hier eher über Einigung erreicht werden und ist an Kriterien wie Kohärenz und Homogenität orientiert. Dies zeigt sich daran, dass versucht wird, ein Wir-Gefühl zwischen Führenden und Geführten, in Gruppen und auch für gesamte Organisationen zu erzeugen, mit dem Differenzen und Spannungen reduziert, wenn nicht gar harmonistisch aufgehoben werden sollen. Sie sind zudem bestrebt, als Konsequenz aus den Defiziten und Problemen einseitiger Integrationsformen im Sinne von Argyris (1975, S. 233), die empfundene Abhängigkeit, Untergeordnetheit und Unterwerfung des Individuums in der Arbeitssituation zu reduzieren, ohne jedoch zwangsläufig damit auch die Verhältnisse zu ändern.

Max Webers idealtypischer Beitrag zur Frage der Integration von Individuum und Organisation ist von hoher Ambivalenz und Widersprüchlichkeit gekennzeichnet: Einerseits bestimmt Weber zwar die systematische Ausgrenzung von Emotionen als Funktionsbedingung hierarchischer Ordnung; andererseits problematisiert er jedoch auch den reinen Formalismus kühler Sachlichkeit bürokratischer Verwaltungen. So erkannte er bereits frühzeitig, dass der Rationalisierungsprozess auf der Ebene der Institution letztlich ein „stahlhartes Gehäuse der Hörigkeit" (Weber 1976, S. 835) hervorbringt, das den Bewegungsspielraum der in der Bürokratie tätigen Menschen und auch den der Außenstehenden erheblich einengt. Dies umso mehr, als sozio-emotionale Komponenten keine oder eine unzureichende Beachtung bzw. Vereinahmung finden. Den Gefahren einer gefühllosen Organisation und „Pendantokratie" begegnet Weber mit der Forderung nach einem charismatischen Führer an der Spitze der Organisation. Dem bürokratisch-emotionslosen, als bloßen „Verwalter" agierenden Berufsbeamten, stellt er den Politiker als „echten" Führer Gegenüber. Dieser qualifiziert sich durch Leidenschaft, gekoppelt mit Verantwortungsgefühl und Augenmaß. Diese spannungsreiche Kontrastierung ist sicherlich ein sinnfälliger Ausdruck des Lebens und Werks von Max Weber, das mit den Worten „Leidenschaft und Disziplin" (Sukale 2002) prägnant beschrieben werden kann. Wie aber diese recht unterschiedlichen Eigenschaften miteinander zu vereinbaren bzw. zu integrieren sind, muss als eine teilweise offene Frage, wenn nicht gar als konzeptionelle Schwäche gelten.

Bürokratie ist heute zum Synonym für weitgehende Fremdbestimmung (vgl. Göbel 1998, S. 233) und für Ineffizienz geworden (vgl. Schreyögg 1999, S. 35). Problematisch an hierarchischen Bürokratie-Ansätzen ist auch, dass bei diesen einem geschlossenen System ausgegangen wird. Damit wird von der Situation, in der sich die Organisation befindet, abstrahiert, auch wenn der Einfluss des sozialen Kontexts auf die Form und Funktion von Organisationen in einem weiten Sinn berücksichtigt wird (vgl. auch Scott/Davis 2007, S. 52). Auf diese Weise sind aber Fragen der Veränderungen und des Wandels von Organisationen nur schwer zu aufzunehmen. Denn die strenge Regelbindung, die verengte Sicht auf intraorganisationale Beziehungen und die angenommene Stabilität und Gleichförmigkeit von Aufgaben ist in Situationen einer dynamischen Umwelt unangemessen und ineffizient (vgl. Göbel, 1998, S. 235; Schreyögg 1999, S. 35). Die bürokratisch-hierarchischen Organisationsprinzipien erheben zudem den Anspruch einer Generalität, ohne auf empirische Evidenz verweisen zu können oder kontextuelle Bedingungen genauer zu berücksichtigen. Insbesondere im Kontext erwerbswirtschaftlicher Organisationen hat sich die Bürokratie als wenig passend für die situativen Bedingungen der Geschäftstätigkeit, wie etwa des intensiven Wettbewerbs, der schnellen Reaktionsgeschwindigkeit oder der hohen Innovationskraft, erwiesen. Problematisch erscheint auch die Verabsolutierung des hierarchischen Ordnungsprinzips, das mit einer apriorischen Legitimierung gegen jede Kritik immunisiert wird und dessen instrumenteller Charakter zu Herrschaftssicherung verschleiert wird, wodurch Alternativen nicht thematisiert und Ungleichheiten festgeschrieben werden (vgl. Laske/Weiskopf 1992, Sp. 791f.).

Die durch die bürokratisch-hierarchische Integrationsform generierten Anpassungszwänge sind einseitig, weil sich ein Indivium (bzw. eine Gemeinschaft) an das System anpassen muss (Selbstbindung). Der Einzelne kann seine persönliche Rationalität letztlich nicht dauerhaft gegen ein übermächtiges rationales Organisationsgebilde behaupten (vgl. Göbel 1998, S. 235). Die Forderung nach strikt regelkonformem Verhalten führt weiterhin dazu, dass der Zweck von Regeln nicht mehr hinterfragt und absoluter Regelgehorsam zu einem Wert an sich wird. Hierdurch gelingt es nicht mehr, die Regeln an neue Verhältnisse anzupassen, was die alten Strukturen zunehmend verfestigt und konserviert. Auf diese Weise „versteinern" Bürokratien und hemmen den Fortschritt, so dass ihre Reform oder ihre Abschaffung notwendig werden (vgl. Kieser 2006a, S. 65). Dies formulierte bereits 1861 der englische Philosoph und Ökonom J. S. Mill in seinen „Considerations on Representative Government" wie folgt: „Die Krankheit, die die Bürokratien befällt und an der sie zugrunde gehen, ist die Routine. Eine Bürokratie wird unweigerlich zur Pedantokratie." Zu dieser Unbeweglichkeit trägt aber auch die Hierarchie in der bürokratischen Organisation bei, da sie als „heilige Ordnung" als unantastbar gilt. „Das Heilige ist das spezifisch Unveränderliche", schreibt Max Weber (1976, S. 231) dazu selbst. Die allgegenwärtigen Erfahrungen des Individuums mit hierarchisch strukturierten Institutionen während seiner Sozialisation bewirken nicht nur eine stillschweigende Akzeptanz dieses Ordnungsprinzips und eine beschleunigte Integration in Organisationshierarchien (vgl. Laske/Weiskopf 1992, Sp. 795), sondern machen es mit dieser Verankerung im Bereich des Selbstverständlichen und unhinterfragt Gegebenen auch weitgehend immun gegen Veränderungsabsichten.

Zum Problem einer fortschreitenden Rigidität und Starrheit kommt noch das Phänomen hinzu, dass Bürokratien sich fortgesetzt aufblähen (Parkinsonsche Gesetze), da sie mit immer neuen Regeln und Verfahren die Einhaltung der bisherigen Regeln und Verfahren überprüfen müssen. Hieraus erwachsen solche Diagnosen und Klagen, dass die bürokratische Ordnung ein Eigenleben mit hoher Selbstbezüglichkeit entwickelt und immer weiter „wuchert" bzw. um sich greift (vgl. Göbel 1998, S. 235). Hiermit ist nicht zuletzt gemeint, dass es ein unablässiges Streben nach Erhalt und Vermehrung der Anzahl der Verwaltungsbeamten/Sachbearbeiter gibt, das durch diese selbst getragen wird. Dahinter kann sowohl ein Interesse stehen, Aufgabengebiete auszudehnen, wie auch das Machtpotenzial in der Bürokratie durch eine Vermehrung der Untergebenen zu vergrößern. Zudem tendiert die Bürokratie auch zu einer Expansion nach außen, weil sie andere Organisationen wie eine Bürokratie behandelt und sie zwingt, ebenfalls bürokratisch zu werden (z.B. durch Verwendung von Formularen oder Einhaltung von Dienstwegen; vgl. die Isomorphiethese des Neo-Institutionalismus). Schließlich führt auch das Wachstum des Regelwerks zu jenen pathologischen Formen der Übersteuerung (vgl. Türk 1976), die auch von den Beteiligten nur noch über eine „brauchbare Illegalität" (Luhmann 1999, S. 304ff.) auf informalen oder regelwidrigen Weg bewältigt werden können. Vor diesem Hintergrund verwundert es nicht, dass die Bürokratie recht pauschal verurteilt oder bisweilen geradezu verdammt wird, was besonders in Unternehmen den Realitäten einer unausweichlichen oder gar notwendigen Bürokratisierung aber nicht gerecht wird. Die radikale Ablehnung der Bürokratie und die ostentative Distanzierung von bürokratisch-hierarchischen Steuerungsformen in Unternehmenslehre und -praxis ist deswegen oft nicht mehr als eine Selbsttäuschung (vgl. Galbraith 2004, S. 24). Eine vollständig nicht-hierarchische Organisation von Betrieben ist schließlich nur schwer vorstellbar. Primär aus funktionalen Gründen, aber auch weil Gesellschaftsverfassung und Bewusstsein noch immer stark hierarchiegeprägt sind und eine vermeintliche Hierarchiefreiheit nur durch andersgeartete, aber weiterhin einseitige Herrschaftsformen abgelöst würde (vgl. auch Laske/Weiskopf 1992, Sp. 803).

Wie zuvor beschrieben, stützt sich die bürokratische Organisations- und Integrationsform stark auf das hierarchische Prinzip und ist ohne Hierarchie kaum denkbar. Jedoch ist Hierarchie durch ihre Asymmetrie und Vermachtung einseitig und macht dadurch die Bürokratie noch stärker zu einer einseitigen Integrationsform. Da Hierarchie heute mehr denn je in einem negativen Licht gesehen wird (vgl. Göbel 1998, S. 234) und ihre Funktionsdefizite stärker betont werden als ihre Vorzüge (vgl. Döhler 2007, S. 47), tendieren Organisationen in der Praxis zu einer zunehmenden Verflachung von Hierarchien (was einhergeht mit mehr eigenverantwortlicher Teamarbeit und Flexibilisierung der Arbeitszeit). Ob die Formen einer Ent- oder Dehierarchisierung zu einer Aufhebung des Hierarchieprinzips führen, muss jedoch bezweifelt werden. Dem Organisationsforscher Stefan Kühl (1998, 1999, 2002) zufolge bleiben Hierarchien das zentrale Steuerungsmedium in Organisation. Es kommt daher nicht zu einem „Ende von Hierarchien", sondern nur zu einem Umbau hierarchischer Steuerung. Im Rahmen einer hierarchischen Gesamtsteuerung der Organisation werden dabei bestimmte Bereiche über andere Steuerungsmechanismen reguliert. Damit werden Hierarchien als übergreifende Steuerungsmechanismen nicht in Frage gestellt, sondern stehen bei Steuerung einzelner Arbeitsprozesse unter verändertem Legitimationsdruck. Die Dezentralisierungsprozesse vollziehen sich im Rahmen einer weiterhin akzeptierten hierarchischen Grundsteuerung. Die Steuerung über Hierarchien bleibt zudem als zentrales Medium zur Koordination auch von nichthierarchischen Koordinationsformen wie Markt oder Verständigung aktuell. Dies gilt besonders für den Organisationszusammenhang, für den der Soziologe Dirk Baecker die Unverzichtbarkeit von Hierarchie folgendermaßen auf den auf den Punkt gebracht hat: „Wer Organisation sagt, muss Hierarchie wollen (Baecker 1999, S. 217f.)."

In den letzten Jahren war eine radikale Kritik an Bürokratie und Hierarchie u.a. aus Kreisen praxisorientierter Wissenschaft und Beratung (z.B. Peters/Waterman 1983, Peters 1993, Schmidt 1993) zu erleben. Hierarchien gelten demzufolge als Auslaufmodell (vgl. Gebhardt 1991, S. 133), das als „Sackgasse der Evolution" (Schwarz 1992) abgebaut oder am besten ganz abgeschafft werden sollte (vgl. etwa Peters 1993, S. 198; Schmidt 1993, S. 22). Die traditionellen Werte der Bürokratie (wie Berechenbarkeit, Kalkulierbarkeit, Vorhersagbarkeit, Schutz der Privatsphäre, Schutz vor Willkür) werden in einer Art „unternehmerischer Kulturrevolution" uminterpretiert. Sie werden damit zu Untugenden erklärt, die der Dynamik des Wettbewerbs und der Marktkräfte entgegenstehen und die Entfaltung der Produktivität blockieren (vgl. Krell/Weiskopf 2006, S. 142). Anstelle von der bürokratischen Regulierung von Handlung wird zunehmend zu einer Regulierung in neuen Formen einer „Governementalität" übergegangen. Diese vollzieht sich über das Prinzip des internen Wettbewerbs sowie über eine „Kultur der Selbstverwertung" (vgl. Verwoert 2003). Damit werden (überlebte) bürokratische und funktionale Integrationsformen ersetzt durch neue Formen der „Menschenregierungskünste" (vgl. Weiskopf 2003) mit ihren spezifischen „Regimen der Governementalität" sowie „Technologien der Begeisterung", die sich in Schlagworten wie „Leistung aus Leidenschaft" besonders augenfällig manifestieren (vgl. Peters/Austin 1993). Hier wird das hierarchische Prinzip aber oft ins Individuum hineingetragen (Selbstverwertung) und damit die Zone des Gehorsams auch auf bisher davon unberührte Bereiche der (privaten) Persönlichkeit erweitert oder es werden die hierarchischen Unterordnungszwänge entpersonalisiert, indem sie subtil zu System- oder Gruppenzwängen umgewandelt werden, denen man sich nur noch schwerer entziehen kann.

Daneben bestehen aber immer noch die oft nur wenig explorierten Möglichkeiten einer Verbesserung von Bürokratie (vgl. Adler 1999), um deren Integrationsleistung zu steigern, oder die verschiedenen Alternativen zu einer bürokratisch-hierarchischen Ordnung (vgl. Reihlen 2004, Sp. 411; Bosetzky/Heinrich/Schulz zur Wiesch 2002, S. 70ff.). Auf jeden Fall kann es kein einfaches Zurück zu traditionellen hierarchischen und zentralistischen Strukturen geben, da eine solche Regression den zunehmend wachsenden Flexibilisierungs- und Individualisierungsbedürfnissen bzw. -maßnahmen in Unternehmen nicht gerecht wird. Von den gedanklichen „Trivialisierungsmustern" der klassischen (autokratischen) Hierarchie gilt es sich also endgültig zu verabschieden, was allerdings auf der persönlichen Ebene heißt, auch einen Abschied vom „Heldenmythos des Managers" aushalten zu müssen (vgl. Wimmer 1996, S. 56f.). Wenn aber die Hierarchie und ihre klaren Kompetenzaufteilungen wegfallen, wird es vermehrt zu Aushandlungsprozessen in Organisationen kommen (vgl. auch Wimmer 1996, S. 50), die in einer „Dauerpolitisierung" aller internen Entscheidungsfälle münden (vgl. auch Kühl 2002, S. 66). Zudem treibt der Abbau von bürokratischen und hierarchischen Ordnungsmustern das organisatorische Gebilde durch eine Steigerung der Komplexität bis an die Grenzen der Beherrschbarkeit. Die zunehmende Desintegration organisatorischer Einheiten erzeugt also einen neuen Reintegrationsbedarf, der auch das Verhältnis von Individuum und Organisation tangiert. Damit ergibt sich die Frage, wie neue Formen von Integralität in Organisationen gedacht und umgesetzt werden können.

Ebenfall von hoher Ambivalenz und Widersprüchlichkeit ist der Beitrag von F. W. Taylor zum Problem der Integration von Individuum und Organisation. Seine idealistischen Vorstellungen (vgl. Hebeisen 1999, S. 159) und seine hohen, oft fast bedrohlich wirkenden Ansprüche (vgl. Copley 1923, I, S. 21) waren in der Praxis – befördert durch verschiedenste Missverständnisse – kaum einzulösen und verkehrten sich teilweise sogar in ihr Gegenteil. Während er eine neuartige, umfassende Verwissenschaftlichung des Produktionsprozesses anstrebte, kam es dabei zu einer erheblichen Umverteilung betriebsinterner bzw. individueller Wissensbestände (vgl. auch Walter-Busch 1996, S. 124). Obwohl ihm eigentlich daran gelegen war, das Wissen „auf den Königsthron zu heben" und zum eigentlich Meister („Boss") des Betriebes zu machen, begründete er oft nichts anderes als eine recht rigide Expertokratie. Auch die vermeintliche Objektivität der Wissenschaft wird vielfach nur zu dem Zweck eingesetzt, die Stellung des Managements zu stärken und dessen Privilegien zu begründen und abzusichern (vgl. Edwards 1981, S. 112). Gegen diese fragwürdige Verzweckung von Wissenschaft richtet sich schwerwiegendste Kritik gegen den Taylorismus bzw. die „wissenschaftliche Betriebsführung", die diesen Prinzipien jede Wissenschaftlichkeit rundweg abspricht: „Scientific Management ist eine Wissenschaft ohne Theorie" konstatieren etwa Kieser/Walgenbach (2003, S. 34) in diesem Sinn. Diese Einschätzung begründet sich vorwiegend durch gravierende methodische Mängel in Taylors Untersuchungen (zu kleine Stichproben, keine Zufallsauswahl, Betrachtung von Extremsituationen, kurze Betrachtungszeiten, keine Kontroll- und Folgeuntersuchungen; vgl. Spitzley 1980, S. 69f.). Zudem schreckte Taylor leider auch nicht vor einer Manipulation von Daten oder vor Übertreibungen zurück, um seine Überzeugungen glaubwürdig zu machen.

Hinzu kommt seine oft unglückliche Ausdrucksweise (vgl. Hebeisen 1999, S. 150), die damals wie heute polarisierte und provozierte und mit der er selbst zu zahllosen Missverständnissen beitrug. Dies rief eine Vielzahl von Kritikern auf den Plan, denen Taylors Ausführungen die Argumente für eine (oft sehr einseitige) Kritik schon selbst in die Hand gaben. Peter F. Drucker (1993, S. 57) fasst dies wie folgt zusammen: „Wenige Personen in der Geistesgeschichte bewegten mehr als Taylor. Wenige wurden so willkürlich missverstanden und mit so viel Eifer falsch zitiert. Taylors Ruf litt teilweise darunter, dass die Geschichte ihm recht gab und die Intellektuellen sich geirrt hatten. Und teilweise wird er ignoriert, weil die Verachtung für die Arbeit – bei den Intellektuellen allemal – auch heute noch nicht abgebaut ist." So müssen Taylor und der Taylorismus oft als „Sündenbock" für zahlreiche Missstände und negativen Aspekte des heutigen Arbeitslebens herhalten (vgl. Hebeisen 1999, S. 176), die bei genauerem Hinsehen eigentlich andere Ursachen haben. Wie auch die Bürokratie wurde der Taylorismus zu einer Art „Unwort", dem wahllos die verschiedensten (negativen) Bedeutungen und Inhalte zugeschrieben werden. Dabei wird zwischen den Prinzipien der Theorie und den Fallstricken einer unbedachten Anwendung kein Unterschied gemacht.

Das Problem des Taylorismus liegt auch in seinem unterkomplexen Denkansatz: Relativ einfach verfasste Gestaltungsrezepte wie die tayloristischen Managementprinzipien vernachlässigen in der Regel die jeweiligen situativen Bedingungen, unter denen sie wirksam waren – und angesichts der Komplexität des Handelns in Organisationen ist es auch meist schwer bis unmöglich, diese Bedingungen eindeutig und in ihrem wechselseitigen Aufeinander-Bezogen-Sein zu identifizieren. Die vielfach fehlgeschlagenen oder nur sehr eingeschränkt erfolgreichen Experimente des Taylorismus waren dennoch in gewisser Weise lehrreich (vgl. Edwards 1981, S. 116), wenn auch teilweise nur als Negativerfahrung: „Heute dient der Taylorismus v.a. als Modell, um aufzuzeigen, wie man nicht organisieren sollte" (vgl. Bea/Göbel 2006, S. 82). Vielfach erweisen sich simplifizierende Managementprinzipien in komplexen und dynamischen Umwelten nämlich als „Rezepte für ein Desaster" (Freedman 1992, S. 28). Aus der naiven, tayloristischen Vorstellung des universell gültigen „one best way" erwuchs aber später die Idee des „one best way for each situation" (Kontingenzansatz). Schon bei Taylor sind erstaunlicherweise erste Ansätze eines situativen Denkens erkennbar, indem er davon ausging, dass das Verhalten des Individuums letztlich von seinem Umfeld- bzw. Arbeitsbedingungen abhängt. Unter den Randbedingungen seiner „wissenschaftlichen Betriebsführung" hielt er die von ihm hartnäckig verfolgte Drückebergerei und den ineffizienten Schlendrian für ausgeschlossen. Überdies plädierte er für eine betriebsspezifische (situative) Anpassung seiner Methoden, um den jeweiligen besonderen Bedürfnissen und Bedingung eines Unternehmens gerecht zu werden (vgl. Copley 1923, II, S. 309).

Als im Wesentlichen gescheitert kann seine Methodik angesehen werden. „Empirisch gehaltvolle, pragmatisch nutzbare, gut bewährte Gesetze des Organisierens hat allerdings auch das scientific management nicht gefunden." (Bea/Göbel 2006, S. 81). Dies liegt nicht allein an den nicht so sauberen Methoden, sondern stellt eher ein prinzipielles Problem dar. Die Suche nach der erfolgreichen, rational begründeten Struktur ist weitgehend erfolglos geblieben (vgl. Kühl 2000, S. 49ff.). Der Versuch, universelle Gesetze gemäß der objektivistischen Logik des Funktionalismus für Organisationen zu entwerfen, darf somit als vergeblich angesehen werden. Wie gezeigt, darf man vor allem eine funktionale Argumentation und Begründung auch nicht mit einer streng kausalen Erklärung verwechseln. Durch die objektivistische Ausrichtung (Objektivierung subjektiver Dimensionen) solcher funktionalen Erklärungsversuche wird zudem das Verhalten sozialer Akteure (Individuen) in einer einseitigen Sichtweise als Folge determinierender (struktureller) Bedingungen (und Zwänge) verstanden. Solche objektive, rationale und funktionale Kriterien stellen bezogen auf das arbeitende Individuum letztlich einen nicht-menschlichen oder über-menschlichen Maßstab dar, der naturgemäß Widerstand provoziert.

Diese Reaktanz der Individuen richtet sich gegen das allein Sachgerechte. Denn der Zweck als Maßstab ist ein unpersönlicher („unmenschlicher") und wird so dem Individuum nicht gerecht. Der Mensch als Zweck an sich (d.h. in seinem Eigenwert) kommt bei Taylor nicht hinreichend vor. Er hat zudem nur die Schattenseiten des menschlichen Sozialverbandes in Form von Gruppen gesehen (vgl.

Weisbord 1987, S. 87), unterschätzte damit die sozialen Bedürfnisse (d.h. das Menschengerechte) und hat dementsprechend alles daran gesetzt, das daraus entstehende Widerstandspotenzial zu minimieren. Die heute anerkannte positive Funktion von Widerständen im Wandelprozess sah er also nicht ein und konnte so diesen überaus menschlichen Reaktionen nur mit schroffer Ablehnung und ridiger Kontrolle begegnen. Taylor offenbart in seinen Bemühungen und Überlegungen somit einen übertriebenen Harmonismus, der an die idealistisch anmutende Vorstellung von der Gesellschaft als System harmonisch kooperierender Teile des soziologischen Funktionalismus (vgl. Daheim 1993, S. 28) erinnert. In seiner praktischen Vorgehensweise offenbart Taylor dagegen eine überraschende Nähe zum Behaviorismus und dessen Verfahren der operanten Konditionierung. Denn seiner Auffassung nach reagieren Menschen nur auf ein unmittelbares Feedback (vgl. Weisbord 1987, S. 35), was einer der zentralen Maximen des operanten Konditionierens entspricht. Diese problematische Sichtweise setzt sich noch heute in der Betriebswirtschaftslehre fort (z.B. in Prinzipal-Agent-Betrachtungen der Führung oder in der Anreizsteuerung).

Bei genauerer Betrachtung liegt dem Taylorismus eine durchaus nicht ungefährliche Self-fulfilling-Prophecy zugrunde (vgl. auch Weisbord 1987, S. 129): Denn erst die Anwendung tayloristischer Prinzipien machen den Menschen zu der „Einzweckmaschine", als die ihn das Scientific Management schon von Anfang an sehen will (vgl. Spitzley 1980, S. 75f.). Genau dies macht seine Ablösung in der organisatorischen Praxis des Produktionsprozesses oft so schwer, weil aus einer sich selbst bestätigenden, ideologischen Denkfigur letztlich Sachzwänge und kognitive Barrieren geworden sind. Manager werden so zu den Gefangenen des Systems, das sie eigentlich managen sollten (vgl. Freedman 1992, S. 33). Die in unserer Gesellschaft derzeit vorherrschenden Wertvorstellungen sind aber mit dem tayloristischen Menschenbild nicht mehr vereinbar und seine normative, autoritär-paternalistische Ethik passt auch nicht zu heutigen verfahrens- und verständigungsorientierten Ethiken (vgl. Reimer 2005, S. 125; Kuhn/Weibler 2003, Thielemann/Weibler 2007). Die stupide und unreflektierte Ausführung von Vorgaben des Managements, die eine unausweichliche Folge tayloristischer Arbeitsorganisation in ihrer Extremform sind, unterdrücken Kreativität, Originalität und Inspiration der Mitarbeiter, weil sie den rationalen, objektiven Plan nur stören würden (vgl. Kühl 2000, S. 33). Genau diese Eigenschaften werden jedoch von Mitarbeiter in den heutigen Zeiten hoher Marktdynamik und Volatilität für unternehmerischen Erfolg nicht nur genau benötigt, sondern im Zuge des Wertwandels hin zu einer stärkeren Individualität und Selbstverwirklichung (in der Arbeit) auch von ihnen selbst einzubringen gewünscht. Die passive Rolle, die die Arbeiter der Taylor in vielerlei Hinsicht ausüben sollten (vgl. Freedman 1992, S. 27), passt auch nicht mehr in das Zeitalter eines Mitunternehmertums (vgl. dazu Kuhn 2000, Wunderer 2006), das Mitarbeiter zu aktiven, unternehmerisch orientierten Handeln auffordert.

Die tayloristisch-funktionalistischen Prinzipien (ver-)führen leicht zu einer Sichtweise von Organisation als Maschine (vgl. Freedman 1992, S. 36) und offenbaren eine stark technisch geprägte Sichtweise der Dinge. Manager mutieren so zu bloßen Mechanikern der trivialen Funktionsmaschine, die dann einschreiten, wenn etwas an dieser Maschine nicht „in Ordnung" ist und Störungen durch interventionistische „Reparaturen" beseitigen (vgl. Kühl 2000, S. 32f.). Der Vollzug der Arbeit wird zu einem „Malen nach Zahlen" (Ritzer 1997, S. 179), bei dem nach genauen Anweisungen ein vorher exakt geplantes und spezifiziertes Produkt geschaffen wird. Der Arbeiter wird reduziert auf den reinen Funktionsträger bzw. auf ein Ausführungsorgan. Dieser Denkansatz findet heute eine zeitgemäße Widerspiegelung in einem extensiven Controlling, das oft nur ein schematisches Operieren nach Zahlen zulässt. Die heftigen Widerstände der Arbeiter und der Gewerkschaften (Edwards 1981, S. 115f.; Kieser 2006b, S. 115) sind abgeflaut. Nicht wenige Gewerkschaftsführer wurden einige Zeit nach Taylors Tod sogar zu Befürwortern des Taylorismus (vgl. Nelson 1980, S. 202). Dafür mag vereinzelt auch die relative Bequemlichkeit solcher Verhältnisse verantwortlich sein, bei denen ein Arbeitnehmer sein „Gehirn mit dem Stempeln seiner Zeitkarte abgeben" kann (Kühl 2000, S. 33) und die hohe Spezialisierung für relativ sichere Arbeitsplätze sorgt (vgl. Weisbord 1987, S. 61f.). Taylor verwehrte sich aber schon zu Lebzeiten gegen den Vorwurf er sehe Menschen als Maschinen an und forderte ausdrücklich, die Arbeitgeber(!) müssten ein für alle Mal die Idee aufgeben, dass das menschliche Wesen auf gleiche Weise betrachtet werden kann wie Maschinen (vgl. Wrege/Greenwood 1991, S. 193). Ganz im Gegenteil sollte nach seiner Auffassung jedes System der Behandlung und Führung von Mitarbeitern hauptsächlich an der Wirkung gemessen werden, die es auf die Dauer auf die Persönlichkeit des Mitarbeiters ebenso wie auf seinen Wohlstand ausübt (vgl. Copley 1923, I, S. 326). Nicht zuletzt vor diesem Hintergrund kann man mit einiger Berechtigung von den „zwei Gesichtern Taylors" (Weisbord 1987) oder dem „Ingenieur des Paradoxen" (vgl. Nelson 1980, S. 202) sprechen. Seine durchaus wohlmeinenden Absichten und differenzierten Ansichten stehen oft in einem krassen Gegensatz zu den (langfristigen) Wirkungen seiner Prinzipien.

Als überaus bedenklich erweist sich rückblickend betrachtet auch der Reduktionismus und Atomismus des Scientific Managements: Er führt zu einem Vollzug der Aufgaben in größtmöglicher Isolation (vgl. Freedman 1992, S. 28) durch die strikte Trennung der Individuen im Arbeitsprozess voneinander: Dieses Vorgehen wurde exemplarisch deutlich, als Taylor während seiner Zeit als freier Unternehmensberater 1896 in der Firma Simonds Rolling Machine Co. in Fitchburg (Massachusetts) die Kugelproduktion für Kugellager optimierte (vgl. Hebeisen 1999, S. 45ff). Dort wurden unter anderem die Arbeiterinnen soweit auseinandergesetzt, dass sie sich während der Arbeit praktisch nicht mehr unterhalten konnten. So sollte der Anteil nicht-produktiver Verhaltensweisen gesenkt und damit die Effizienz erheblich gesteigert werden, was im Verbund mit einem rigiden Pausensystem, gesteigerten Kontrollen und Leistungslöhnen auch gelang. Darin kommt ein tiefes Misstrauen gegenüber der Gruppe als sozialer Einheit zum Ausdruck, das Taylor offenbar zeitlebens hegte und ihn veranlasste, sich immer nur dem einzelnen Arbeiter zu widmen, aber nie dem Kollektivgebilde. Diese recht rücksichtslose Vorgehensweise verdeutlicht, dass in Taylors Auffassung der Betriebszweck (bzw. der gesellschaftliche Zweck) quasi die Mittel heiligte (vgl. auch Wrege/Greenwood 1991, S. 117). Der weitgehende Atomismus der Taylorisierung begründet aber auch die Notwendigkeit eines neuen, holistischen Denkens. Der (darin enthaltene) Funktionalismus verweist allerdings auch schon auf die Notwendigkeit, einzelne Phänomene oder Tatbestände nicht isoliert zu betrachten, sondern in ihrer Beziehung zu einem umfassenden Ganzen als dessen Elemente zu untersuchen (vgl. auch Daheim 1993, S. 25). Und auch wenn Taylors Anstrengungen zunächst auf die Ebene der individuellen Aufgabenstellungen gerichtet waren, hatten seine Versuche der Rationalisierung der Arbeit bald Auswirkungen auf die gesamte Struktur der Arbeitsorganisation (vgl. Scott/Davis 2007, S. 41).

Die Problematik der Funktionalisierung des Individuums wurde kaum aufgegriffen und eine fundamentale Kritik an den tayloristisch-funktionalistischen Organisationsprinzipen scheint heute fast verstummt, betrachtet man das relative Alter vieler kritischer Diskussionsbeiträge. Dies mag wesentlich daran liegen, dass der Funktionalismus erhebliche Vorteile aufweist. Funktional gestaltete Systeme oder Organisationen sind „in vieler Beziehung indifferent und mit verschiedenen, gleich brauchbaren (funktional-äquivalenten) Lösungen zufriedenzustellen" (vgl. Luhmann 1999, S. 384). Sie sind daher prinzipiell weniger störanfällig und operieren verlässlich und vorhersehbar. Der Preis dafür liegt – wie Luhmann selbst dazu ausführt – freilich in der (erheblichen) Einschränkung der Freiheit des Individuums und mag so hoch sein, dass er Individuen davon abhält, Teil solcher Systeme zu werden. Erst vor dem Hintergrund des Funktionalismus ist auch das recht konservative Organisationsverständnis des Taylorismus verständlich. Denn im Strukturfunktionalismus wird davon ausgegangen, dass „fortbestehende Strukturelemente per Saldo eine positive Funktion haben" (Daheim 1993, S. 31). Eine Veränderung ist damit weniger wünschenswert, weil sie die Funktionalität möglicherweise in eine Dysfunktionalität verkehren könnten. Dem Sachzwang einer „funktionalistischen Vernunft" (Stolz/Türk 1992, Sp. 842) ist zudem argumentativ nur schwer zu begegnen, weil sie immer vermeintlich vernünftige Gründe findet und jede Abweichung als irrational und ordnungsbedrohend erscheinen lässt.

Durch die Funktionalisierung des Individuums entsteht auch jene Austauschbarkeit, die eine einseitige Abhängigkeit nach sich zieht und deswegen auch eine einseitige Integrationsform darstellt. Dagegen steht allerdings Malinowskis Postulat der „funktionalen Unentbehrlichkeit", wonach jedes Strukturelement einen unentbehrlichen Teil des funktionierenden Ganzen darstellt (Daheim 1993, S. 31). So kann eine extreme Spezialisierung auch zu Spezialisten führen, die unentbehrlich werden, weil durch den hohen Aufwand einer solchen Spezialisierung nur wenige Personen dahin gebracht werden können. So ist die zunehmende Komplexität hoch integrierter Produktionsanlagen eben nicht nur extrem störanfällig, sondern auch die Funktionsfähigkeit der Anlagen von hoch qualifizierten Fachleuten abhängig, die solche Anlagen überwachen und Störungen beheben können (vgl. Ridder 2007, S. 226). Damit ist die Frage der leichten Austauschbarkeit (Fungibilität) von Individuen nicht unabhängig vom Qualifikationsniveau der Spezialisierung zu beantworten. Mit der tayloristischen Arbeitsorganisation ist also nicht automatisch eine Dequalifizierung verbunden. Nicht vergessen werden darf zudem, dass die funktional begründete Anwendung bestimmter Mittel stets manifeste wie latente Folgen hat, die außerhalb des Zwecks ihres Einsatzes liegen und diesem sogar widersprechen können (vgl. auch Luhmann 1999, S. 385). Aufgrund dieser Abweichungen vom idealen Plan (der solcher Nebenfolgen nicht einkalkuliert) ist es letztlich unmöglich, Organisation in Analogie zu Maschinen zu konzipieren oder zu verstehen. Die ungeahnten Nebenfolgen bringen laufend „Sand ins Getriebe der Maschine", der auch nicht mit einem als Reparatur- und Wartungsdienst verstandenen Management zu beseitigen ist. Die „Ironie der Automation" liegt bei einer hochgradigen Komplexität in ihrer gleichzeitig hohen Störanfälligkeit (vgl. Ridder 2007, S. 226). Denn der Versuch, besonders reibungslos funktionierende Organisationen zu konzipieren, endet paradoxerweise in umfangreichen Reibungsverlusten. Gleichzeitig entsteht so für das Individuum mehr Freiraum, als die Maschinen-Metapher vermuten lässt. Denn wegen der ungeplanten Nebenfolgen funktionieren tayloristisch-fordistische Produktionsprozesse in der Praxis oft genug nur aufgrund des Engagements und Einsatzes des Einzelnen, der – oft genug auch informell – korrektiv eingreift.

Schließlich wurde auch die Debatte um den Taylorismus in der Arbeitsorganisation in den letzten Jahren wieder aufgenommen und hat einen bewegten, kontroversen Verlauf angenommen. Dabei wurde in recht plakativen Formulierungen sowohl der „Abschied vom Taylorismus" (vgl. Eberhardt 1995) im Zuge einer schlanken Produktion gefeiert, als auch eine „Rückkehr zum Taylorismus" (vgl. Springer 1999) prophezeit. In diesen Diskussionen wird der Taylorismus allerdings oft nur verkürzt als (vorwiegend negatives) Reizwort eingesetzt und inhaltlich zudem eher die Problematik fordistischer Produktion thematisiert. Auffallend an einer Vielzahl von Veröffentlichungen ist dabei auch die starke Fokussierung auf die industrielle (Massen-)Automobilproduktion, die aus dem Entstehungszusammenhang der tayloristischen Prinzipien bzw. ihrer Weiternutzung und Fortführung durch den Automobilhersteller Henry Ford und seine fordistische Fliessfertigung verständlich ist, aber weite und bedeutsame Anwendungszweige (taylorisierte Diensteistungen; siehe dazu aber Ritzer 1997) außer Acht lässt. Das funktionalistische Denken des Taylorismus findet sich auch in heutigen Organisationen in neuer Gestalt wieder. Dies ist in den Merkmalen des sog „Neotaylorismus" zu erkennen, die eine Fortsetzung der Strategie einer Prozessbeherrschung mit neuen informationstechnischen Mitteln darstellt. Dieses Vorgehen ist hinsichtlich der Humankapitalinvestition durch kurzfristige Anpassqualifizierung und weitgehendem Ausschluss des Fertigungspersonals von der Planung und Durchführung der Umstellungsmaßnahmen bestimmt. In großen Teilen stellt dies die Fortsetzung der einseitigen, funktionalistischen Lösung des Integrationsproblems durch vermehrten Technikeinsatz dar.

Gegen die „Verkünstelung" und „Verklügelung" des Betriebs durch den Taylorismus und die Seelenlosigkeit rationaler Organisation (Türk/Lemke/Bruch 2006, S. 216) setzte der Human Relations-Ansatz bewusst auf einfache, simple und intuitiv gut nachvollziehbare Rezepte. Statt ausgefeilter ingenenieurmäßiger Bewegungsstudien und Materialexperimente bevorzugte Mayo im Lauf der Zeit eher die Kunst, „einfühlsame Gespräche" zu führen (vgl. auch Walter-Busch 2006, S. 332). Dies entsprach ganz seiner Strategie, auf komplexe Fakten eine vergleichsweise einfache Theorie anzuwenden. Dazu nahm er eine simplifizierende Sicht der Psychopathologie und der von ihm in Parallele zur Humanmedizin angewandten Heilmittel ein, die sich wenig um das Risiko der Maßnahmen oder ihrer Folgen kümmerte (vgl. Zaleznik 1984, S. 3). Aufgrund dieser Perspektive konnte die Human Relations-Bewegung in Unternehmenspraxis nicht sehr viel mehr als ein „Reparaturbetrieb" (Kieser 2006c, S. 134) wirken. Durch die Äußerung persönlicher Probleme kann das Individuum nicht nur zu einem vertieften Verständnis seiner wirklichen Schwierigkeiten gebracht, sondern auch seine normale Effektivität (Funktionalität) wiederhergestellt werden, wie dadurch auch noch effizienter werden (vgl. Roethlisberger/Dickson 1966; O'Connor 1999b, S. 129). Hieran manifestiert sich eine Art sozio-funktionalistisches Denken, demzufolge das psycho-physische Subjekt zur Vermeidung von Störungen der Zweck- und Leistungsgemeinschaft einer ständigen Beobachtung und diagnostischen Kontrolle ausgesetzt werden muss und im Fall von Störungen „repariert" (verbessert oder korrigiert) oder bei irreparabler Beeinträchtigung entfernt werden muss.

Dies zeigt auch, dass die Organismus-Metapher des Human Relations-Ansatzes hinsichtlich der praktischen Konsequenzen paradoxerweise recht nah am Maschinendenken der tayloristisch-funktionalistischen Sichtweise ist. Besonders sinnhaft zum Ausdruck kommt diese Nähe in den von Henry S. Dennison schon 1921 verwendeten Bezeichnungen des „social engineering" für die „Kunst und Wissenschaft der Menschenbehandlung" und der „new machinery" für die neue Partnerschaftlichkeit von Management und Arbeitern (vgl. Bruce 2006, S. 183). Die Humanität der Human Relations-Bewegung war eben (nur) eine *industrielle* Humanität und eine *relative* Humanität verglichen mit der vorherigen Praxis der Menschenbehandlung bzw. des Umgangs mit Individuen. Es kam zu keiner grundsätzlichen Überwindung der inhumanen Produktionsverhältnisse und noch weniger der Machtasymmetrie, so wie auch keine pure Menschenfreundlichkeit am Werk war, wie die anhaltende Verzweckung des Individuums zeigt. Im Wesentlichen kam es deswegen zu einer Fortsetzung des Taylorismus mit anderen Mitteln: Als tayloristische Konzepte allmählich veralteten, präsentierte Mayo seine zunächst im Anschluss daran entwickelten Ideen sehr geschickt als revolutionären Bruch mit der abtretenden Vorstellung der wissenschaftlichen Betriebsführung im Sinne Taylors (vgl. Walter-Busch 1996, S. 157). Das neuartige holistisch-biologische (organismische) Denken mit der Betonung der Höherwertigkeit des Ganzen gegenüber einzelner Teile, führte aber auch zu einer Abwertung der Teile (Individuen). Diese unterschwellig vorhandene Tendenz zeigt sich bei Mayo vor allem in seinem negativen, pessimistischen Menschenbild, aber auch in seinem Denken in Pathologien, Heilungen und Heilmitteln. Er glaubte jedoch immerhin nicht an ein einziges, allein wirksames Heilmittel (vgl. Smith 1998, S. 246): „There is no sovereign remedy for industrial or social troubles, so Mayo 1946".

Ebenso blieb die Zielsetzung gleich, da er sich wie Taylor eine Aufhebung des historischen Konflikts zwischen Kapital und Arbeit erhoffte – wenn auch mit anderen Methoden (vgl. Walter-Busch 1996, S. 169). Auch Mayo wollte den alten Wunsch nach einer Harmonie zwischen Betriebsleitung und Belegschaft (letztlich zwischen Individuum und Organisation) realisieren. Beide verfolgten also einen implizit teleologischen Ansatz. Mayo leistete mit seinem ähnlich negativen Menschenbild, das allerdings nicht so plakativ wie bei Taylor ausgearbeitet ist und subtiler vermittelt wird, gleichzeitig der Heroisierung des Managements Vorschub (vgl. O'Connor 1999b, S. 242). Aus dem grauen Arbeitsalltag wird der Manager herausgehoben durch die ungeheure Bedeutung seiner Aufgaben, die wesentlich in dem Versuch bestehen, das irrationale Individuum durch rationales Management im Betrieb unter Kontrolle zu bekommen. Der Erfolg oder Misserfolg dieser Bestrebung ist mit dem Wohlergehen der Wirtschaft wie Gesellschaft und letzten Endes gar mit dem Fortbestand der westlichen Zivilisation verknüpft (vgl. Connor 1999a, S. 124ff.). Hierin zeigen sich die ersten Ansätze einer Romantisierung der Führung im Unternehmenskontext, die bis heute die Führungslehre beschäftigt und einige gravierende Probleme aufwirft (vgl. Meindl/Ehrlich/Dukerich 1985, Meindl 1995).

Viel mehr als Taylor stieß Mayo aber bei seinem Anstrengungen auf eine Gegenliebe der Unternehmer, die schon von sich aus nach Wegen Ausschau gehalten hatten, die Einstellungen der Arbeiter zur Arbeit und ihrem Arbeitsplatz zu verändern, ohne die materiellen Bedingungen verändern zu müssen (vgl. O'Connor 1999b, S. 226). Im Vergleich zu Taylors aufwändigen und kostenträchtigen Verfahrenweisen, schien die Beziehungsorientierung und Menschlichkeit des Human Relations-Ansatzes viel kostengünstiger zu haben zu sein. Mayo hatte jedoch kein tiefer gehenderes Verständnis des Ökonomischen und es mangelte ihm auch an einem Verständnis von (gesellschaftlichen) Institutionen und Problemen der Macht (vgl. Zaleznik 1984, S. 12). Er dachte aber nie nur rein psychologisch, sondern stets auch in sozialpsychologischen, allgemein sozialwissenschaftlichen und auch in politisch-weltanschaulichen Dimensionen (vgl. Walter-Busch 1996, S. 176). Ironischerweise

war jedoch nur das Anliegen der Human Relations-Bewegung ein politisches, wo-
hingegen ihre Lösungen höchst unpolitisch waren (vgl. O'Connor 1999b, S. 129).
Denn die Gründe für soziale und arbeitsplatzbezogene Probleme wurden als vorwiegend in der Psyche des Individuum verortet und auf eine Störung seines psychischen Gleichgewichts oder – in Anlehnung an Janet – auf ein Anpassungsdefizit
zurückgeführt (vgl. Smith 1998, S. 231). Dies entsprach Mayos medizinischer Auffassung und (sozio-)biologischer Rhetorik, dass ein krankes Teil das gesunde Ganze
anstecken kann.

Umgekehrt sah er aber auch in der Veränderung eines Teils die Chance eines
Wandels des Ganzen. „ (…) a change in any one will introduce changes throughout
the whole organisation." (Mayo 1933, S. 11). Mit dem Human Relations-Ansatz war
damit auch die Perspektive eröffnet, organisierte Sozialgebilde durch Interventionen
bzw. die Anwendung von Sozialtechniken gezielt zu verändern. Das scheinbar neut-
rale Bemühen um ein tiefer gehendes Verständnis von Sozialsystemen und ihren
Prozessen verdeckt aber andere Dimensionen: Denn das propagierte Verständnis
diente keineswegs nur der Verständigung, sondern eben auch der Kontrolle (vgl.
O'Connor 1999b, S. 230). Das Integrationsbemühen des Human Relations-Ansatzes blieb gerade auch aus diesem Grund unterkomplex. Es gelang damit nur eine
Mensch-zu-Mensch-Integration, aber keine Mensch-System-Integration. Die Unpersönlichkeit der Strukturen und des Organisationsgebildes ließ sich nicht einfach
durch eine humanorientierte Haltung der Vorgesetzten kompensieren. Vielmehr
verschärfte diese Zuwendung den Kontrast und die Differenzen zwischen Zweck-
und Wertdimensionen in der Unternehmenssteuerung und ließ die unmenschliche
Seite umso deutlicher hervortreten, zumal die Entwicklung humanerer Arbeitsstruk-
turen noch länger auf sich warten ließ.

Es ist sicherlich das große Verdienst von Mayo und der Human Relations-
Bewegung, den „Faktor Mensch in der Wirtschaft" (Walter-Busch 2006, S. 333) und
informelle Bezüge in den Mittelpunkt der Betrachtung gerückt und die Aufmerksamkeit von Wissenschaftlern wie Praktikern verstärkt hierauf gelenkt zu haben.
Die Notwendigkeit einer Balance zwischen technischen und menschlichen Faktoren
gehört in der Managementlehre heute zum allgemein akzeptierten Wissen – ja ist
fast schon ein Allgemeinplatz geworden (vgl. auch Smith 1998, S. 245). Auch in der
Erkenntnis der Bedeutung von Gefühlen (vgl. Zaleznik 1984, S. 3) für das Organisationsgeschehen war Mayo seiner Zeit weit voraus. Mayo ist damit nicht nur eine
wichtige, historische Figur in der Geschichte der angewandten Sozialwissenschaft
(vgl. Smith 1998, S. 246), sondern trotz aller Defizite seines Denkansatzes auch
heute noch relevant. In Anbetracht der Unerbittlichkeit ökonomischer Gesetze und
der Unpersönlichkeit des Markts sowie ihrer bisweilen für das Individuum schwer
erträglichen Zumutungen (vgl. Sennett 2000, 2006) bleibt die Beziehungsorientierung, wie sie die Human Relations-Bewegung propagierte, von anhaltender Bedeutung (vgl. auch Zaleznik 1984, S. 12). Zwar haben sich in der Zwischenzeit, geprägt

durch starken technologischen oder ökonomischen Wandel, völlig neue Organisationstexte gebildet, aber die menschlichen Unsicherheiten, auf die Mayo mit seinen Überlegungen abstellte, bleiben unverändert aktuell (vgl. Smith 1998, S. 224). Entscheidend für diese zukunftsbezogene Bedeutung war auch der markante Wechsel in der Untersuchungsmethodik, die sich an den Hawthorne-Experimenten zeigt: Weg von der ingenieurswissenschaftlichen und industriepsychologischen Methodik, hin zu sozialen, kulturanthropologisch ausgerichteten Untersuchung (vgl. Walter-Busch 2006, S. 340). Mayo hat aufgrund seines breiten Wissenshintergrunds und seiner vielfältigen Interessensfelder als einer der ersten Wissenschaftler industrielle Arbeitsbedingungen und -beziehungen als sozio-kulturellen Zusammenhang begriffen und so später das Feld für die Organisationskultur-Konzepte eröffnet. Aus den Hawthorne-Experimenten zog er die Schlussfolgerung, dass anthropologische Forschungstechniken sich für die Erforschung von Gruppenprozessen eignen und die bisher psychologischen und physiologischen Messtechniken sinnvoll ergänzen könnten (vgl. Trahair 1984, S. 299). Im Gefolge der Hawthorne-Studien wurden zudem Feldstudien zu einem akzeptierten Teil der Organisationsforschung und fanden eine zunehmende Verbreitung (vgl. auch Zaleznik 1984, S. 10). Mit den Erfolgen der Hawthorne-Studien gelang es Mayo weiterhin, die Vorbehalte gegenüber den Sozialwissenschaften, gerade auch was ihre praktische Anwendbarkeit betraf (vgl. Smith 1998, S. 223), zu überwinden. Human Relations sind so ein zentrales Fach der wirtschaftswissenschaftlichen Ausbildung – v.a. in Nordamerika – geworden.

Als konzeptionell viel weniger geschlossen und auch nicht mehr einer zentralen Persönlichkeit zuzuordnen, präsentiert sich schließlich der Kulturansatz mit seiner Idee der Kultivierung als jüngster Beitrag zum Integrationsproblem. Die Organisationskultur-Diskussion (vgl. zur Übersicht Neubauer 2003) basiert dabei auf dem an sich selbstverständlichen und wenig spektakulären Vorgang, dass sich in allen Organisationen eine oder mehre Kulturen herausbilden (vgl. Kühl 1998, S. 154). Organisationskulturen waren – wenn auch nicht „dem Namen, so doch der Sache nach" – eigentlich schon immer bekannt (vgl. Walter-Busch 1996, S. 260). Als Teil der Vergemeinschaftungsdimension der Organisation repräsentiert die Kulturfrage in der Organisationsforschung letztlich Jahrzehnte alte Problemlagen und Strategien, die sich jedoch in erneuerter und verstärkter Widersprüchlichkeit manifestieren (vgl. dazu Türk/Lemke/Bruch 2006, S. 263): Wie angesichts der viel beschworenen wie real vorhandenen Flexibilisierung und Mobilisierung von Erwerbstätigen ausgerechnet durch die Organisationskultur weiterhin Bindung, Loyalität und Commitment erzeugt werden soll, mutet paradox an. Vielmehr entsteht dadurch ein widerspruchsvolles, dilemmatisches Erwartungsmuster mit einer eigentümlichen Gleichzeitigkeit von Gleich-Gültigkeit und Identifikation, Mobilitätsbereitschaft und Bindung sowie intrinsischer Motivation, dessen Ausfüllung nun dem Individuum aufgebürdet wird. Einmal mehr manifestiert sich hieran die Strategie der Personalisierung systemisch-organisationaler Dilemmata in ein persönliches Dilemma, um damit neue Techniken der Problemlösung zu mobilisieren, die dem sozialen System ansonsten nicht zur Verfügung ständen (vgl. Luhmann 1999, 214). So kann die (Wieder-)Entdeckung der Kultur als Symptom gedeutet werden, dass sich durch herkömmliche Integrationsformen allein die widersprüchlichen Anforderungen aus dem Systemzweck nicht mehr bewältigen lassen. Der in sich selbst keineswegs widerspruchsfreien Kultur kommt folglich die (paradoxe) Funktion zu, den Widerspruch wenigstens „erträglicher" zu machen.

Grundlegend für die rasche Adoption des Kulturkonzeptes in Wissenschaft und Praxis und seine schnelle Ausdifferenzierung in ein kaum noch zu überblickendes Forschungs- und Diskussionsfeld war wohl die vermutete Bedeutung der Organisationskultur für herausragende Leistungen bzw. organisationalen Erfolg (vgl. Mayrhofer/Meyer 2004, Sp. 1030). Die durch eine Gemeinschaftsbildung gestärkte Moral des „Kampfgeistes" im Inneren der Organisation richtet sich gegen Dritte nach außen (vgl. Türk/Lemke/Bruch 2006, S. 31) und soll so Vorteile im Wettbewerb mit anderen Organisationen schaffen. Was als Erklärungsansatz gedacht war, nahm damit – getrieben von Verwertungsinteressen der Beratung und Unternehmenspraxis – bald die Form eines Gestaltungsansatzes an (vgl. Dill 1986), ohne dass die Frage der Gestaltbarkeit von Kultur überhaupt hinreichend geklärt war. Kulturkonzepte und Kulturmanagement stellen sich dabei in den Dienst der dominanten Sehnsucht nach Stabilität und Kontrolle, indem Führung und Kultur(-entwicklung) miteinander verknüpft werden und Kultur zu einem Steuerungsinstrument deklariert wird (vgl. Griffin 2002, S. 96). Wie aber in einer solchen „Kulturkybernetik" gerade die Führungskräfte einen funktionierenden Transmissionsriemen bilden können, wozu sie einerseits autonome und außerhalb stehende Gestalter sein müssten, während sie andererseits in Wirklichkeit untrennbarer Teil dieses kulturellen Zusammenhangs sind, bleibt unklar. Kultur ist zudem keine fixe Größe, sondern in einem stetigen Wandel begriffen (vgl. dazu Hatch 1993). Als dynamisches und offenes Konzept verändert sie sich mit der Umwelt und durch die das Umfeld bestimmenden sozialen Gruppen. Die Organisationskultur hat deswegen neben der sozialintegrativen Funktion nach innen auch immer die Aufgabe, über die Anpassungsfähigkeit an die relevante Umwelt die Anschluss- und Zukunftsfähigkeit einer Organisation zu sichern (vgl. auch Schein 1992). Die gesellschaftlichen und lebensweltlichen Einflüsse, die sie dabei aufnimmt, sind überaus vielfältig und stehen einer einseitigen Nutzung im Sinne des Organisationszwecks oder den Interessen der Leitung durchaus entgegen.

Darüber hinaus ist Kultur als „Summe aller Selbstverständlichkeiten" (Hinterhuber/Krauthammer 1998) eine weithin „unsichtbare Einflussgröße" (Sackmann 1983). Diese an sich viel versprechende Eigenschaft, die eine unaufdringliche, subtilere Integration wie nur noch mittelbare, unpersönliche Lenkung des Individuums versprach, erwies sich auch als hinderlich in der Nutzung des kulturellen Einflusses auf das Verhalten. Denn die Indirektheit von Kultur als Wirkungszusammenhang lässt keine wirklich zuverlässige Steuerung zu. Organisationskulturen sind eben nicht rational beherrschbar, formal programmierbar und technokratisch verwaltbar (vgl. Bardmann/Franzpötter 1990, S. 434). Diesen Umstand konstatiert Schreyögg (1991, S. 211) wie folgt: „Unternehmenskultur (ist) eine historisch gewachsene Form sozialer Praxis, die von vielen Personen, Institutionen und Aktionen beeinflusst wird. Diese Praxis lässt sich nicht ohne weiteres von einzelnen Personen oder einer Interessengruppe in Besitz nehmen, so wie man etwa eine Maschine in Besitz nehmen kann." Das kulturalistische Denkmodell beging überdies den Fehler, von einer festen Kopplung von Kultur (im Sinne der Prägung und Sozialisation durch kollektiv verbindliche Werte und Normen) und Handeln auszugehen, durch die das Individuum schließlich keine Handlungsautonomie (und damit keine Alternativen) hat und in seinem Verhalten ein rein kulturdeterminiertes Wesen ist (vgl. auch Berger 1993).

Die Hoffnungen, die sich mit der Kultur als Steuerungsinstrument verbanden, erwiesen sich also trügerisch. Dennoch ist eine symbolische Steuerung nicht unerheblich, da sie als Form der Vorsteuerung den Bedarf an Führung herabsetzt bzw. sich von Führung (z.B. Symbole als Führungsinstrumente) nutzen lässt. Bei einer solchen Nutzung darf aber nicht vergessen werden, dass die Instanz selbst ein Symbol wird. Ohnehin muss die Wechselseitigkeit als Integrationsprinzip von einseitigen Steuerungsversuchen Abstand nehmen und Steuerungsobjekte als Subjekte vorkommen lassen. Als informaler Koordinationsmechanismus ergänzt die Organisationskultur formale Koordinationsmechanismen und stellt im alltäglichen Organisationsgeschehen eine zwar nur bedingt verbindliche, aber doch verbindende Leitlinie dar (vgl. Weber/Mayrhofer 1988, S. 559). Die kulturalistische Perspektive auf das Integrationsproblem teilt mit dem Human Relations-Ansatz die Betonung des Informellen im Kontext von Organisation; sie sieht aber wieder stärker formelle Elemente als bedeutsam an, da zur Organisationskultur auch eine Artefaktebene gehört und Kultur – besonders in ihrer Außendarstellung – auch einen formalen, „offiziellen" Charakter annehmen kann. Methodisch gesehen führen die Kulturperspektive und die Kulturforschung weg vom objektivistischen Vorgehen Taylors und setzen die subjektivistische Herangehensweise des Human Relations-Ansatzes fort, schließen aber auch an den verstehensorientierten Ansatz von Max Weber an.

Als noch ungelöst erscheint das Problem von Einheit und Vielfalt in der Organisationskulturdiskussion: Die Idee einer starken Kultur und eines monokulturellen, homogenen Organisationsgebildes mit einer gemeinsamen Wertebasis, hoher (normativer) Integrationskraft und Identifikation erweist sich als nicht ungefährliche Illusion. In ihr wird Personalpolitik auf die Funktion reduziert, „passförmige" (kulturkompatible) Mitarbeiter auszuwählen und sie danach gemäß dem Idealbild einer sozialen „Formung" zu unterziehen. Normierung als Prinzip bringt nicht unbedingt eine wünschenswerte Norm hervor. So verweisen Diversity-Management-Ansätze, die ein „multikulturelles" Organisationsmodell favorisieren und für eine Wertschätzung der Differenz plädieren, auf die erkennbaren Schwächen von homogenen Organisationen (vgl. Cox 1993, Krell 1997). Dazu zählt besonders, dass homogene Kulturen bei starkem Umweltwandel mit ihrer Fixierung auf Erfolgsmuster der Vergangenheit und ihrem Konformitätsdenken den Wandel blockieren und eine geringe Innovationsfähigkeit aufweisen (vgl. Osterloh 1993). Aber bei genauerer Hinsicht zerfallen auch scheinbar homogene Kulturen unter der Oberfläche in verschiedenste Teil- oder Subkulturen, die partielle Integrationen und vielfältige Exklusionen repräsentieren. Außerdem gestattet jede Kultur viele unterschiedliche, teils ergänzende, aber auch widersprüchliche und konkurrierende Deutungen der Realität (vgl. Weber/Mayrhofer 1988, S. 561). Angesichts des Problems der Heterogenität und des Hybridcharakters von Kulturen kann man also mit einiger Berechtigung vom „Mythos der kulturellen Integration" (Krell 1993) sprechen. Die Organisationskulturdebatte offenbarte deswegen in mancher Hinsicht auch mehr Wunschdenken als Wirklichkeitssinn.

Der „Kult um die Kultur" (Neuberger/Kompa 1987) trieb schnell seltsame Blüten, die allerdings auch rasch verwelkten. In der Praxis zeigt sich zunehmend eine Ablösung des sperrigen und widersprüchlichen Organisationskulturkonzepts und der problematischen und umstrittenen Idee eines Kulturmanagements durch pragmatischere und besser handhabbare Konzepte wie z.B. Corporate Identity, Public Relations-/Impression-Management. Diese überwiegend nach außen gerichteten Derivate der Kultur laufen aber Gefahr, sich von der inneren Verfasstheit der Organisation in einem bedrohlichen Ausmaß abzukoppeln und neue Diskrepanzen und Konflikte zwischen Individuum und Organisation zu etablieren. Die für den Erwerb von Legitimation und die Sicherung von Ressourcen aus der Umwelt errichteten künstlich-fiktiven „Rationalitätsfassaden" (vgl. Meyer/Rowan 1977) kollidieren mit den organisch-gewachsenen, „naturalistischen" Lebenswelten im Inneren (vgl. Stolz/Türk 1992, Sp. 843) und führen in schwer auflösbare Dilemmata zwischen notwendigem Schein und faktischem Sein mit dem Risiko pathologischer Reaktions- und Beziehungsformen. Überdies sind Kultivierung und Kulturmanagement einigermaßen paradoxe Vorstellungen, denn eine Kulturentwicklung erfordert Zerstörung und Entwicklung zugleich (vgl. Trice/Beyer 1993). Dies kann nicht nur negative emotionale Reaktionen wie Unbehagen, Angst, Wut oder Verzweiflung bei den Betroffenen auslösen, sondern stellt auch ein einigermaßen heikles und riskantes Unterfangen dar. Insofern als Kultur stets nur ein „dünnes Apfelhäutchen über glühendem Chaos" ist (Kühl 1998, S. 153), können der Eingriff in „heilige" Wertordnungen heftige, die Organisation destabilisierende Gegenreaktionen provozieren und Veränderungen damit auch ein destruktives Ergebnis erbringen.

So sehr der Kulturbegriff heute bereits zum festen Bestandteil der Managementtheorie und -praxis gehört, so schwierig und unsicher bleibt das Unterfangen, die Mitglieder einer Organisation mittels eines Managements der Organisationskul-

tur effektiv führen zu wollen. Dabei ist nicht nur die Wirkungstiefe von Kulturin-
terventionen schwer steuerbar, sondern bei jedem Eingriff in das komplizierte Ge-
webe der Kultur sind zudem auch unbeabsichtigte Nebenwirkungen zu erwarten
(vgl. Weber/Mayrhofer 1988, S. 561). Der harte Kern der Grundannahmen wird
ohnehin kaum zu erreichen sein, so dass die berühmte Formel „soft is hard" (Pe-
ters/Waterman 1983, S. 33), derzufolge die weichen (kulturellen) Faktoren „mit
Sicherheit genauso viel oder noch mehr mit dem Erfolg (oder Misserfolg) Ihres
Unternehmens zu tun (haben) wie die formalen Strukturen und Strategien", ausgerechnet an der Härte des Fundaments von Organisationskultur zu scheitern droht.
Je differenzierter das Phänomen der Kultur in Organisationen betrachtet wird,
desto weniger lassen sich einfache Handlungsrezepte formulieren und desto mehr
muss Abstand genommen werden von vereinfachenden Managementansätzen mit
dem Ziel einer Erfolgssteigerung oder gar einer Lösung von Alltagsproblemen (vgl.
Weber/Mayrhofer 1988, S. 557).

Die Organisationskulturdiskussion ist generell durch zahlreiche Dichotomien
geprägt (vgl. Mayrhofer/Meyer 2004), aus der sich allerhand ungelöste, theoretische
wie pragmatische Probleme ergeben: Kultur besteht aus Oberflächenelementen wie
Tiefenstrukturen, sie kann als gestaltbare Variable wie auch als symbolische Metapher gesehen werden, scheint einer interventionistischen Beeinflussung zugänglich
oder wird eher als selbstorganisierendes und emergentes Phänomen gesehen,
schwankt zwischen einem funktionalen Erfolgsfaktor und einer dysfunktionalen,
pathologischen Wirkung und ist schließlich ebenso ein autonomes wie kontextab-
hängiges Phänomen. Weiterhin ist noch unklar, ob (unternehmerische) Kulturrevolutionen möglich sind oder Kulturenwicklung rein auf evolutionärem Weg stattfin-
det. Schließlich stehen sich auch auf quantitativem Weg gewonnenes objektivisti-
sches Erklärungswissen und auf qualitativem Weg gewonnene subjektive Verständnisse einigermaßen unversöhnlich gegenüber. Insgesamt scheint damit die Organisationskultur-Diskussion im Dilemma gefangen zu sein, entweder wissenschaftlich
hinreichend elaboriert und differenziert zu sein, dafür aber praktisch wenig relevant
oder anwendbar, aber wenig differenziert (vgl. Walter-Busch 1996, S. 262). Solange
nicht klar ist, wie sich die funktionale Sichtweise von Kultur zu der symbolischen
Sichtweise verhält und welchen Mehrwert ein Denken in Sinnsystemen und Sym-
bolzusammenhänge sowie eine behutsame Kulturpflege statt einer kalkulierten
Kulturtechnologie erbringt, lebt der Mythos der Kultur als Erfolgs- und Gestaltungsvariable weiter (vgl. Staehle 1999, S. 517).

Der Verlauf der Entwicklung der unterschiedlichen Integrationsformen erfor-
derte ein Umdenken. Dadurch wurden aber keineswegs immer die vorher erreichten
Einsichten oder völlig umgestoßen. So gelang etwa Taylor mit seinen Prinzipien der
wissenschaftlichen Betriebsführung eine gewisse Versöhnung der bürokratisch-
hierarchischen Organisations- und Integrationslogik (vgl. auch Nelson 1980, S. 199).
Mit seinem Funktionsmeistersystem gab er aber in Abgrenzung dazu die Idee der

Einheit der Leitung auf, was sich in der Praxis allerdings nicht durchsetzte. Für eine verteilte, plurale Leitung (Führung) war die Zeit noch nicht reif. Erst sehr viel später konnte Kurt Lewin einen demokratischen Führungsstil formulieren, der ebenso wie der sozio-technische Ansatz mit einer Betonung von Partizipation und Gruppenorientierung in dieser Richtung ganz neue Akzente setzte. Mayo führte wiederum das Werk Taylors fort, verschob dabei aber den Fokus vom Individuum zur Gruppe und von den Funktionen (Aufgaben) zu den Relationen (Beziehungen) (vgl. auch Bruce 2006, S. 180 u. 185). In der Folge davon gelang dem sozio-technischen Ansatz eine gewisse Vereinbarkeit der tayloristisch-funktionalen Integrationslogik mit der human- und beziehungsorientierten Integrationslogik. Dazu musste allerdings der Großteil der bis dahin beim hierarchischen Vorgesetzten liegenden Kompetenzen und Funktionen auf die (selbststeuernde) Gruppe übertragen werden (vgl. Manz/Sims 1995a, Sp. 1876). Der Organisationskulturansatz schaffte schließlich in letzter Konsequenz eine Verbindung zwischen den kollektiv-symbolischen (informellen) Dimensionen und den systemisch-strukturellen (formalen) Dimensionen der Organisation, indem er unpersönliche, indirekte Führung durch Werte und Normen als Integrationsprinzip etablierte. Jedoch reduzierte dies die Funktion der sichtbaren, personalen Führung noch weiter und stellt die Zukunft traditioneller Führungskräfte mit einer paradoxen „Führung ohne Führer" (d.h. ohne eine sichtbare Instanz der Führung) noch mehr infrage.

Die zuvor dargestellten Integrationsprinzipien haben eines nach dem anderen eine gewisse Abnutzung erfahren und mussten deswegen auch durch neue Vorstellungen ersetzt werden: So hatten Taylorismus und Fordismus nicht zur erhofften Disziplinierung der Arbeiterschaft geführt (vgl. Kieser 2006c, S. 137). Vor allem aber hatten diese Vorstellungen erheblichen Widerstand und Unmut erzeugt, der am besten durch neue Konzepte umgangen werden konnte, ohne dass sich hierzu notwendig die Zielsetzung ändern musste. Die dynamische Veränderung der Antworten auf das Integrationsproblem wird aber auch durch den gesellschaftlichen, wirtschaftlichen und technologischen Wandel angetrieben. Veränderungen in der Produktionsweise oder Verschiebungen in den (inner-)betrieblichen Machtverhältnissen schaffen Bedarf an Beratung und neuen Konzepten (vgl. Resch 2005, S. 68). Die hiermit korrespondierenden (Management-)Ideologien müssen durchgesetzt werden und dazu bedarf es auch neuer Verhaltensweisen, um die – oft gleichen – Ziele zu erreichen. Insgesamt fällt es schwer zu entscheiden, ob sich die zuvor dargestellten Ideen und Lösungsansätze für das Integrationsproblem kontinuierlich oder diskontinuierlich entwickelt haben (vgl. auch Walter-Busch 1996, S. 143). So scheinen sich manche Vorstellungen sehr prägnant von den vorherigen abzugrenzen, lassen aber bei näherer Analyse erkennen, dass sie nicht so neu waren, wie sie schienen oder es vorgaben zu sein. So hat man es nicht selten nur mit der logischen Fortsetzung älterer, längst vorher angeklungener Gedanken zu tun, die oft genug nur mit anderen Mitteln verfolgt werden oder auch nur eine veränderte Rhetorik beinhalten.

Ohnehin stellen sich rückblickend betrachtet manche Überlegungen zum Integrationsproblem als kurzsichtig, paradox, unverständlich oder seltsam anmutend dar. Vom heutigen Standpunkt aus betrachtet sind auch die hohen Ansprüche und überschwänglichen Erwartungen, die mit ihnen zumeist verbunden waren, als naiv und illusionär zu kritiseren. Sie waren aber stets plausible und angemessene Antworten vor dem Hintergrund der jeweiligen Zeitumstände (vgl. in diesem Sinn auch Nelson 1980, S. 202). Ihre zentralen Gedanken sind deswegen auch immer typisch für ihre Zeit. Sie ganz pauschal als veraltet, überlebt, falsifiziert oder unpassend anzusehen, ist keineswegs angebracht. Ganz im Gegenteil sind einige Erkenntnisse bis heute unverändert gültig und wirksam bzw. bleiben weiterhin zeitlos aktuell (vgl. Walter-Busch 1996, S. 155). Wie eine genauere Analyse zeigt, handelt sich eben hierbei in Teilen um (Sozial-)Utopien (vgl. Monin/Barry/Monin 2003, S. 390ff.), die einen radikalen Kontrast durch Abwertung des Vergangenen oder Gegenwärtigen zu einer verheißungsvollen Zukunft erzeugen. Mit diesem rhetorischen Kunstgriff soll das angestrebte Ziel umso attraktiver erscheinen. Das Managementdenken ist zudem reich an Beispielen von vielen gleichzeitigen, aber voneinander unabhängigen Entdeckungen oder Einsichten sowie von Vorwegnahmen wichtiger Ideen um viele Jahre oder Jahrzehnte, die spätere Wiederentdeckungen ermöglichen (vgl. Bruce 2006, S. 178). Mit Walter-Busch (1996, S. 80f.) wollen deswegen auch wir vom Prinzip der Gleichwertigkeit verschiedener Generationen des Organisationswissens ausgehen. Damit sind alle bisher vorgestellten Integrationsprinzipien gleichberechtigt zu berücksichtigen, jedoch ihr Wechsel- und Zusammenspiel gleichwohl anders als bisher zu bedenken und zu konzipieren.

Fazit

Wie man Individuen in ihrer je einzigartigen Personalität in einen a priori sachlich-zweckmäßigen und überindividuellen, unpersönlichen Zusammenhang integriert, stellt für alle Formen von Organisationen ein Grundproblem von großer Bedeutung dar. Denn schließlich ist der Erfolg oder Misserfolg einer Integration mitentscheidend für den Leistungsbeitrag des Individuums zur Erfüllung des Organisationszwecks. Deswegen besteht unbeschadet aller Veränderungen, die das Verhältnis von Individuum und Organisation in den vergangenen Jahrzehnten erfahren hat, eine unverminderte Relevanz des Integrationsproblems, die angesichts neuerer Tendenzen der Desintegration sogar noch eine Verstärkung und Aufwertung erfahren hat. Fasst man die bisher vorgestellten Lösungsansätze, die die einzelnen, zuvor vorgestellten Integrationsprinzipien im Hinblick auf dieses Problem verfolgt haben, in ihrem Kern zusammen, so ergibt sich gesamthaft folgendes Bild: Die einseitigen Integrationsprinzipien haben Lösungen mit einer gewissen Einfachheit und Klarheit vorgelegt, die für das Individuum zwar nicht immer angenehm, aber doch in ihren Grundzügen durchschaubar und ihren Folgen berechenbar waren. Dazu setzen beide Prinzipien auf eher rationale, zweckmäßige und enge ebenso wie starre Bindungen mit hohem Verpflichtungscharakter und verlangen recht deutliche Anpassungsleistungen des Individuums, von dessen Eigenheiten dazu eher abgesehen wird. Dies geht einher mit einem recht hohen Aufwand für eine ausgefeilte Strukturierung und detaillierte Regelung sowie einer aufwändigen Aufsicht und Kontrolle, um Abweichungen zu vermeiden. Die wechselseitigen Integrationsprinzipien haben dagegen auf die Akzeptanz von Individuen gesetzt und die Varietät von Individuen und die Variabilität des Verhaltens einkalkuliert, was zu schwer zu durchschauenden und nicht leicht zu handhabenden Sozialtechnologien geführt hat. Sie vertrauen dabei eher auf affektuell-wertmäßige Bindungen, die bei aller Lockerung in formaler Hinsicht und Flexibilität in ihrer Ausgestaltung umso weitreichender und umfassender wie nachhaltiger in ihrer Wirkung sein sollen. Dies erzeugt weniger organisatorischen Aufwand und geringere Kosten, stellt aber hohe Ansprüche an die Beteiligten hinsichtlich der Bandbreite des Verhaltens, der Geschicktheit des Vorgehens oder dem Grad des Engagements, da die subtilen, hintergründigen oder unterschwelligen Beeinflussungsformen intellektuell und emotional, aber auch performativ herausfordernd sind und sich über dies aus der Wechselseitigkeit von vorneherein mit einzukalkulierende Rückwirkungen ergeben. Damit sind die auf den ersten Blick einfach erscheinenden Lösungen viel schwerer berechenbar wie auch labiler und verlangen heikle Gratwanderungen ohne die Möglichkeit sich auf die Distanz, Unparteilichkeit und Sachlichkeit formaler Rollen, Verfahren und Strukturen zurückziehen zu können.

Den jeweiligen Vorteilen der Integrationsprinzipien stehen nicht nur klare
Nachteile, sondern auch Belastungen gegenüber, die das Verhältnis von Individuum
und Organisation bis hin zum Pathologischen beeinträchtigen können. Besonders
deutlich wird dies an den einseitigen Integrationsformen, die mit starken Zwängen
und Verpflichtungen operierend, eine „Vermachtung" und Unterordnung des Individuums anstreben, das in formalisierte Strukturen eingepasst und weithin fremdbe-
stimmt ist. Dieser hohe Grad an Angepasstheit, Fremdbestimmung und Verpflichtung zusammen mit strikter Kontrolle und ausgeprägten Sanktionen führt nicht nur
zu Frustrationen, Demotivation und innerer Kündigung, sondern im Extrem auch
zu Persönlichkeitsverformungen und -störungen. Dabei erzeugen diese rigiden
Verhältnisse nicht nur Reaktanz bis hin zur Aggression, sondern führen bedingt
durch das Autonomiestreben auch zu fortschreitenden Autoritätskrisen. Dagegen
provozieren die wechselseitigen Integrationskrisen eher sozialen Stress und Druck,
Lähmung und Enttäuschung, wenn die allmähliche Anpassung an die Gemeinschaft
und die Einbindung in kollektive Zusammenhänge im Ansatz stecken bleibt oder
misslingt. Ferner können sie für das Individuum folgenschwere Identitätskrisen
nach sich ziehen, wenn sich soziale Bindungen lockern oder auflösen. Ihre allumfassende Einbindung kann sich schlimmstenfalls zu einer verhängnisvollen Verstri-
ckung des Einzelnen in kollektive Bezüge („over-inclusiveness" bzw. Überange-
passtheit) und einer Degeneration seiner Individualität wie Eskalation seiner Verbundenheit entwickeln. Indem sie das Teil (Individuum) zum integrativen Teil des
Ganzen (Organisation) machen, verunmöglichen sie eine Unparteilichkeit und Distanz weitgehend. Denn mit jedem Teil steht in einer solchen Sichtweise auch das
Ganze auf dem Spiel und eine distanzierte Haltung würde die Relationen gefährden.
     Vor diesem Hintergrund wollen wir die vier Integrationsformen bzw. -prin-
zipien in ihrer auch chronologisch zu sehenden Abfolge nochmals abschließend
würdigen. Dazu richten wir nun auch noch den Blick auf die Implikationen dieser
Integrationsvorstellungen für die Führung des Personals wie die Steuerung des
organisationalen Gesamtgebildes. Denn in Anbetracht der grundlegenden Bedeutung der Integrationsfrage, ergeben sich hierdurch nicht nur Bestimmungen und
Regelungen des Verhältnisses von Individuum und Organisation, sondern auch
damit korrespondierende Formen des interpersonellen Umgangs und der strukturellen Gestaltung. So gerät insbesondere die (Personal-)Führung bei der Integrationsfrage automatisch in den Fokus der Überlegungen, weil sie als Steuerungsform von
Menschen in Organisationen unverzichtbar ist und somit konstitutiv mit dem Or-
ganisationsgeschen verwoben ist. Vor dem Hintergrund der unabänderlichen Vor-
und Nachteile der jeweiligen Integrationsformen haben sich dadurch spezifische
Fortschritte aber auch Rückschritte ergeben, aus denen sich dann unter Berücksich-
tung genereller Strömungen und Tendenzen in Organisationstheorie und -praxis ein
Gesamtbild eines Entwicklungsverlaufs gibt. Dabei betrachten wir die Herausbildung von Integrationsprinzipien nicht als abgeschlossenen Prozess, sondern sehen

in der Analyse eine zeitbedingte Momentaufnahme. Die generelle Variabilität des Verhältnisses von Individuum und Organisation lässt es im Prinzip als nicht unwahrscheinlich erscheinen, dass noch weitere Integrationsprinzipien entwickelt oder entdeckt werden. Die von uns identifizierten vier generischen Prinzipien sind aber vor dem Hintergrund der Entstehung des Organisationsphänomens und der Durchsetzung und Etablierung moderner, formaler Organisationen v.a. im letzten Jahrhundert zu sehen. Damit stehen nicht nur alle post-modernen Organisationsformen in dieser Genealogie der Gebildeform, sondern können als deren Fortsetzungen und Weiterentwicklungen letztlich auf diese Prinzipien nicht verzichten, da sie quasi eine „conditio organisationis" darstellen und so mehr oder minder ausgeprägt, sowie latent wie manifest vorhanden und wirksam bleiben. Deswegen lohnt zum Abschluss erneut ein Blick in die Anfänge, weil er gleichzeitig auch einen Ausblick in die Zukunft des dauerhaft unabgeschlossenen Verhältnisses von Individuum und Organisation gibt.

Das *erste Integrationsprinzip* der Hierarchisierung brachte in Verbindung mit der Organisationsform der Bürokratie zunächst einen großen Fortschritt gegenüber vor-modernen Formen der Integration bzw. traditionaler Herrschaft, die stets ein gewisses Moment der Willkür und der Unfreiwilligkeit enthielten und nicht an den Maßstäben der Vernunft messbar waren. Die Transformation des Unterordnungszwangs in ein sachliches, rational verstehbares Erfordernis war der Schlüssel für dessen Akzeptanz und damit auch für dessen Legitimität (vgl. Lengfeld 2007, S. 45). Nur auf dieser Basis leisten nach Auffassung von Max Weber die Organisationsmitglieder den Anordnungen von Vorgesetzten auch freiwillig Folge. Die auf diesem Weg formal begründete Autorität ist aber trotz weiterer Versachlichungen im Lauf der Zeit in eine anhaltende Krise geraten (vgl. Pongratz 2002, S. 149ff.). Im Zuge gewandelter Werte wie auch veränderter Autoritätsstrukturen, sind die Zweifel an der Legitimität dieser Herrschaftsform gewachsen und in gleichem Maß die Integrationskraft des Hierarchisierungsprinzips geschwunden. Die Dehierarchisierung im Zuge zahlreicher Reorganisationsprozesse hat zudem auch die Vorgesetzen bzw. Führungskräfte in ihrer Rolle wie ihrem Selbstverständnis nachhaltig verunsichert (vgl. Faust/Jauch/Notz 2000) und weniger die hierin liegenden Chancen in den Vordergrund treten lassen. Diese Verunsicherung ist Anlass für Ideologisierung- wie Verschleierungsversuche der Hierarchie, aber auch für eine Steigerung der Ansprüche an die „Selbstzwangapparatur" von Individuen (vgl. Elias 1992, S. 37). So verschwindet der Wert der Disziplin nicht völlig, sondern wandelt sich in Selbstdisziplin. Damit wird deutlich, dass heute Autorität einerseits gefürchtet, aber andererseits auch ersehnt wird (vgl. Sennett 1985) – ohne dass derzeit erkennbar wäre wie eine positiv erlebte Autorität ausgestaltet sein müsste. Die hierarchisch vermittelte Autorität ist jedenfalls quasi „ins Zwielicht" geraten und somit den Individuen zunehmend suspekt geworden, was anhaltenden Anlass für ihre Herabwürdigung gibt. Gleichermaßen gehört es mittlerweile sozusagen zum „guten Ton", die Bürokratie als eine überlebte, unflexible ineffiziente und hoffnungslos träge wie unsensible Organisationsform zu brandmarken (vgl. Hoggett 2006, S. 176). Trotz allem Beharren auf die systematischen Begrenzungen und Dysfunktionalitäten der Bürokratie (vgl. Du Gay 2000, S. 19) und ihre mangelnde Eignung für die derzeitigen Umweltbedingungen (vgl. Salaman 2005, S. 141; Thompson/Alvesson 2005, S. 90), haben sich die Hoffnungen auf eine breite Durchsetzung post-bürokratischer Organisationen nicht erfüllt. Entgegen aller Vorhersagen über ihren unmittelbar bevorstehenden Untergang, ist das „notwendige Übel" der Bürokratie immer noch vorhanden (vgl. Reed 2005, S. 116). Offenbar fällt es doch schwerer als gedacht, vergleichbar rationale und legitime Organisationsformen unter Verzicht auf die strikten Autoritätsverhältnisse und den unbedingten Unterordnungszwang unter Regelsysteme zu entwerfen.

Allerdings ging im Lauf der Zeit auch die eigentlich von Max Weber geprägte Bedeutung der Bürokratie als spezielle und damit einzigartige moralische Organisation/Institution weitgehend verloren (vgl. Du Gay 2000, 2005). Besonders das geforderte Berufsethos des Bürokraten setzt das Individuum einer hohen sozialen Verpflichtung und Verantwortung aus, die allerdings an der Ambivalenz einer sozialen Realität nahezu zwangsläufig scheitern muss. Die verlangte Unparteilichkeit, Sachlichkeit und Zweckorientierung macht aus dem idealen Bürokraten eine fast tragische Figur, da sein wert- und gemeinwohlorientiertes Verhalten an der Inkommensurabilität von Wertvorstellungen wie an der Unmöglichkeit der gleichwertigen Berücksichtigung aller Interessen bei Zieldivergenzen scheitern muss und Enttäuschungen provoziert. Mit anderen Worten zerbricht der Idealtypus mit seiner Eindeutigkeit geregelter Verhältnisse und regelhaftem Verhalten an der Ambivalenz realer Verhältnisse und den beträchtlichen Verhaltensspielräumen, in Anbetracht kaum eineindeutig oder einheitlich zu formulierender Wert- oder Zielvorstellungen. Für das Individuum bedeutet diese Integrationsform eine teilweise wie einseitige Integration in einen Ordnungszusammenhang, die nicht selten in pathologische Reaktions- und Verhaltensweisen mündet. Denn anders als z.B. durch eine Spaltung des eigenen Ichs oder durch einen *blinden* Gehorsam lässt sich die Dilemmatik der Rolle und ihrer Anforderungen wie die unbedingte Unterordnung der Person in unpersönlichen Sachzusammenhang oft nicht bewältigen. Wie hieran deutlich wird, kann der Einzelne seine persönliche Rationalität letztlich nicht dauerhaft gegen ein übermächtiges rationales Organisationsgebilde behaupten (vgl. Göbel 1998, S. 235). Darüber hinaus hat die seit Jahrzehnten anhaltende Versachlichung der Herrschaftsverhältnisse und insbesondere der Führungsbeziehungen (vgl. näher Pongratz 2002, S. 138ff.) das Bedürfnis nach erlebter Nähe und authentischer Zuwendung im Gegenzug immer weiter steigen lassen. Daran zeigt sich, dass sich die Integration des Individuums in den Organisationszusammenhang eben nicht *rein* auf unpersönlich-sachlichem, objektivistisch ausgestaltetem Weg vonseiten des Strukturgebildes über streng rationale Begründungs- und Legitimationszusammenhänge zu leisten ist. Die emotionalen und arationalen Dimensionen des Individuums werden von solchen objektivistisch verfassten Integrationsformen nur unzureichend – wenn überhaupt – angesprochen und führen in der Reinform solcher Versuche zu letztlich defizitären Integrationsformen oder gar pathologischen Fehlanpassungen. Deswegen ist der in den letzten Jahren zu beobachtende Trend in der Führungslehre und -praxis hin zu emotional gefärbten und subjektiv auszugestaltenden Führungsformen (transformationale oder authentische Führung) folgerichtig, da sie mehr und individuellere Einbringungsmöglichkeiten des Einzelnen erlauben.

Aus dem Blickfeld geraten ist in der langen und teils recht einseitig geführten Diskussion über bürokratische Organisationen auch die Tatsache, dass es eine Vielzahl von bürokratisch-hierarchischen Organisationsformen gibt, die teils mehr, teils weniger zentralisiert oder partizipativ ausgestaltet sind (vgl. Hoggett 2006, S. 177). Deswegen ist das weit verbreitete Bild vom seelenlosen, prinzipienreitenden Bürokraten, der sich sklavisch an seine Regeln und Verfahren hält, so irreführend, weil dies längst nicht die Wirklichkeit einer großen Bandbreite bürokratischer Organisationen widerspiegelt und somit – wenn überhaupt – höchstens für einen Ausschnitt davon gilt. Überdies produzieren die Komplexität und Vielfalt heutiger Gesellschaften derartig vielgestaltige und oft widersprüchliche Randbedingungen, dass sich ein dilemmatischer Raum aufspannt, der auch in Bürokratien nicht mehr nur mit Simplifizierung zu bewältigen ist. Deren ausufernde und nicht nachlassende Regelwut ist dafür letztlich ein sehr anschauliches Symptom, da ja nicht nur einfach die Anzahl dieser Regeln wächst, sondern auch der Grad der Kompliziertheit der Regelsysteme weiter zunimmt. Ähnlich einseitig erscheint die Wahrnehmung des mit der Bürokratie eng verflochtenen Hierarchieprinzips, das einerseits oft unhinterfragt hingenommen, andererseits oft mit funktionalen Argumenten abgelehnt wird (vgl. auch Döhler 2007, S. 47). Auf der Basis einer stillschweigenden Akzeptanz entfaltet die Hierarchie aber weiterhin widerspruchslos ihre Wirkung – besonders dort, wo sie nicht so deutlich sichtbar wird. Wird sie hingegen absichtsvoll als Steuerungsverfahren genutzt und zu diesem Zweck auch aktiv durchgesetzt, entsteht nicht selten durch diese deutliche Präsenz auch eine ausgeprägte Reaktanz der Subjekte. Es mag diese zwiespältige Haltung sein, die den Anlass zu der Diagnose einer Verfeinerung von „bürokratischem Subordinationsgebaren" und der „Informalisierung von Herrschaftsstrukturen" gibt (vgl. näher Pongratz 2002). Die Inszenierung der Personalführung verlagert sich, um diesen Widerständen zu entgehen, in kaum noch wahrnehmbare Bereiche sehr subtiler Differenzierung unter Verzicht auf allzu demonstrative oder ostentative Formen der Herrschaftsausübung. Dazu werden im Einzelnen etwa Machtdifferenzen abgeschwächt, Sanktionsmittel fein abgestuft eingesetzt (unter Bevorzugung positiver Sanktionen), Individualität gezeigt, Toleranz bekundet sowie Nähe und Verständnis signalisiert (vgl. Pongratz 2002, S. 128).

Die Diskussion zur Hierarchie und zur Hierarchisierung ist ohnehin seit längerem dadurch bestimmt, den Geltungsanspruch dieses Organisationsprinzips auf

normativem wie empirischem Weg zumindest zu relativieren oder stark zu begrenzen (vgl. Döhler 2007, S. 46). Plakativ ausgedrückt herrscht hier ein „Diskurs des
Hierarchieverzichts" (Baecker 1999, S. 218) vor, der die Notwendigkeit hierarchischer Elemente der Abstimmung und Steuerung in leistungsorientierten Sozialgebilden teilweise schlichtweg ignoriert. Wie die Bürokratie ist die Hierarchie damit zu
einem vorwiegend negativ konnotierten Begriff mutiert, bei dem vor allem die Dysfunktionalitäten in den Vordergrund gerückt werden. Daraus resultiert die populäre
Forderung nach einer „flachen Hierarchie", die aufgestellt wird, ohne die „Tücken"
dieses Konzepts zu bedenken (vgl. Kühl 1998). Zudem reduzieren viele der unter
diesem Schlagwort firmierenden Reorganisationsmaßnahmen keineswegs die
Machtdistanz, sondern durch die geringere Zahl hierarchischer Positionen erhöht
sich oft sogar noch das Machtgefälle und verstärkt damit den Kontrast zum eigentlich „informalisierten Subordinationsgebaren" (vgl. Pongratz 2001). Die Freiräume
in diesen Strukturen erscheinen zudem größer als sie es tatsächlich sind. Denn im
Konfliktfall müssen nur umso schärfere Herrschaftsgrenzen gezogen werden und
umso einschneidendere Maßnahmen ergriffen werden, die nicht nur den Aufwand
an Argumentation erhöhen, sondern auch die Frustration der Mitarbeiter steigen
lassen, und so die Fassade der Freiheiten immer brüchiger erscheinen lassen. Der
Slogan „Gelobt und doch gefeuert" zeigt, welchen „Preis der Anerkennung" (Kocyba 2000) Individuen als Beschäftigte in solchen Verhältnissen bezahlen müssen.
Sie erfahren vorübergehende Bewunderung ohne sichtbare und anhaltende Anerkennung, da intrinsisch motivierende und Selbstverwirklichung erlaubende Tätigkeiten in scheinbar weitgehend hierarchiefreien Verhältnissen nun „Bezahlung" genug
sind (vgl. Voswinkel 2002). Die hierarchische Strukturierung beinhaltet damit insgesamt ein ungelöstes Teil-Ganzes-Dilemma (vgl. Seitz 2006, S. 203f.): Die Mitglieder
einer hierarchischen Ordnung werden zum einen strikt auf ihre Zugehörigkeit zu
einer Ebene beschränkt, sollen sich aber dennoch mit dem Ganzen identifizieren.
Selbst abgeflachte oder umgebaute Hierarchien ändern an diesem Problem nur
wenig.

Das *zweite* Integrationsprinzip der Funktionalisierung hat die technisch-
funktionale Dimension im Verhältnis von Individuum und Organisation betont und
sich dabei als nicht minder einflussreich wie bewusstseinsprägend erwiesen. In seiner klassischen Gestalt ist der Taylorismus ein Paradebeispiel für die Verwirklichung ökonomisch-instrumenteller Rationalität im Arbeits- und Organisationsgeschehen (vgl. auch Kocyba/Schumm 2002, S. 49), die bald durch weitere technische
wie soziale Innovationen ohne größere Schwierigkeiten ergänzt werden konnte.
Dabei darf aber nicht vergessen werden, dass weder Taylors Ideen je in Reinform
verwirklicht wurden (vgl. Kieser 2006b, S. 114), noch der Taylorismus sich je in der
Breite durchzusetzen vermocht hat, wie dies im Nachhinein den Anschein hatte
(vgl. auch Voswinkel 2002, S. 76). Als vielleicht viel entscheidender hat sich deswegen das durch ihn vermittelte funktionale Denken erwiesen, das sich vor allem auch

im Selbstverständnis von Führungskräften nachhaltig verfestigt hat. Bis heute sind
diese überwiegend fach- und funktionsorientiert und verstehen sich als Repräsen-
tant der Organisation wie „Teil der Maschinerie" (vgl. Faust/Jauch/Notz 2000, S.
120ff.). Sie geben sich dazu nüchtern, pragmatisch und rational (vgl. Neuberger
1990, S. 105). Nicht ganz unpassend hierzu werden Mitarbeiter in eine eher passive
Rolle gedrängt (vgl. Freedman 1992, S. 27) und in dieser Logik auf die Rolle von
weitgehend fremdgesteuerten Ausführungsorganen beschränkt. Mit dem Taylorismus und seiner funktionalistischen Logik verbindet sich damit einerseits eine recht
ostentative bzw. demonstrative Inszenierungsform von Personalführung (vgl. dazu
Pongratz 2002, S. 128), die sich heute aber weitgehend überlebt hat – nicht zuletzt
auch durch die eminente Schwächung und teilweise Ablösung seines Pflichtethos
durch berufliches Selbstverwirklichungsstreben (vgl. Voswinkel 2002, S. 76). So
wurde u.a. mit der strikten Trennung von Hand- und Kopfarbeit die soziale Distanz
zwischen Vorgesetzten und Mitarbeitern klar herausgestellt und durch die Anwendung von Sanktionsmitteln symbolisch unterstrichen, aber auch die Ausnutzung des
Machtspielraums sachlich-funktional begrenzt und mit der Aufstellung von Entloh-
nungssystemen einen objektiv begründeten Einsatz von Belohungen wie Bestrafungen gesichert. Daneben hat der Taylorismus der schon vom bürokratischen Organisationsprinzip begonnenen Versachlichung von Beziehungsformen weiteren Vorschub geleistet und passt somit ins Bild der zunehmenden Informalisierung von
Herrschaft. Insgesamt hat der Taylorismus es so vermocht, sich nicht nur in Teil-
elementen am Leben zu erhalten (vgl. Schumann 1998), sondern – besonders in
Gestalt des Fordismus – auch über seine Nachfolgekonzepte des Organisierens
betrieblicher Arbeit immer noch einen „Schatten" zu werfen (vgl. Voswin-
kel/Lücking/Bode 1996).

Von daher ist die Debatte darum, ob sein Ableben eingetreten ist, oder er doch
eine Renaissance erfährt (vgl. Eberhardt 1995, Springer 1999), durchaus verständlich. Trotzdem ist der Taylorismus sicherlich nicht nur in eine vorübergehende
Krise geraten, sondern wird faktisch zunehmend von post-tayloristischen Konzepten abgelöst, die sich im Zuge signifikanter Veränderungen auf der Ebene der Arbeitsorganisation entwickelt haben (vgl. Voswinkel 2002, S. 74). Hierbei geht der
Trend zu offenen, vernetzen und kooperativen Strukturen, sowie zu einer Arbeitsweise, die mehr denn je Eigenverantwortung und Flexibilität des Einzelnen verlangt.
Der Schritt dazu waren die Konzepte (teilautonomer Gruppenarbeit), die sich vor
allem in der industriellen Produktion in den letzten Jahrzehnten ausgebreitet haben
(vgl. dazu Antoni 2004, Wegge 2004). Ganz besonders deutlich wird dies an Konzepten der Selbstorganisation, bei denen aus dem hierarchischen Über- und Unterordnungsverhältnis begründete, verfahrensorientierte Vorgaben durch Zielvorgaben
ersetzt werden und den Mitarbeitern die Umsetzung in Form von Arbeits- und
Organisationsstrukturen weitgehend selbst überlassen bleibt (vgl. dazu Göbel 2004).
Die Ausweitung der Partizipation des Individuums in diesem Zusammenhang ent-

springt aber keineswegs automatisch einer tiefen, dezidiert ethisch motivierten Humanorientierung, sondern ist vielfach eher Teil kalkulativer Managementstrategien, die die Flexibilität und Kreativität des „Humankapital" ökonomisch zu nutzen versuchen (vgl. Kocyba/Vormbusch 2000). Dazu müssen die relativ strengen Zügel des Prinzips der Hierarchisierung recht weitgehend gelockert werden, um den Selbstabstimmungsverfahren zwischen den Individuen Raum und Zeit zu geben. Die Antwort auf die Frage, wie „Diskurs und Disziplin" (Vormbusch 2002) genau so zu vereinen sind, dass die Zielerreichung der Organisation wie die Autonomie der Individuen gleichermaßen gewährleistet bleiben, ist dabei prinzipiell noch offen. In Anbetracht der recht anspruchsvollen Voraussetzungen solcher interindividuellen Abstimmungsformen scheint die Idee der Selbstregulation der Subjekte nicht nur Zugeständnisse, sondern auch Zumutungen bereit zu halten und eine heikle Balance zwischen Hierarchie und Diskurs zu erfordern (vgl. Minssen 1999). Die schon seit längerem zu beobachtende Umorientierung in der Arbeitskultur von einem objektivierenden Funktionalismus zu einer Subjektivierung von Arbeit (vgl. Moldaschl/Voß 2002, Minssen 2007) korrespondiert mit Entwicklungen auf der Mitarbeiterseite, denen zufolge immer besser ausgebildetere und selbstbewusstere Individuen mehr nach Eigenkontrolle und Autonomie streben und so zunehmend ungeeignete Führungs*objekte* bilden (vgl. Draeger-Ernst 2003, S. 225), sofern ihre Individualität und ihr Vermögen nicht respektiert werden. Damit eröffnen sich neue Möglichkeiten echter wechselseitiger Integrationen, die auf zueinander passenden Motivlagen wie Zielsetzungen beruhen.

Mit der wenigstens partiellen wie pragmatischen Abkehr von Taylorismus ist auch die „Vorstellung eines *one best way* in die Krise geraten" (Kocyba/Schumm 2002, S. 57), da die Suche nach der *einen* erfolgreichen, rational begründeten Struktur erfolglos geblieben ist (vgl. Kühl 2000, S. 49ff.). Wollte Taylor noch den Arbeiter im geschützten Kern der Produktion entkoppelt von der Umwelt agieren lassen, so ist diese Vorstellung durch die Veränderungsdynamik der Arbeitswelt obsolet geworden. Dies gilt freilich nicht nur in der Außenorientierung zu Kunden oder Stakeholdern, sondern auch im Inneren der Organisation. Eine Planbarkeit und Berechenbarkeit von Bedürfnissen des Individuums ist mehr denn je nicht mehr gegeben, wie sich u.a. an der Pluralisierung von Werten und Lebenskonzepten zeigt (vgl. Weibler 2008). Die post-tayloristisch „entgrenzte Arbeit" (Minssen 2007) kennt aber auch keinen wohlorganisierten Schonraum und keine individuelle Schonung mehr. Außerdem stehen den erweiterten Spielräumen nach wie vor begrenzte Ressourcen und zunehmend grenzenlose Anforderungen gegenüber (vgl. Kratzer 2003), die das Individuum nicht nur herausfordern, sondern oft auch überfordern. Durch mehr Freiheit von der rigiden Funktionallogik des Taylorismus und der fordistischen Produktion entsteht letztlich mehr Druck auf den Einzelnen, so dass die gestiegene Autonomie der Arbeit durchaus paradoxale Folgen hat (vgl. Glißmann 2001). Die Internalisierung des Marktgeschehens in die Organisation (vgl.

Moldaschl/Sauer 2000) und die Aufhebung von klaren Grenzziehungen der Umwelt (vgl. Eickhoff 1996) verstärken dabei die dezentrierenden und desintegrierenden Faktoren noch weiter. Das Individuum wird zunehmend zwischen den Kräften der Organisation und des Marktes zerrieben und die Integrationsfrage damit umso prekärer. Genau dieses dynamische Marktgeschehen und seine Auswirkungen hat Taylor zeitlebens unterschätzt (vgl. Weisbord 1987, S. 38) und die Gegenkraft methodischer, zweckrationaler Organisierung überschätzt. Diese Zweckrationalität – wie sie neben der Bürokratie auch dem funktionalistischen Ordnungsprinzip des Taylorismus zueigen war – hat ihre Zentralstellung verloren, da im gleichen Maß wie dem Taylorismus seine Funktionalität als Ordnungs- und Organisationskonzept verloren ging, auch das ihm zugrunde liegende „Verständnis von Rationalität als Zweckrationalität" nachhaltig erschüttert worden ist (vgl. Kocyba/Schumm 2002, S. 58). Die recht kühne Fiktion von Taylor (und anderen von dem Sinn und Zweck der (Zweck-)Rationalität Überzeugten), dass es einen (all-)wissenden Gestalter geben kann, der aus der Distanz und der Abstraktion von der Individualität mit streng rationalen Vorgehensweisen und Verfahren solche komplexen, ermergenten und kollektiv-irrationale Sozialgebilde, wie sie Arbeitsorganisationen realiter darstellen, zuverlässig steuern kann, ist gescheitert. Sein reduktionistischer, analytischzergliedernder Denkansatz (vgl. Freedman 1992, S. 26f. u. S. 33) musste, wie der idealistische Gedanke der Bürokratie als moralischer Institution, an der vielschichtigen und uneindeutigen Realität des Sozialen zerbrechen. Endgültig haben einer solchen Methodik heutige indeterminierte, volatile und chaotische Verhältnisse des Wirtschaftslebens, wie sie besonders am Phänomen von zunehmenden Unternehmensdiskontinuitäten sichtbar werden (vgl. Deeg 2005), ihre Grenzen aufgezeigt. Seine generative Kraft als Sozialutopie hat der Taylorismus damit weitestgehend eingebüsst und dient – v.a. bei wissensintensiven, vernetzten Prozessen der Leistungserstellung – nur mehr als negative Kontrastfolie einer tendenziell eher zu vermeidenden, erfolglosen Organisierung (vgl. Bea/Göbel 2006, S. 82); das von ihm auf einzigartige Weise versinnbildliche Integrationsprinzip der Funktionalisierung teilt dieses Schicksal freilich nicht.

Verglichen mit anderen Integrationsprinzipien stellt das *dritte* Integrationsprinzip, die Beziehungsorientierung – bei allem erreichten Forschritt hin zu einer Wechselseitigkeit – dennoch einen gewissen Rückschritt dar, weil ein solches Integrationsprinzip in seiner Anwendungspraxis nur schwerlich ohne eine gewisse Willkür und ohne Vorurteile zu praktizieren ist. Dies liegt vor allem in den emotional beeinflussten, zwischenmenschlichen Sympathien und Antipathien, die alle sozialen Beziehungen prägen, begründet. Hinzu kommt, dass eine kalkulative Nutzung einer Humanorientierung schwerwiegende moralische Probleme aufwirft. Und nicht zuletzt stellt sich auch die Frage der Authentizität einer Humanorientierung, die nicht auf die persönliche Überzeugung eines damit korrespondierenden Humanismus gründet. Eine solche Diskrepanz zwischen Denken und Handeln führt fast unausweichlich in die Heuchelei, die in vielen Organisationen als eigenständiger Typus auftritt (vgl. näher Ortmann 1995). Die korrektiven Absichten der Verbesserung des Menschen/Individuums, basierend auf (vermeintlichen) Defiziten und Fehlanpassungen, sind mit dem latent negativen Menschenbild des Human Relations-Ansatzes zwar begründbar, aber mit seiner vorgeblichen humanistischen Gesinnung schlecht vereinbar. Er unterreflektiert positive Humanpotenziale und setzt bei allem Eingehen auf das Individuum doch eher auf eine Fremdsteuerung durch das Management und seine Fachexpertise als auf Selbstentwicklung. Damit einhergehend kommt es zu einer Fortsetzung der tayloristischen Expertokratie, die nun von Sozialexperten statt von Technokraten getragen wird. Dazu setzt er teilweise auf eine (Pseudo-)Sympathisierung mit den Mitarbeitern und nicht auf eine demonstrative Disziplinierung wie der Taylorismus. Zudem bleiben die systemisch-strukturellen und institutionellen Dimensionen des Organisationsphänomens, in dem Sinne, dass auch die Verhältnisse ganz wesentlich das Verhalten prägen, unterbelichtet, trotz der Idee einer umfassenden Betrachtung der Situation einer Person (total situation approach). Die Beziehungsorientierung fokussiert letztlich zu sehr auf die interpersonelle Ebene und hat den Person-System-Zusammenhang kaum in Betracht gezogen. Damit bleibt bis zu einem gewissen Grad offen, ob sich das Individuum allein durch gelingende interpersonelle Beziehungen auch in einem solchen Maß in den überindividuellen und unpersönlichen Zweckzusammenhang von Organisationen integrieren lässt, dass sich hiermit entsprechende Leistungsbeiträge verbinden. Angesichts der Tatsache, dass sich die vom Human Relations-Ansatz behauptete These des engen Zusammenhangs von Zufriedenheit und Leistung nicht in der wünschenswerten Klarheit hat bestätigen lassen, steht das Integrationsprinzip der Beziehungsorientierung auf einem recht unsicheren Grund.

Die mit dem Human Relations-Ansatz verbundene stärkere Personenorientierung kann aber als Gegentrend zum Prinzip der Versachlichung der einseitigen Integrationsformen angesehen werden und markiert damit gleichzeitig den Übergang zu den wechselseitigen Integrationsprinzipien, die die Akzeptanz der Subjekte als Schlüsselgröße der Integration betrachten und eine individuelle Varietät einkalkulieren. Da Menschen weiterhin in erster Linie „Beziehungswesen" sind (vgl. Seitz 2006, S. 193), knüpft das Integrationsprinzip der Beziehungsorientierung an einer elementaren Dimension des Menschseins an, die zugleich die ausgeprägte Individualität als einen unmittelbar in die Organisation nur schwer integrierbaren Aspekt der Person über den Weg kollektiver Einbindung zu umgehen (und dazu zu mildern) versucht. Im Gegensatz zu Taylor, der zeitlebens ein tief sitzendes Misstrauen gegenüber sozialen Gruppen und den in ihnen verborgenen Kräfte hegte (vgl. Weisbord 1987, S. 87), setzte Mayos Human Relations-Ansatz genau an dieser Sozialdimension an, die dem Menschen aus traditionalen Beziehungsformen und Gesellschaftsverhältnissen vertraut ist. Ihm schien aber ausgerechnet das Kollektivgebilde der Organisation den einzelnen Menschen von der positiven sozialen Integration zu entfremden, die für seine psychische Gesundheit wie für seine Produktivität verantwortlich ist. Das dem Einzelnen inhärente Streben nach Anschluss und Kooperation, das er erkannt hatte (siehe Mayo 1945b, S. 112), wollte er für die Interessen und das Wohlergehen der Organisation nutzbar zu machen. Da er – wie auch schon vor ihm Taylor – festgestellt hatte, dass informelle Gruppen ganz wesentlich für die eigentlich interessierenden Leistungsstandards verantwortlich sind, versuchte er diese Sozialgebilde nicht nur zu Integrationszwecken zu nutzen, sondern auch leistungssteigernd einzusetzen. Mit der sehr bewussten Betonung von Kollektivdimensionen und seinem holistischen Denken mit der Betonung der Höherwertigkeit des Ganzen, kam es aber eher zu einer relativen Abwertung der Teile (Individuen). Wie Individualität in Beziehungen bewahrt und gestärkt werden kann, ohne vollständig in einer Sozialität aufzugehen, ist auch schon für vergleichsweise kleinere Sozialgebilde ein nicht einfach zu lösendes Problem. Zudem erweist sich heute die Umsetzung des Prinzips der Beziehungsorientierung als zunehmend schwieriger: In sich weiter abflachenden Hierarchien mit einer immer größeren Führungsspanne werden Kontakte zwischen Führungskräften und Mitarbeitern seltener und durch die Verdichtung von Arbeitsprozessen wird auch die dafür zur Verfügung stehende Zeit für private Gespräche immer knapper. Darunter leidet das allgemeine soziale Klima wie auch das interpersonelle Verhältnis (vgl. Faust/Jauch/Notz 2000, S. 198).

Unbeschadet all dieser Probleme lässt sich eine Tendenz zur Wiederentdeckung von Organisationen als sozialen Systemen feststellen. Sie zeigt sich an solchen weithin akzeptierten Strukturgestaltungserfordernissen, die dem Einzelnen mehr Freiräume bieten und der Bedeutung des einzelnen Arbeitsplatzes im Gesamtgefüge der Organisation wie auch des einzigartigen Wert des Individuum als Humanressource dezidiert Rechnung tragen (vgl. in diesem Sinn auch Baethge/Denkinger/Kadritzke 1995, S. 166). Dazu wird bis heute in der Organisationspraxis und noch stärker bei den hierüber Schreibenden nahezu alternativlos auf Gruppenarbeitskonzepte gesetzt, obwohl dadurch nicht notwendigerweise eine bessere Integration des Individuums in die *Gesamt*organisation gelingen muss. Denn gerade an der besonderen Betonung des Gruppengedankens manifestiert sich Mayos mangelhaftes Verständnis der Institutionen einer Gesellschaft (vgl. Zaleznik 1984, S. 12) und den in ihnen enthaltenen Kulturleistungen. Die Versachlichung von Beziehungsformen im Rahmen formaler Organisationen – wie im Fall anderer Institutionen – entlastet schließlich auch das Individuum von dem Stress der permanenten Nähe und des übermäßigen gefühlsmäßigen Engagements. Die Partialinklusion in modernen Organisationen schafft zudem eine „gesunde" Distanz wie „heilsame" Abwechslungs- und Ablenkungsmöglichkeiten, die im Fall der historisch vorangegangenen sozialen Monopole und engmaschigen Sozialgebilde bzw. sozialen Netzwerke nicht möglich waren. Diese Distanzierung nahm Mayo zwar für sich und seine Arbeit durchaus in Anspruch (vgl. Trahair 1984, S. 353), wollte deren Wert aber offenbar nicht verallgemeinert sehen. In der Symbolisierung von Personalfüh-

rung verbindet sich mit Mayos nicht-direkter, aber doch einfühlsamer Gesprächsführung schließlich eine – bei aller (vermeintlichen) Nichtdirektivität – ostentative
Inszenierungsform (vgl. Pongratz 2002, S. 128), die durch einen Wechsel von Distanz und Annäherung gekennzeichnet ist. Sie markiert jedoch die Aufgabe der bis
dahin dominanten Haltung, eine emotionale Beteiligung am Arbeitsplatz zu vermeiden und die „Persönlichkeit außerhalb des Jobs zu lassen" (Argyris 1975, S. 226).
Mit der dahinter stehenden Idee auf einem solchem Weg einen (menschlichen)
Kontakt zu den Arbeitern herzustellen und ihnen das Gefühl zu geben, nicht länger
allein zu sein (vgl. Zaleznik 1984, S. 3), bewegt sie sich zudem weiter zu modernen,
informalisierten Herrschaftsformen hin, in denen Nähe und Verständnis signalisiert
wie auch Individualität und Toleranz bekundet werden (vgl. Pongratz 2002, S. 128).
Damit sollten die weiterhin bestehenden Machtdifferenzen wenigstens symbolisch
abgeschwächt werden. Die tayloristische Arbeitsgestaltung wurde dabei trotz ihrer
erkennbaren Probleme und Defizite nicht prinzipiell in Frage gestellt, sondern lediglich der Umgang mit den Individuen am Arbeitsplatz verändert (vgl. Schein 1965, S.
51). Die Sozialtechniken des Human Relations-Ansatzes ließen sich folglich so auch
in den Taylorismus ohne eine grundlegende Änderung in dessen Programmatik
einfügen (vgl. Kocyba/Schumm 2002, S. 49) und setzten auf diesem Weise dessen
Fremdsteuerungs- und Anpassungslogik in weiten Teilen unvermindert fort.

Der Human Relations-Ansatz erkannte zwar die verborgene Kraft und das Potenzial informeller Selbststeuerung sehr früh, fand aber mangels wirklichen Vertrau-
ens in die positiven Eigenschaften von (Einzel-)Personen nicht den Mut, wirklich
darauf zu setzen. Die früh dargebotene Chance einer auf Erfahrung und Einfühlung
beruhenden Führung wurde so somit größtenteils verschenkt. Es kam aber immerhin zu einer bis heute einflussreichen Erweiterung des Repertoires von Führungskräften um den Aspekt der Sozialkompetenz (vgl. auch Smith 1998, S. 245), die erst
kürzlich durch die emotionale Intelligenz (vgl. v.a. Goleman 1996) erweitert und
aufgewertet wurde. Trotz dieser Berücksichtigung sozialer Dimensionen erfolgte
aber keine wirkliche Rücksichtnahme auf die Eigendynamik organisierter Sozialgebilde; dafür fehlt es dem Human Relations-Ansatz an einem entsprechenden Kraft-
und Feldbegriff, der erst später von Kurt Lewin entwickelt wurde und die Basis für
den von ihm maßgeblich geprägten Organisationsentwicklungsgedanken wurde.
Damit einhergehend wurde die Veränderung kollektiver Sozialgebilde zu sehr auf
die Individualebene rückgeführt und ein strukturell begründeter, organisatorischer
Konservativismus nicht ausreichend bedacht. Gleichermaßen hat der Human Relations-Ansatz die Bedeutung informeller Ordnung jenseits der Hierarchie bzw. nicht-
hierarchischer Organisierung erkannt, das hierarchische Prinzip aber in keiner Weise
fundamental verändert oder gar außer Kraft gesetzt. Letztlich beließ er es bei dem
Versuch der Hierarchie quasi ein „menschliches Antlitz" in Gestalt des menschen-
freundlichen oder doch zumindest menschlich wirkenden Vorgesetzten zu verleihen. Die in Anbetracht seiner Erkenntnis nahe liegende Trennung von headship

und leadership (vgl. Gibb 1947), d.h. von formal sachorientierter Vorgesetzten- und informal-beziehungsorientierter Führungsfunktion (Führungsdual) gelang nicht. Der Human Relations-Ansatz kokettierte mit der Idee eines Beliebtheitsführers in Gestalt des Vorgesetzten ohne das teilweise unlösbare Dilemma zu bedenken, das in einer Person kulminiert, die *gleichzeitig* sachziel- und beziehungsorientiert sein soll. Damit wurde ein fundamentales Organisationsdilemma einmal mehr auf die Personenebene verlagert bzw. personalisiert – mit der Konsequenz, dass dieses Dilemma bis heute die Führungspraxis prägt (vgl. auch Neuberger 2002, S. 37 u. S. 337ff.).

Der Schritt von der Beziehungsorientierung zum *vierten* und damit letzten Integrationsprinzip der Kultivierung war nicht weit: Mit der Idee, dass Beziehungen die tragende Basis von Sozialgebilden darstellen, geht der Gedanke der Verbindung in sozialen Beziehungen einher. Werden nun solche Verbindungen – wie in Organisationen auf relative Dauer gestellt – dann entstehen daraus schließlich kollektive Verbindlichkeiten, die sich in gemeinsam geteilten, sozialen Normen und einer entsprechenden Normierung manifestieren. Das Geflecht solcher im Idealfall wechselseitig vereinbarten bzw. akzeptierten und wechselseitig verbindlichen Normen bildet die Organisationskultur, die damit quasi eine Art „Sozialkapital" der Gemeinschaft der durch sie auch symbolisch Verbundenen darstellt. Auch wenn sie eine im Organisationsalltag nur bedingt verbindliche Leitlinie darstellt, verbindet sie doch (vgl. Weber/Mayrhofer 1988, S. 559) und lässt sie so als viel versprechendes Medium der Integration erscheinen. Der Kulturgedanke stieß dabei zur richtigen Zeit quasi in eine passende Steuerungslücke: Denn im Zuge der Zersplitterung der Organisation in selbststeuernde Gruppen im Gefolge des soziotechnischen Ansatzes und der Umgestaltung der Arbeitsorganisation entlang der Ideen der Dezentralisierung und (Teil-)Autonomie mit einer Betonung von Differenzierung (vgl. auch Boessenkool 2006, S. 70), fehlte es erneut an einer Gesamtsteuerung der Organisation. Mit dem Kulturgedanken soll deswegen – besonders in der Variante einer unternehmerischen Orientierung – „die Loyalität zum Ganzen und funktionsübergreifendes Denken und Handeln eingefordert werden" (Deutschmann et al. 1995, S. 441). Damit wendet sich diese Denkrichtung deutlich gegen den Reduktionismus und Atomismus der funktional-objektivistischen Ausrichtung des Taylorismus, geht aber auch über die (Klein-)Gruppenorientierte Sichtweise des Human Relations-Ansatzes hinaus. Die Idee eines Kulturmanagements und des Prinzips der Kultivierung eröffnete dabei neue Wege, das organisatorische Gesamtgebilde zu lenken, ohne hinter das Prinzip der Gleichwertigkeit von ökonomischer und sozialer Effizienz zurückzufallen, das aus den Erkenntnissen des Human Relations-Ansatz erhalten blieb. Denn es darf nicht unterschätzt werden, dass die Organisationskultur – besonders in ihrer informellen Seite – eine Art „zweite Realität" (v. Neumann-Cosel 2006, S. 114) darstellt, die das Handeln der Individuen im Organisationsalltag lenkt. Gerade mit Blick auf diese Lenkungsfunktion sehen Organisationen und ihre Leitungen in der Kultur die Chance, eine weiche qualitative Steuerungsform und über darin enthaltene visionäre Elemente ein Mittel zur strategischen Ausrichtung und informellen Führung zur Verfügung zu haben (vgl. in diesem Sinn Wunderer 1992, S. 224ff.).

Somit setzen die Idee einer kulturellen Steuerung und das Prinzip der Kultivierung die zuvor konstatierte Tendenz zur Informalisierung von Herrschaftsstrukturen weiter fort, da hier, statt eines quasi omnipotenten, sichtbaren hierarchischen Vorgesetzten, die zum großen Teil unsichtbare und schwer fassbare Kultur zur „Führungskraft" wird. Denn eine verinnerlichte Organisationskultur soll schließlich die Beschäftigten befähigen, sich im Sinne der Organisation selbst zu steuern und so die Notwendigkeit von Kontrollen zu reduzieren (vgl. Steinmann/Schreyögg 2005, S. 729) und damit auch die Notwendigkeit von personal getragener Führung abzubauen helfen. Allerdings ist das Integrationsprinzip der Kultivierung von hoher Ambivalenz gekennzeichnet: Denn der Kulturgedanke wirkt zwar der langen Tradition der Versachlichung von Beziehungen mit der Betonung von Sozial- bzw. Kollektivdimensionen entgegen, stellt aber doch angesichts der hohen Abstraktheit und relativen Unsichtbarkeit von Organisationskultur als über-individuelles und implizites Phänomen ein eher unpersönliches Integrationsprinzip dar. Als „Summe aller Selbstverständlichkeiten" (Hinterhuber/Krauthammer 1988) kommt die Kultur vor allem mit ihrer informellen Seite darüber hinaus der zu beobachtenden Informalisierung von Herrschaftsformen (vgl. Pongratz 2002, S. 128) entgegen.

In Gestalt von konkreten Kulturträgern bekommt sie zudem ein persönliches Antlitz und erfährt in ihren Artefakten eine stumme, aber handgreifliche Realisierung, von der sehr subtile Effekte ausgehen können, die einer bewussten Reflektion oder einem absichtsvollen Entzug entgegenstehen. Denn das unablässig arbeitende „Hintergrundprogramm" der Kultur, erlaubt praktisch keine Nichtbeteilung (vgl. Weibler 2003, S. 194). Diese Unsichtbarkeit und Subtilität wie allumfassende Wirkung machen sie zu einem – wenn auch fragilen – so doch fast unverzichtbaren und gleichermaßen modern anmutenden wie „alt bewährten" Integrationsinstrument. Denn in Kulturen verbindet sich Vergangenes mit Zukünftigem, weil Traditionen genauso wie Visionen Bestandteile von Kulturen sein können. Die inhärente Dynamik von Kulturen ermöglicht zudem immer neue Anpassungen an Individuen wie Einpassungen von Individuen und erlaubt neuartige Ausdrucksmöglichkeiten des Kollektiven wie Einbringungsmöglichkeiten des Individuellen. Dabei erweist es sich als vorteilhaft, dass Kulturen auch die emotionale Seite des Individuums anzusprechen vermögen – und dies nicht nur in einer dyadisch-relationalen Art, wie bei der Einfühlsamkeit in der Beziehungsorientierung, sondern im kollektiven Maßstab. So kann besonders über gemeinsame Zukunftsbilder (Visionen) als Bestandteil gelebter Kulturen den Mitgliedern ein „Wir-Gefühl" vermittelt und ihre Bedürfnisse nach Stabilität und emotionaler Sicherheit befriedigt werden (vgl. exemplarisch Bailom/Matzler/Tschemernjak 2006, S. 83).

Insgesamt hat das Integrationsprinzip der Kultivierung so zu einer weiteren Aufwertung des Individuums im organisationalen Zusammenhang geführt, das lange eine untergeordnete Rolle als Produktionsfaktor spielte (vgl. auch Boessenkool 2006, S. 83). Denn dabei besteht für Individuen die Möglichkeit der Aufrechterhaltung und Mitgestaltung von Kultur durch performative Akte (wie z.b. Rituale). Der gestiegene Wert der Person und Persönlichkeit zeigt sich aber auch an den Möglichkeiten der Inszenierung, die ein symbolisches Management eröffnet. So können Führungskräfte bei entsprechend ausgeprägten persönlichen Kontakten zentrale Werte durch (un-)bewusste Signale und ein gezieltes Vorleben auch in den Köpfen der Mitarbeiter verankern (vgl. Faust 2003, S. 216; Weibler 1995). Aus diesen Verhaltensweisen ziehen Geführte entsprechende Schlussfolgerungen auf zugrunde liegende Werthaltungen, die sie im Idealfall internalisieren (vgl. Draeger-Ernst 2003, S. 297). Jedoch müssen die kollektiv vorgelebten Wertvorstellungen nicht den individuellen Vorstellungen entsprechen. Und schon gar nicht existiert eine feste Kopplung von Kultur und Handeln, durch die das Individuum ein kulturdeterminiertes Wesen wäre, und somit alle Werte auch in korrespondierende Handlungen umsetzen würde (vgl. auch Berger 1993). In Zeiten zunehmender Distanz in Führungsbeziehungen (vgl. Eichenberg 2007) und immer weiter virtualisierten Organisations- und Beziehungsformen (vgl. Weibler/Deeg 2005), wird überdies selbst der Versuch einer Vermittlung von Werten und Normen zunehmend schwieriger. Damit bleibt festzuhalten, dass Individuen als Mitgestalter in Kulturen integriert werden können, ihnen aber dennoch auch ausgeliefert bleiben. So sind Kulturen zwar menschliche Konstrukte, aber eben nicht konstruierbar (vgl. Türk 1990, S. 69). Demzufolge lassen sie sich nicht lenken, sondern *sie* sind es, die lenken (vgl. Weber 2005, S. 15).

Eine Kultur wächst ferner aus Tradition und ändert sich mit dem Wandel von Mitarbeitern – beides stellen Faktoren dar, die sich wenigstens teilweise einem gestalterischen Einfluss entziehen. Im Gegensatz zu Mayo, dessen Überlegungen und Lösung in Gestalt der Beziehungsorientierung quasi an den „Kulturproblemen" industrialisierter Gesellschaften ansetzte (Vereinzelung, Entfremdung, Desintegration), vertrauen die Vertreter des Organisationskulturansatzes ausgerechnet in die Problemlösungskraft von Kulturen. Doch zeigt sich seit längerem ausgerechnet ein „Niedergang der alten integrativen Unternehmenskultur" (Kotthoff 1995, S. 443f.). Hinzu kommt eine fortschreitende kulturelle Pluralität von Gesellschaften, die sich in der Personalstruktur von Organisationen wie in der Zusammensetzung von Organisationseinheiten (v.a. Teams) immer mehr niederschlägt. Diese Prozesse münden letztlich in einer kulturell diversen bzw. „multikulturellen Organisation" (vgl. Cox 1993), die einige Fragen hinsichtlich ihrer Führung bzw. der Steuerung des Personals aufwirft (vgl. Weibler 2003). Mit Blick auf das Integrationsproblem stellt sich dabei aber besonders die Frage, in *welche* Kultur(en) ein Individuum integriert werden kann und soll und ob eine homogene einer heterogenen Kultur, bzw. eine mono- einer multikulturellen Organisation vorzuziehen ist (vgl. dazu auch Krell 1997). Zu lange Zeit hat sich die Organisationskulturdiskussion auf Konsens, Harmonie und Gemeinsamkeit fokussiert und Differenzen, Konflikte, Unschärfen und Ambiguitäten, die mit Kulturen und kulturellen Praktiken einhergehen, ausgeblendet (vgl. Boessenkool 2006, S. 82).

Darüber hinaus sind die besonderen Gefahren bzw. Gefährdungen zu bedenken, mit denen das Integrationsprinzip einer Kultivierung einhergeht, das mit Idealbildern von Kulturen und weniger mit deren Realität arbeitet. Neben den moralischen Problemen einer Instrumentalisierung von Kultur steht jede pragmatische Nutzung von kulturellen Elementen vor dem Problem der relativen Unzuverlässigkeit und mangelnden Prognostizierbarkeit von Wirkungen, die die Kultivierung zu einem unberechenbaren Integrationsprinzip machen. Denn im Gegensatz zu maschinellen Programmierungen, die logischen, universell funktionierenden Gesetzmäßigkeiten folgen, sind kulturelle Programmierungen weniger präzise und rational sowie vielgestaltiger in ihrer Wirkung und noch dazu variabler im Zeitablauf und ihrer Geltung (vgl. Weibler 2003, S. 194). Die Hintergründigkeit von Kultur führt zudem dazu, dass vieles an Einflüssen geduldet, einiges abwandelt und anderes ganz gestoppt wird. Welches dieser Reaktionsmuster eintritt und welche Konsequenzen daraus folgen, lässt sich im Vorhinein nur schwer vorhersagen. Das Verständnis von Kultur als „zweiter Realität" impliziert schließlich auch die Möglichkeit des Zerfalls einer einheitlichen Organisationskultur in eine Firmenideologie und eine Belegschaftskultur (vgl. Wittel 1997). In dem Maß wie offizielle Kultur und informelle Subkultur sich voneinander entfernen, wächst die Gefahr einer Desintegration. Es kommt zu einer aus Organisationssicht unerwünschten Solidarisierung der Individuen hinter dem Rücken der von der Basis der Mitglieder entfremdeten Leitung. Auf diese Weise entgleiten Subkulturen im Schatten der organisationsoffiziellen „Corporate Identity" allmählich und unmerklich dem Zugriff der Leitung und mutieren zu den Schattenkulturen nach Dyer (1985), die schließlich jenen destabilisierenden wie desintegrierenden Umsturz auslösen, der Teil eines für Individuen bisweilen schmerzhaften Kulturwandels ist. Dabei lockern sich die vormals festen Verbindungen und das einstmals Verbindende wird im Extremfall zum Trennenden. Das kulturell austarierte Verhältnis von Individuum und Organisation kann trotz aller Festigkeit solcher Orientierungsmuster nicht nur aus seinem Gleichgewicht geraten, sondern auch irreparabel gestört werden. Damit versinnbildlicht das letzte Integrationsprinzip der Kultivierung die zwar tiefsten und umfassendsten Integrationen im Fall des Gelingens, aber auch die zerbrechlichste und im Fall des Misslingens folgenschwerste Einbindungsform.

Ob vor diesem Hintergrund Organisationskultur wirklich ein „postmodernes Organisationskonzept" (Bardmann/Franzpötter 1990) ist, darf wenigstens in Teilen bezweifelt werden, da Organisationskulturen als durch Tradition gewachsene und im Einfluss der Gesellschafts- und Landeskultur stehende Gebilde stets auch vormoderne Elemente enthalten und die Integrationsidee der Kultivierung in menschlichen Gemeinschaften (als Enkulturation oder Sozialisation) schon lange vor der Entwicklung formaler Organisationen bekannt war und praktiziert wurde. In ihrer Extremform nehmen besonders starke, hochgradig geschlossene Kulturen eine Gestalt an, die eher an tribalistische Sozialformen und Verhaltensweisen erinnern, als an sachlich-funktionale, professionelle Arbeitszusammenhänge. Überdies kann das Bindende der Gemeinschaft für das Individuum schnell zu einer „Fessel" werden und seine Entwicklung behindern oder fehlleiten. Die im Zuge so genannter „unternehmerischer Kulturrevolutionen" eingesetzten „Technologien der Begeisterung" versuchen außerdem ein Feuerwerk der Leidenschaft zu entfachen, das sich nur allzu schnell einer vernünftigen Steuerung und einem vernunftgemäßen Gebrauch entzieht. Und nicht zuletzt wird mit dieser Stimulation von Affekten letztes Endes eine „Kultur der Selbstverwertung" (Verwoert 2003) inszeniert, die den Wert des Einzelnen umso mehr entwertet, je mehr sie ihm an wertvollen Ressourcen des eigenen Ichs zu entreißen vermag. So war mit dem Organisationskulturkonzept von Anfang an der Wunsch verbunden, hierdurch individuelles Verhalten zum Zweck der Produktivitätssteigerung zu beeinflussen und so auch die organisationale Effizienz zu steigern (vgl. Boessenkool 2006, S. 83). In ihrer fundamentalen Vergemeinschaftungsdimension sind Organisationen damit immer auch „Aneignungsgemeinschaften" (vgl. dazu Türk/Lemke/Bruch 2006, S. 31). Denn verlangen sie von den in ihnen zusammengefassten Subjekten eine doch fremdvorgegebene und damit gelenkte Selbstregulation, die letztlich im Interesse desjenigen steht, der sich dieses Gebildes bedient und die dann nicht mehr notwendigerweise der viel beschworenen Gemeinschaft nützt (vgl. auch Thielemann/Weibler 2007). Dementsprechend ist das letzte und quasi „modernste" Integrationsprinzip nicht nur von einer Überformung durch funktionalistische Gedanken, sondern – bei aller Avanciertheit – stets auch von einem Rückfall hinter das mit den ersten Prinzipien erreichte Niveau bedroht.

Fassen wir damit zusammen: Betrachtet man die vorgestellten Integrationsprinzipien nach ihrer je einzelnen Würdigung nun insgesamt, so fällt auf, dass sie alle sehr harmonistisch verfasst sind und das konfliktäre Verhältnis von Individuum und Organisation einzudämmen, abzumildern oder gar einzustellen zu versuchen und sich vor diesem Hintergrund betrachtet als einigermaßen einseitig und unzureichend erweisen. Denn obwohl Konflikte generell ein ganz und gar alltägliches und auch gewissermaßen „natürliches" Phänomen in Organisationen darstellen und auch eine produktive Funktion besitzen, wurden sie – wie sich an der Rekonstruktion der Integrationsprinzipien auf der Basis zentraler, organisationstheoretischer Konzepte zeigt – lange Zeit ignoriert oder nur aus einer negativen Perspektive heraus betrachtet. Gerade die einseitigen Integrationsformen setzen dabei zunächst alles daran, Konflikte im Vorfeld durch klare Aufgabenteilung und Kompetenzfestlegung zu vermeiden oder auftretende Konflikte durch übergeordnete Entscheidungsträger (hierarchisch höher stehende Vorgesetzte) oder fachliche Experten (Funktionsmeister) rasch und eindeutig zu lösen. Der Bürokratie-Ansatz und der Taylorismus vertrauen für eine Konfliktminimierung im Vorfeld auf die Verhaltenssteuerung durch festgelegte Regeln und Normen (vgl. Reimer 2005, S. 128) und die Loyalität von Führungskräften und Mitarbeiter gegenüber der Organisation (vgl. Argyris 1975, S. 226). Nichtsdestotrotz ergeben sich gerade hierdurch entweder wieder neue Konflikte oder aber wegen systematischer Defizite der einseitigen Lösung ein dauerhafter Konflikt. So sind hierarchisch-bürokratische und funktionale Integrationsformen durch Passivität, Unterordnung, geringe Kontrollbefugnis und kurze Zeitperspektive charakterisiert, die mit dem Reifestreben, Selbstbestimmungsrecht und Wachstumsbedürfnissen von Individuen konfligieren (vgl. Argyris 1975, S. 225). Sie setzen mit anderen Worten Unmündigkeit und Unreife voraus, was auf die Dauer nicht nur zur Unzufriedenheit und Frustration, sondern auch zu schwerwiegenden Konflikten zwischen dem Individuum und der Organisation führen kann. Auf einer strukturellen Ebene treten in hierarchisch-bürokratischen Organisationsformen zudem kaum lösbare Konflikte zwischen formal gleichrangigen Untereinheiten auf (vgl. Mayntz 1985, S. 114). Sie sind unausweichliche Folge der internen Arbeitsteilung und der Orientierung der Untereinheiten an der Teilaufgabe. Der Human Relations-Ansatz verfolgte demgegenüber eine mentalhygienische Strategie, die versuchte, mittels Sympathie, Akzeptanz, Einsicht und der Veränderung von Einstellungen Konflikte im Vorfeld zu vermeiden oder in ihren Auswirkungen abzumildern. Und auch der Organisationskulturansatz geht in weiten Teilen von der harmonistischen Vorstellung eines gemeinsam geteilten Werte- und Normenkatalogs aus, die das prekäre Zusammenspiel und latente Spannungsverhältnis zwischen Leit- und Subkulturen oder die Konflikthaftigkeit einer gleichzeitigen Präsenz unterschiedlicher Privat-, Gruppen-, Berufs-, Gesellschafts- oder Landeskulturen nur wenig reflektiert (vgl. dazu auch Mayhofer/Meyer 2004, Sp. 1030).

Diese negative Einstellung gegenüber Konflikten zeigt sich auch an den zentralen Personen, die mit den einzelnen Organisations- und Integrationsansätzen verbunden sind: So erhoffte sich ganz besonders Elton Mayo durch humanere Führungsmethoden in der Industrie eine Reduktion von seiner Meinung nach irrationalen und unnötigen Konflikten und letztlich sogar – wie Taylor – eine Aufhebung des historischen Konflikts zwischen Kapital und Arbeit, wie er in einem Brief an den Untersuchungsleiter der ersten Hawthorne-Studien G. A. Pennock 1929 schrieb (vgl. Walter-Busch 1996, S. 169). Die ausgeprägte Human- bzw. Beziehungsorientierung seines Human Relations-Ansatzes schuf allerdings gleichzeitig einen schwer lösbaren Fundamentalkonflikt zwischen der Zweckrationalität des Organisationsgebildes und den ökonomischen Zielsetzungen des Unternehmens auf der einen und dem Eigenwert des menschlichen Wesens und sozialen Zielen auf der anderen Seite. Dieses Problem wird an der folgenden Begebenheit aus der Phase I der Hawthorne-Experimente (Relais-Montage-Testgruppe) sehr anschaulich deut-

0

lich (vgl. dazu Kieser 2006c, S. 147f.), das sich auch bei Roethlisberger/Dickson (1966) wiederfinden lässt: Bereits kurz nach Einrichtung der Testgruppe reduzierte das hohe „Ausmaß des Schwätzens", dem sich alle Arbeiterinnen beteiligten, die Konzentration auf die Arbeit. Deswegen wurden nach zwölf Monaten vier Arbeiterinnen zum Abteilungsleiter gerufen und ermahnt. Als auch weitere Abmahnungen erfolglos blieben, wurde mit Versetzung in Abteilungen oder Entlassung gedroht. Aber auch davon zeigten sich zwei Arbeiterinnen unbeeindruckt, da sie dies entsprechend der Hinweise der Vorgesetzen zu Beginn der Studie als erwünscht ansahen („Wir dachten, Sie möchten, dass wir so arbeiten, wie es uns gefällt."). Als auch Sanktionsandrohungen und Ermahnungen nichts daran änderten, wurden schließlich beide Arbeiterinnen „wegen grober Aufsässigkeit" und schlechter Leistungen aus der Testgruppe entfernt und durch willfährigere Personen ersetzt.

Hieran zeigt sich sehr deutlich das Dilemma zwischen Sach-/Zweckrationalität und Wertrationalität, das im Verhältnis zwischen Individuum und Organisation vor allem in Kontext leistungsorientierter Gemeinschaften bzw. erwerbswirtschaftlicher Organisationen beständig virulent wird. Besonders in erwerbswirtschaftlichen Organisationen (Unternehmen) besteht ein grundlegendes Dilemma zwischen moralischen Werten einerseits und dem ökonomischen Zweck der Organisation andererseits: Schon Max Weber (1976, S. 12) beschrieb das grundlegende Spannungsverhältnis zwischen einer (folgenunabhängigen) Wert-Rationalität versus (erfolgsorientierten) Zweck- und Sach-Rationalitäten. Einerseits muss eine Organisation der (erfolgsorientierten) Zweckrationalität als Logik jeder Organisation für eine funktionale Zweck-Mittel-Relation folgen. Dabei fordert besonders das ökonomische Prinzip eine optimale zweckbestimmte Ausnutzung vorhandener Möglichkeiten mit rationalen Mitteln (vgl. Weibler 2001, S. 399). Dieser Zweckrationalität steht eine Wertrationalität gegenüber, welche die Ziele (und Zwecke) durch die Selbstbesinnung auf (Eigen-)Werte und deren Quellen überhaupt erst begründet. So ist aus einer wertrationalen Perspektive beispielsweise auch der humane Eigenwert des Menschen gegenüber einer technokratischen Verabsolutierung von Funktionalitäts- und Effizienzkriterien zu bewahren (vgl. Weibler 2001, S. 435; Kuhn/Weibler 2003). Damit bestehen aber andauernde Zielkonflikte zwischen Zwecken und Werten in einer Organisation sowie zwischen der Organisation und ihren Anspruchsgruppen (vgl. Thielemann/Weibler 2007), die eine organisationale *Aushandlung* und sinnvolle Integration im Rahmen der Arbeitszusammenhänge der handelnden Subjekte immer wieder erneut erforderlich machen (vgl. Ulrich 2008).

Diese dilemmatische Konstellation manifestiert sich auch am Verhältnis von Individuum und Organisation. So sind Individuen bzw. insbesondere ihre Kenntnisse und Leistungen für Organisationen zur Realisierung ihres Zwecks unverzichtbar. Zur Sicherung der Unabhängigkeit und Handlungsfähigkeit des Gesamtgebildes dürfen sie jedoch von den spezifischen (Leistungs-)Beiträgen einer einzelnen Person nicht zu abhängig werden. Dieses Problem kann als das Dilemma von gleichzeitiger

Integration und Ausschluss von Mitarbeitern bezeichnet werden (vgl. Kühl 2002, S. 55f.): So müssen Mitarbeiter aus Organisationssicht einerseits in die Organisation integriert werden, damit ihre Kreativität und ihr Engagement instrumentell genutzt werden kann. Ein der Organisation fremd bleibendes Individuum wird seine Leistungen nicht in dem Maße in den Arbeitsprozess einbringen, wie dies mit Blick auf die Gesamtaufgabe wünschenswert wäre. Andererseits müssen Mitglieder austauschbar bleiben, damit die Organisation nicht von ihnen abhängig wird. Denn eine fachlich begründete oder kompetenzbezogene Unverzichtbarkeit kann als Machtbasis genutzt werden, um sich Anweisungen entgegenzustellen. Auch für dieses beschriebene Inklusions-Exklusions-Dilemma besteht keine dauerhafte Lösung, so dass in der Organisationspraxis ständig neue Verhandlungsprozesse und Kompromisse erforderlich sind.

Die solchen Dilemmata zugrunde liegenden Probleme können dabei freilich nicht allein durch organisatorische bzw. strukturelle Maßnahmen oder das Ordnungsmuster „Organisation" gelöst werden. Somit hat gerade die Führungsrolle Probleme durch eine Personalisierung organisationaler Dilemmata zu bewältigen: „Die Führungsrolle verwandelt (...) Ordnungsprobleme in ein persönliches Dilemma, um damit neue Techniken der Problemlösung zu mobilisieren, die dem sozialen System sonst nicht zur Verfügung ständen. Der Führer (...) muss auf widerspruchsvolle Zumutungen in Einzelsituationen mit einem konsistenten Rollenverhalten antworten können, und dies nach Möglichkeit, ohne Erwartungen zu enttäuschen. Dazu ist er nur imstande durch Generalisierung seines Einflusses und mit Hilfe einer besonderen Fähigkeit zu sozialer Selbstdarstellung" (Luhmann 1999, 214). So kann etwa die „Erfindung" eines mitarbeiterorientierten Führungsstils als Symptom gedeutet werden, dass sich durch Organisation sowie Personalmanagement allein die widersprüchlichen Anforderungen aus der Systemzweck nicht mehr bewältigen lassen (vgl. Remer 1992, S. 240). Dem Führungsstil kommt aus dieser Warte folglich die Funktion zu, den Widerspruch zwischen Zweck und Mittel erträglicher zu machen. Besonders humanistische Führungs(stil)konzeptionen sehen sich dabei allerdings vor das nächste Dilemma gestellt, denn die Behandlung einer anderen Person als (Mit-)Menschen setzt gerade das Heraustreten aus der organisational definierten Führungsbeziehung voraus (vgl. Neuberger 2002, S. 37). Dabei sind die mit dieser Sichtweise verbundenen ethischen Fragen noch nicht einmal angesprochen.

Darüber hinaus entfaltet die Integrationsfrage auch schwer wiegende Paradoxien, die schon mit der Eingebundenheit des Individuums in kollektive, soziale Zusammenhänge beginnen und organisationale Gebilde so zu grundlegend paradoxalen Einrichtungen macht. Denn der einzelne Mensch ist in seiner Individualität letztlich viel zu komplex, als dass er in seiner Einmaligkeit wie Ganzheit erfasst werden könnte und zudem gerade auch definiert (d.h. bestimmt wie begrenzt) durch seine besonderen (sozialen) Beziehungen (vgl. Neuberger 2006b, S. 215): Somit gewinnt der Einzelne paradoxerweise seinen Eigenwert erst durch die Beziehungen, die er unterhält oder in die er eingebettet ist, also durch Zugehörigkeit zu oder Ausschluss aus Gruppen, Netzwerken, Koalitionen etc. Damit ist nicht so sehr die „wahre" Identität des Einzelnen (wer man in Wahrheit oder eigentlich ist) von Relevanz, sondern seine soziale Identität (wie er gesehen wird, mit wem er assoziiert ist oder zu wem er gehört). Darauf haben die wechselseitigen Integrationsformen und im Besonderen das Integrationsprinzip der Beziehungsorientierung bereits verwiesen (vgl. Kapitel 2.2.1). Diese Bedingungen der Verflochtenheit und Einbettung sind bei allen Steuerungseingriffen und Managementaktivitäten zu bedenken. Folglich ist eine reine Interventionslogik (etwa bei der Lösung von Konflikten) nicht hilfreich. Denn die Führungskräfte bzw. das Management einer Organisation sind immer Teil des Problems, das es jeweils zu bearbeiten gilt (vgl. Wimmer 1996, S. 48). Auch wenn Organisieren ein kollektives Bemühen der Reduktion von Widersprüchen bzw. eines Umgangs mit widersprüchlichen Anforderungen, Mehrdeutigkeiten, Unklarheiten und Unsicherheiten darstellt, kommt dieses Unterfangen oft an seine Grenzen. Organisationen als Mechanismen der Unsicherheitsabsorption bleiben unsicherheitsbehaftete Gebilde, die immer wieder konfliktäre, dilemmatische und paradoxe Situationen und Problemstellungen hervorbringen – besonders wenn sie die Eigenheiten und den Eigensinn von Subjekten in ihre apersonalen Ordnungszusammenhänge zu integrieren versuchen.

Auf die widersprüchliche, konfliktäre und paradoxale Organisationsrealität haben die Organisations- und Managementlehre aber bedauerlicherweise oft genug mit Wirklichkeitsfremdheit und Idealisierung geantwortet, wie an den vorher dargestellten klassischen Integrationsformen und -prinzipien mehrfach deutlich wurde. Es wird dabei ein Bild einer Organisationszukunft (oder -zukünften) entworfen, das mit der Dynamik, Vielfältigkeit und Mehrdeutigkeit in realen Organisationen und ihrer Außenwelt nichts oder nur wenig zu tun hat. Stattdessen wird im trügerischen Windschatten ausgegrenzter Komplexität und ungelöster Konflikte eine Art zweiter Realität kultiviert. In einer solchen „Ästhetisierung" kommt eine unausgesprochene Managersehnsucht nach dem Unternehmen als stimmigem und harmonischem Gesamtkunstwerk zum Ausdruck (vgl. Neuberger 1994). Ein solcher simplifizierender und unterkomplexer Harmonismus verkennt und verkürzt aber nicht nur die realen Problemdimensionen in der Relation von Individuum und Organisation in unzulässiger Weise, sondern führt auch zu keinen langfristig sinnvollen Lösungen. Für einen produktiven Umgang sind zunächst einmal eine erweiterte Erkenntnis und ein vertieftes Verständnis erforderlich. Dabei scheint ein (interdimensionales) Ausbalancieren dilemmatischer Anforderungen (vgl. Gebert 2002, S. 162) durch Kombinationsstrategien zweckvoll: Beispielsweise eine klare Zielpriorität und verbindliche Verantwortlichkeiten (geschlossene Struktur) verbunden mit extensiver Kommunikation und der Freiheit zu Improvisation (offene Struktur). Das Konzept einer widerspruchsorientierten Organisation und Führung im Gegensatz zum bisher hochgehaltenen Ideal einer widerspruchsfreien Organisation und Führung würde zudem helfen, die antithetische Struktur dilemmatischer Kontextbedingungen im Problemfeld von Individuum und Organisation zu hinterfragen, zu transformieren und zu überwinden, um so zu produktiveren Bewältigungsformen zu kommen. Dies würde auch die Möglichkeit eröffnen, das Verhältnis von Individuum und Organisation und die dazu korrespondierende Theorieentwicklung anders als auf linear-harmonistische Weise, also z.b. dialektisch oder spiralförmig-dynamisch zu verstehen und zu konzipieren. Damit würde schließlich auch die Handhabungspraxis um ein breiteres Möglichkeitsspektrum bereichert.

Rückblickend betrachtet haben alle Integrationsformen und -prinzipen das Verhältnis von Individuum und Organisation durchaus unterschiedlich aufgefasst und das Integrationsproblem immer anders akzentuiert. Ihre dabei gezeigten Veränderungs- und Verbesserungsbemühungen kann man dabei in Anlehnung an die Diktion Luhmann's (2005, S. 416) entweder als Anpassung an im Lauf der Zeit neu aufgetretene *Ideen* (z.b. Autonomie, Selbstverwirklichung) oder als Anpassung an *Realitäten* (z.b. der Gesellschaften, Märkte) verstehen. Gleichzeitig sind neben den Unterschieden auch Gemeinsamkeiten in der Problemdiagnose wie -behandlung erkennbar. Dabei teilen alle Integrationsprinzipien den Gedanken einer idealtypischerweise nicht-konfliktären Beziehung zwischen Individuum und Organisation, der sich nicht erst vor dem Hintergrund komplexer, polyzentrischer und damit latent konflikthafterer Formen heutiger Arbeitsorganisation als ein besonders schwer wiegendes Defizit erweist. Damit einhergehend haben diese klassischen Integrationsformen – wie zuvor dargestellt – keine hinreichende Antworten auf die grundlegenden Dilemmata und Paradoxien gefunden, die allen Formen von Organisation inhärent zueigen sind und so auch untrennbar mit dem Verhältnis von Individuum und Organisation verbunden sind. Darüber hinaus wird durch die in den letzten Jahren bemerkbaren Tendenzen der *Desintegration* in Organisationen ihre Leistungskraft zur Integration zusätzlich vor neue Herausforderungen gestellt. Besonders getrieben wird diese Tendenz zur Desintegration durch die vermehrte *Diskontinuität von Organisationsstrukturen* (vgl. Deeg 2005), die zunehmende *Diversität von Personalstrukturen* (vgl. Nienhüser 1998, Weibler/Deeg 2004), die wachsende *Distanz in Führungsbeziehungen* (vgl. Eichenberg 2007, Weisband 2008), die partiell intensivierte *Dezentralisierung von Entscheidungskompetenzen* (vgl. Faust et al. 1995, Kühl 2001, Drumm 2004) sowie die fortschreitende *Erosion und Entgrenzung des Organisationsgebildes* (vgl. u.a. Eickhoff 1996, Bleckner 1999).

Dies alles führt zu einer eher lockeren Vernetzung der Teile und sorgt für „Inkongruenzen, Dissonanzen und Spannungen" (Reiß 1998, S. 226). Besonders die Veränderung von Beschäftigungsverhältnissen, die Dezentralisation und Verselbstständigung von Organisationseinheiten, die zunehmende Kooperation mit Konkurrenten, Lieferanten und Kunden und die räumliche wie zeitliche Entkopplung von Leistungserstellungsprozessen verwischen immer dabei weiter die inneren und äu-

ßeren Grenzen der Organisation. Sehr augenfällig wird dieser Desintegrationsprozess am Bild des „Arbeitskraftunternehmers" (Voß/Pongratz 1998), der kein vollwertiges, integriertes Mitglied einer Organisation als sozialer Gemeinschaft mehr
darstellt, sondern als quasi selbständiger, externer Unternehmer in eine bloß kontraktuelle Beziehung zur Organisation tritt. Hinzu kommt eine immer stärker Au
ßenorientierung an Shareholdern und auch Stakeholdern, die ein bedeutsames und
weiter zunehmendes Gewicht bei Organisationsentscheidungen erlangt haben (vgl.
dazu u.a. Donaldson/Preston 1995, Mill/Weinstein 2000, Speckbacher 2004). Damit wird immer unklarer, wer zur Gemeinschaft der Organisationsmitglieder rechnet und woran sich der Einzelne orientierten soll. Eine Einbettung in einen kohärenten Wertezusammenhang ist dadurch auch immer weniger gegeben, da immer
neue Wertekonflikte durch verstärkte Außenorientierung der Organisation im Stakeholder- und Shareholder-Geflecht auftreten und so die Mitglieder spalten.

Neben diesen offenkundigen Desintegrationstendenzen sind aber – besonders
in der Organisationspraxis – verschiedenste *Strategien der Reintegration* zu beobachten,
die teils an die Integrationsprinzipien anknüpfen und diese fortsetzen wie steigern,
die teils aber auch andere Maßnahmen ergreifen, um das Individuum weiterhin in
der Organisation zu halten. Dazu werden zunächst eine ganze Reihe von Kompromissen und Konzessionen gemacht, um traditionelle Integrationsprinzipen, überkommene Organisationsmodelle und klassische Beziehungsverhältnisse nicht vollständig aufgeben zu müssen. So versuchen etwa die Konzepte der Teil(!)-Autonomie, losen Kopplung oder Selbstorganisation doch noch letzte Reste der Autorität zu retten, indem Unterordnung und Fremdsteuerung zwar reduziert, aber keineswegs abgeschafft werden. Damit erscheint die Asymmetrie des Herrschaftsverhältnisses für das Individuum akzeptabler, die Machtbasen des Managements bleiben aber weitgehend unangetastet. Weiterhin wird trotz des Zerfalls der einheitlichen Organisationskultur, nach der Devise „mehr vom Selben", unverdrossen auf
den Kollektivgeist gesetzt und die Gemeinschaft beschworen. Dazu rechnen eine
zunehmend zur Schau gestellte Werteorientierung und ostentative, rhetorische
Betonung von einzelnen Werten (Altruismus, Solidarität), insistierende Gemeinschaftsappelle und Versuche der Erzeugung und Steigerung von „Wir-Gefühl" (z.B.
durch Gruppentrainings). Gleichzeitig werden Drohkulissen oder Untergangsszenarien aufgebaut oder auf übergeordnete Rechte, unausweichliche Entwicklungen wie
rational-begründbare Notwendigkeiten verwiesen. Dahinter steht die Hoffnung,
dass dies die auseinanderdriftenden Individuen wieder zu einem gestaltbaren Ganzen „zusammenschweißt". Das diffuse Gefühl der Ersetzbarkeit, das in solchen
Verhältnissen das Individuum beschleicht, sorgt zusätzlich für eine weitere Disziplinierung des Einzelnen (vgl. auch Dörre 2006).

Eine besonders prominente Strategie der *Reintegration* ist der intensivierte Versuch, Einheiten und Personen in der Organisation mittels eines ursprünglich außerhalb der Organisation wirkenden Steuerungsprinzips zu verschränken. So sollen egoistische Eigeninteressen von Abteilungen und Individuen über das Marktprinzip und seinen Preismechanismus dem von der Organisationsleitung definierten Gesamtwohl untergeordnet werden (z.b. durch die Bildung von Profit-Centern oder die Einführung von Verrechnungspreisen). Damit verbunden ist die Hoffnung, dass Gegensätze zwischen Kollektiverfordernissen und Individualbedürfnissen ohne eine personale Instanz zur Zufriedenheit aller aufgelöst werden. Dabei wird das klassische Steuerungsmedium der hierarchisch begründeten Macht zumindest teilweise durch das Medium Geld ersetzt (vgl. Rüegg-Stürm/Achtenhagen 2000, S. 5f.). Allerdings fällt das Marktprinzip als unvollständiger und unpersönlicher Integrationsversuch hinter die wechselseitigen Integrationsprinzipien der Beziehungsorientierung und Kultivierung zurück, da es den Menschen als emotionales und soziales Wesen nicht ernst nimmt und vom Individuum einseitig eine Angepasstheit (Marktförmigkeit) verlangt. Gleichwohl hat der Versuch, das Marktprinzip umfassend für die Regelung sozialer Beziehungen und die Steuerung sozialer Gebilde zu nutzen, zu einer wachsenden Ökonomisierung der gesamten Lebenswelt des Individuums geführt (vgl. z.B. Weibler 2008, Kurbjuweit 2003). Die langen Schatten der Ökonomie haben damit wenig überraschend zu einer Abnahme der organisationalen Diversität geführt, wie die Isomorphie-Diagnose des Neo-Institutionalismus (vgl. dazu Walgenbach/Meyer 2008, S. 33ff.) auf anderem Weg und mit anderen Begründungsmustern zu zeigen versucht hat. Die subtile Disziplinierung durch den Markt erfordert die Etablierung eines sehr umfassenden Verhaltens- und Kontrollsystems, dem sich auch die schon organisational Integrierten kaum zu entziehen vermögen (vgl. Dörre 2006, S. 189). Dies zeigt sich im Extrem an einer Selbst-Ökonomisierung und Selbst-Rationalisierung des Individuums, das die selbstverantwortliche Vermarktung der eigenen Fähigkeiten und Leistungen übernimmt und seine ganze Lebensführung „verbetrieblicht" (vgl. Pongratz/Voß 2001, S. 44ff.). Damit ist die Anwendung des Marktprinzips der Versuch, aus einem immer schon vorhandenen Koordinationsinstrument ein eigenes, allerdings wiederum einseitiges Integrationsprinzip zu entwickeln. Wie alle einseitigen Integrationsprinzipien verlagert es das Integrationsproblem auf das Individuum. Die besondere Gefahr ist diesmal darin zu sehen, dass es nicht nur wie die generischen Integrationsprinzipien auch, inhärente Defizite aufweist, sondern die wechselseitigen Integrationsprinzipien, Beziehungsorientierung und Kultivierung, in ihrer Integrationskraft beschädigt. Zudem ist es im Gegensatz zu allen anderen Prinzipien von Anfang an paradoxerweise auf Desintegration angelegt, da es Integration von seiner intendierten Wirkung und nicht von einer die Organisation konstituierenden Kraft her versteht. In diesem Sinne enthält es auch kein dauerhaftes Integrationsversprechen, sondern setzt von vornherein auf Vergänglichkeit, die Realität wird, sofern sich einseitig definierte Erwartungen nicht einstellen.

Hieran ist deutlich zu erkennen, dass Vereinseitigungen in der Integrationsfrage keine befriedigenden Antworten bringen. Dies bedeutet aber nicht, dass die vier besprochenen Integrationsformen und -prinzipien als überlebt und somit nutzlos zu klassifizieren wären. Wie wir schon zuvor dargelegt haben (siehe Kapitel 2.3), ist auch in diesem Fall mit Walter-Busch (1996, S. 80f.) von einer Gleichwertigkeit von verschiedenen Generationen des Organisationswissens auszugehen. Jedoch sind alle Prinzipien *isoliert* angewandt, kaum in der Lage, befriedigende Lösungen aufzuzeigen oder zu erreichen. Denn keines der Prinzipien bleibt in seiner reinen Anwendung ohne teils recht schwerwiegende (Neben-)Folgen. Ja man kann sogar so weit gehen, dass sich das eine aus der Schwäche des anderen heraus notgedrungen entwickelt hat. Damit machen folglich besonders die aufgezeigten Grenzen und Problematiken der dargestellten einzelnen Integrationsformen den Bedarf einer *integralen Orientierung* deutlich, die einen anderen Zugang zur Integrationsfrage bietet und damit einhergehend auch andere, ganzheitlichere Umgangsweisen eröffnet. Damit könnten im Rahmen eines integralen Modells die herausgearbeiteten Prinzipien weiterhin berücksichtigt, ihr Wechsel- und Zusammenspiel jedoch anders als bisher bedacht und konzipiert werden (vgl. dazu Deeg/Küpers/Weibler i.V.). Mit einer solchen Modellierung verbinden sich entscheidende Vorteile: Denn eine unzureichende Integration sowie ein einseitiges oder reduktionistisches Verständnis führen zu vielfältigen problematischen, dysfunktionalen und suboptimalen Prozessen in der Organisation, bei ihren Mitgliedern sowie ihrer Führung und gefährden die organisationale Zweckrealisation wie das individuelle und kollektive Wohlergehen. Demgegenüber würde eine gelungene Integration und integrale Ausrichtung einem besseren Verständnis *und* einer sinn- *und* zweckvollen Gestaltung in und von Organisationen und ihrer Führung dienen. So wäre das Verhältnis von Individuum und Organisation auf eine tragfähigere Basis gestellt. Damit scheinen aber in der Tat auch für das Integrationsproblem neuartige Herangehensweisen möglich und nötig.

Literaturverzeichnis

Abraham, M./Büschges, G. (2004): Einführung in die Organisationssoziologie, 3. Aufl., Wiesbaden: VS Verlag

Adler, N. J. (1991): International dimensions of organizational behaviour, 2. Aufl., Boston: PWS-Kent

Adler, P. S. (1999): Bulding better bureaucracies. In: Academy of Management Executive, 13, S. 36-49

Adler, P. S./Borys, B. (1996): Two types of bureaucracy: Enabling and coercive. In: Administrative Science Quarterly, 41, S. 61-89

Ahlers-Niemann, A. (2007): Dem Unbewussten auf der Spur – Einige Überlegungen zur Sozioanalyse von Organisationen. In: Gruppendynamik und Organisationsberatung, 38, S. 97-114

Aldrich H. E. (1999): Organizations evolving, London u.a.: Sage

Aldrich, H. E. (1992): Incommensurable paradigms? Vital signs of three perspectives. In: Reed, M./Hughes, M. (Hrsg.): Rethinking organization, London: Sage, S. 17-45

Alewell, D. (2004): Arbeitsteilung und Spezialisierung. In: Schreyögg, G./v. Werder, A. (Hrsg.): Handwörterbuch Unternehmensführung und Organisation, 4. Aufl., Stuttgart: Schäffer-Poeschel, Sp. 37-45

Antoni, C. (2004): Gruppen und Gruppenarbeit. In: Schreyögg, G./v. Werder, A. (Hrsg.): Handwörterbuch Unternehmensführung und Organisation, 4. Aufl., Stuttgart: Schäffer-Poeschel, Sp. 380-388

Argyris, C. (1957): Personality and organization: The conflict between the individual and the system, New York: Harper Collins

Argyris, C. (1964): Integrating the individual and the organization, New York u.a.: Wiley

Argyris, C. (1975): Das Individuum und die Organisation: Einige Probleme gegenseitiger Anpassung. In: Türk, K. (Hrsg.): Organisationstheorie, Hamburg: Hoffmann + Campe, S. 215-233

Baecker, D. (1999): Organisation als System: Aufsätze, Frankfurt am Main: Suhrkamp

Baetge, J./Schewe, G./Schulz, R./Solmecke, H. (2007): Unternehmenskultur und Unternehmenserfolg: Stand der empirischen Forschung und Konsequenzen für die Entwicklung eines Messkonzeptes. In: Journal für Betriebswirtschaft, 57, S. 183-219

Baethge, M./Denkinger, K./Kadritzke, U. (1995): Das Führungskräfte-Dilemma: Manager und industrielle Experten zwischen Unternehmen und Lebenswelt, Frankfurt am Main/New York: Campus

Bailom, F./Matzler, K./Tschemernjak, D. (2006): Was Top-Unternehmen anders machen, Wien: Linde

Bardmann, T./Franzpötter, R. (1990): Unternehmenskultur: Ein postmodernes Organisationskonzept. In: Soziale Welt, 41, S. 424-444

Bartölke, K./Grieger, J. (2004): Individuum und Organisation. In: Schreyögg, G./v. Werder, A. (Hrsg.): Handwörterbuch Unternehmensführung und Organisation, 4. Aufl., Stuttgart: Schäffer-Poeschel, Sp. 464-472

Bauer, L./Matis, H. (1988): Geburt der Neuzeit: Vom Feudalsystem zur Marktgesellschaft, München: DTV

Bea, F. X./Göbel, E. (2006): Organisation: Theorie und Gestaltung, 3. Aufl., Stuttgart: UTB

Beer, S./Spector, S./Lawrence, P. R./Mills, D. Q./Walton, R. E. (1985): Human resource management: A general manager's perspective, New York: The Free Press

Bendix, R. (1960): Herrschaft und Industriearbeit: Untersuchungen über Liberalismus und Autokratie in der Geschichte der Industrialisierung, Frankfurt am Main: Europäische Verlagsanstalt

Berger, U. (1993): Organisationskultur und der Mythos der kulturellen Integration. In: Müller-Jentsch, W. (Hrsg.): Profitable Ethik – effiziente Kultur. Neue Sinnstiftungen durch das Management?, München und Mering: Hampp , S. 11-38

Bisler, W./Klima, R. (1995): Interaktion, soziale. In: Fuchs-Heinritz, W. u.a. (Hrsg.): Lexikon zur Soziologie, 3. Aufl., Opladen: Westdeutscher Verlag, S. 308

Bleckner, T. (1999): Unternehmung ohne Grenzen, Wiesbaden: DUV

Bleicher, K. (1991): Zum Verständnis von Kulturen und Strategien in Unternehmen. In: Dülfer, E. (Hrsg.): Organisationskultur, 2. Aufl., Stuttgart: Schäffer-Poeschel, S. 111-128

Bleicher, K. (1992): Unternehmenskultur. In: Gaugler, E./Weber, W. (Hrsg.): Handwörterbuch des Personalwesens, 2. Aufl., Stuttgart: , Schäffer-Poeschel, Sp. 2241-2252

Boessenkool, J. (2006): Organisational culture: A concept's strenghts and weaknesses. In: van Hees, B./Verweel, P. (Hrsg.): Deframing organization concepts, Malmö u.a.: Liber & Copenhagen Business School Press, S. 70-88

Bosetzky, H./Heinrich, P./Schulz zur Wiesch, J. (2002): Mensch und Organisation: Aspekte bürokratischer Sozialisation, 6. Aufl., Stuttgart: Deutscher Gemeindeverlag

Braverman, H. (1977): Die Arbeit im modernen Produktionsprozeß, Frankfurt am Main/New York: Campus

Bronner, R./Appel, W./Wiemann, V. (1999): Empirische Personal- und Organisationsforschung, München/Wien: Oldenbourg

Bruce, K. (2006): Henry S. Dennison, Elton Mayo and Human Relations historiography. In: Management & Organizational History, 1, S. 177-199

Buchinger, K. (1997): Supervision in Organisationen, Heidelberg: Carl-Auer-Systeme Verlag

Burrell, G./Morgan, G. (1979): Sociological paradigms and organisational analysis: Elememts of the sociology of corporate life, London: Ashgate

Canella, A. A./Paetzold, R. L. (1994): Pfeffer's barriers to the advance of organization science: A rejoinder. In: Academy of Management Review, 19, S. 331-341

Chandler, A. (1977): The visible hand: The managerial revolution in American business, Cambridge (Mass.)/London: Harvard University Press

Chandler, A. D. (1995): The visible hand: The managerial revolution in American business, 13. Aufl., Cambridge/Mass.: Harvard University Press

Clegg, S. R./Hardy, C. (1996): Introduction: Organizations, organization, organizing. In: Clegg, S. R./Hardy, C./Nord, W. R. (Hrsg.): Handbook of organization studies, London u.a.: Sage, S. 1-28

Coleman, J. S. (1979): Macht und Gesellschaftsstruktur, Tübingen: Mohr Siebeck

Comelli, G. (2003): Qualifikation für Gruppenarbeit: Teamentwicklungstraining. In: Rosenstiel, L. v./Regnet, E./Domsch, M. (Hrsg.): Führung von Mitarbeitern, 5. Aufl., Stuttgart: Schäffer-Poeschel, S. 415-445

Copley, F. B. (1923): Frederick Winslow Taylor: Father of Scientific Management, Vol. I und II, New York/London: Harper & Brothers

Cox, N. (1993): Cultural diversity in organizations, San Francisco: Berrett-Koehler

Daheim, H. (1993): Die strukturell-funktionale Theorie. In: Endruweit, G. (Hrsg.): Moderne Theorien der Soziologie, Stuttgart: Lucius & Lucius , S. 23-85

Davies, S. M. (1984): Managing corporate culture, Cambridge/Mass.: Harper Business

Deal, T. E./Kennedy, A. A. (1982): Corporate cultures: The rites and rituals of corporate life, Reading/Mass.: Perseus Books

Deal, T./Kennedy, A. (1987): Unternehmenserfolg durch Unternehmenskultur, Bonn u.a.: Verlag Dt. Wirtschaft

Deeg, J. (2005): Diskontinuierlicher Unternehmenswandel: Eine integrative Sichtweise, Frankfurt am Main u.a.: Lang

Deeg, J./Küpers, W./Weibler, J. (i.V.): Integrale Steuerung von Organisationen, München: Oldenbourg

Deutschmann, C. (1989): Reflexive Verwissenschaftlichung und kultureller „Imperialismus" des Managements. In: Soziale Welt, 40, S. 374-396

Deutschmann, C./Faust, M./Jauch, P./Notz, P. (1995): Veränderungen der Rolle des Managements im Prozeß reflexiver Rationalisierung. In: Zeitschrift für Soziologie, 24, S. 436-450

Dierkes, M. (1988): Unternehmenskultur und Unternehmensführung: Konzeptionelle Ansätze und gesicherte Erkenntnisse. In: Zeitschrift für Betriebswirtschaft, 58, S. 554-575

Dill, P. (1986): Unternehmenskultur: Grundlagen und Anknüpfungspunkte für ein Kulturmanagement, Bonn: BDW-Verlag

DiMaggio, P. J./Powell, W. W.(1983): The iron cage revisited: Institutional isomorphism and collective rationality. In: American Sociological Review, 48, S. 147-160

Döhler, M. (2007): Hierarchie: In: Benz, A./Lütz, S./Schimank, U./Simonis, G. (Hrsg.): Handbuch Governance: Theoretische Grundlagen und empirische Anwendungsfelder, Wiesbaden: VS Verlag, S. 46-53

Donaldson, T. E./Preston, L. E. (1995): The Stakeholder theory of the corporation: Concepts, evidence, and implications. In: Academy of Management Review, 20, S. 65-91

Dörler, K. (1983): Zum Begriff der Organisation. In: Die Unternehmung, 37, S. 152-165

Dörre, K. (2006): Prekäre Arbeit: Unsichere Beschäftigungsverhältnisse und ihre sozialen Folgen. In: Arbeit, 15, S. 183-191

Draeger-Ernst, A. (2003): Vitalisierendes Intrapreneurship: Gestaltungskonzepte und Fallstudie, München/Mering: Hampp

Drucker, P. F. (1954): The practice of management, New York: Heinemann

Drucker, P. F. (1993): Die postkapitalistische Gesellschaft, Düsseldorf: Econ

Drumm, H. J. (1989): Vom Einheitskonzept zur Individualisierung: Neue Entwicklungen in der Personalwirtschaft. In: Drumm, H. J. (Hrsg.): Individualisierung der Personalwirtschaft, Bern/Stuttgart: Paul Haupt , S. 1-13

Drumm, H. J. (2004): Delegation (Zentralisation und Dezentralisation). In: Schreyögg, G./v. Werder, A. (Hrsg.): Handwörterbuch Unternehmensführung und Organisation, 4. Aufl. Stuttgart: Schäffer-Poeschel, Sp. 179-189

Du Gay, P. (2000): In praise of bureaucracy, London u.a.: Sage

Du Gay, P. (Hrsg.) (2005): The values of bureaucracy, Oxford: Oxford University Press

Dülfer, E. (1991): Organisationskultur: Phänomen, Philosophie, Technologie. In: Dülfer, E. (Hrsg.): Organisationskultur, 2. Aufl., Stuttgart: Schäffer-Poeschel , S. 1-20

Dyer, W. G. (1985): The cycle of cultural evolution in organizations. In: Kilmann, R. H./Saxton, M. J./Serpa, R. (Hrsg.): Gaining control of the corporate culture, San Francisco: Jossey Bass, S. 200-229

Eberhardt, S. (1995): Abschied vom Taylorismus: Mitarbeiterführung in schlanken Unternehmen, Leonberg: Rosenberger Fachverlag

Ebers, M. (1985): Organisationskultur: Ein neues Forschungsprogramm? Wiesbaden: Gabler

Eberwein, W./Tholen, J. (1991): Managermentalität, Frankfurt am Main: Frankfurter Allgemeine Zeitung

Edeling, T. (1999): Einführung: Der neue Institutionalismus in Ökonomie und Soziologie: In: Edeling, T./Jann, W./Wagner, D. (Hrsg.): Institutionenökonomie und neuer Institutionalismus: Überlegungen zur Organisationstheorie, Opladen: Leske + Budrich, S. 6-15

Edwards, R. (1981): Herrschaft im modernen Produktionsprozeß, Frankfurt am Main/New York: Campus

Eichenberg, T. (2007): Distance Leadership: Modellentwicklung, empirische Überprüfung und Gestaltungsempfehlungen, Wiesbaden: Gabler

Eickhoff, M. (1996): Unternehmungsformen und -grenzen: Die Zukunft unternehmerischer Gebilde. In: Bruch, H./Eickhoff, M./Thiem, H. (Hrsg.): Zukunftsorientiertes Management, Frankfurt am Main: Frankfurter Allgemeine Zeitung, S. 173-185

Elias, N. (1992): Studien über die Deutschen: Machtkämpfe und Habitusentwicklung im 19. und 20. Jahrhundert, Frankfurt am Main: Suhrkamp

Esser, H. (2000): Soziologie: Spezielle Grundlagen (Band 5: Institutionen), Frankfurt am Main/New York: Campus

Etzioni, A. (1958): Human Relations and the foreman. In: Pacific Sociological Review, 1, S. 33-38

Etzioni, A. (1967): Soziologie der Organisationen, München: Juventa-Verlag

Faust, M./Jauch, P./Brünnecke, K./Deutschmann, C. (1995): Dezentralisierung von Unternehmen, 2. Aufl., München u.a.: Hampp

Faust, M./Jauch, P./Notz, P. (2000): Befreit und entwurzelt: Führungskräfte auf dem Weg zum „internen Unternehmer", München und Mering: Hampp

Faust, T. (2003): Organisationskultur und Ethik: Perspektiven für öffentliche Verwaltungen, Berlin: Tenea

Ferguson, S. D./Ferguson, S. (Hrsg.) (1988): Organizational communication, 2. Aufl., New Brunswick/NJ: Transaction Publishers

Fischer, L./Wiswede, G. (1997): Grundlagen der Sozialpsychologie, München/Wien: Oldenbourg

Foy, N. (1994): Empowering people at work, Aldershot: Gower Publishing Ltd.

Franken, R. (1982): Grundlagen einer handlungsorientierten Organisationstheorie, Berlin: Duncker & Humblot

Freedman, D. H. (1992): Is management still a science? In: Harvard Business Review, 70, S. 26-38

French, W. L./Bell, C. H. (1973): Organizational development, Englewood Cliffs/NJ: Prentice Hall

Furnham, A. (2004): The future and (past) of work psychology and organizational behaviour. A personal view. In: Management Revue, 15, S. 420-436

Gabriel, K. (1979): Analysen der Organisationsgesellschaft, Frankfurt am Main/New York: Campus

Galbraith, J. K. (2004): The economics of innocent fraud: Truth for our time, Boston/New York: B&T

Gebert, D. (2002): Führung und Innovation, Stuttgart: Kohlhammer

Gebhardt, E. (1991): Abschied von der Autorität: Die Manager der Postmoderne, Wiesbaden: Gabler

Geertz, C. (1983): Dichte Beschreibung, Frankfurt am Main: Suhrkamp

Gelfand, M. J./Bhawuk, D. P. S./Nishii, L.H./Bechtold, D. J. (2004): Individualism and collectivism. In: House, R. J. u.a. (Hrsg.): Culture, leadership, and organizations: The GLOBE study of 62 societies, Thousand Oaks: Sage, S. 437-512

Gibb, C. A. (1947): The principles and traits of leadership. In: Journal of Abnormal and Social Psychology, 42, S. 267-284

Giddens, A. (1988): Die Konstitution der Gesellschaft: Grundzüge der Theorie der Strukturation, Frankfurt am Main/New York: Campus

Giesen, B. (1980): Makrosoziologie: Eine evolutionstheoretische Einführung, Hamburg: Hoffmann und Campe

Gioia, D. A./Pitré, E. (1990): Multiparadigm perspectives on theory building. In: Academy of Management Review, 15, S. 584-602

Gläser, J. (2007): Gemeinschaft. In: Benz, A./Lütz, S./Schimank, U./Simonis, G. (Hrsg.): Handbuch Governance: Theoretische Grundlagen und empirische Anwendungsfelder, Wiesbaden: VS Verlag, S. 82-93

Glißmann, W. (2001): Mehr Druck durch mehr Freiheit – Die neue Autonomie in der Arbeit und ihre paradoxen Folgen, Hamburg: VSA

Göbel, E. (1998): Theorie und Gestaltung der Selbstorganisation, Berlin: Duncker & Humblot

Göbel, E. (2004): Selbstorganisation. In: Schreyögg, G./v. Werder, A. (Hrsg.): Handwörterbuch Unternehmensführung und Organisation, 4. Aufl., Stuttgart: Schäffer-Poeschel, Sp. 1312-1318

Goleman, D. (1996): Emotionale Intelligenz, München: Hanser

Grandori, A. (2001): Methodological options for an integrated perspective on organization. In: Human Relations, 54, S. 37-47

Griffin, D. (2002): The emergence of leadership: Linking self-organization and ethics, London/New York: Routledge Chapman & Hall

Gutenberg, E. (1983): Grundlagen der Betriebswirtschaftslehre, Band 1: Die Produktion, 24. Aufl., Berlin u.a.: Springer

Haase, E. (1995): Organisationskonzepte im 19. und 20. Jahrhundert: Entwicklungen und Tendenzen, Wiesbaden: DUV

Habermas, J. (1981): Theorie des kommunikativen Handelns, 2 Bände, Frankfurt am Main: Suhrkamp

Hackstette, K. (2003): Individualistische Unternehmensführung: Eine wirtschaftsphilosophische Untersuchung, Marburg: Metropolis

Hall, R. H. (1998): Organizations: Structures, processes and outcomes, 7. Aufl., Upper Saddle River/NJ: Pearson

Hamel, W. (2004): Funktionale Organisation. In: Schreyögg, G./v. Werder, A. (Hrsg.): Handwörterbuch Unternehmensführung und Organisation, 4. Aufl., Stuttgart: Schäffer-Poeschel, Sp. 324-332

Hartmann, E. (1988): Conceptual foundations of organization theory, Cambridge/MA: Longman Higher Education

Hatch, M. J. (1993): The dynamics of organizational culture. In: Academy of Management Review, 18, S. 657-693

Hayek, F. A. v. (1973): Law, legislation and liberty. Vol. 1: Rules and order, London: Routledge & Kegan Paul PLC

Hebeisen, W. (1999): F. W. Taylor und der Taylorismus: Über das Wirken und die Lehre Taylors und die Kritik am Taylorismus, Zürich: vdf Hochschulverlag AG an der ETH Zürich

Heinen, E. (Hrsg.) (1987): Unternehmenskultur: Perspektiven für Wissenschaft und Praxis, München/Wien: Oldenbourg

Heinen, E./Fank, M. (1997): Unternehmenskultur, 2. Aufl., München u.a.: Oldenbourg

Heinl, M. (1996): Ultramoderne Organisationstheorien: Management im Kontext des sozial-
und naturwissenschaftlichen Paradigmenwechsels, Frankfurt am Main u.a.: Lang

Herzberg, F./Mausner, B./Snyderman, B. B. (1959): The motivation to work, 2. Aufl., New
York: John Wiley & Sons

Hill, W./Fehlbaum, R./Ulrich, P. (1992): Organisationslehre: Band 2, 4. Aufl., Bern/Stutt-
gart: UTB

Hinterhuber, H. H./Krauthammer; E. (1998): Leadership – mehr als Management: Was
Führungskräfte nicht delegieren dürfen, Wiesbaden: Gabler

Hofstede, G. (1980): Culture's consequences: International differences in work-related values,
Beverly Hills/CA: Sage

Hogget, P. (2006): Conflict, ambivalence and the contested purpose of public organization.
In: Human Relations, 59, S. 175-194

Hornberger, S. (2006): Individualisierung in der Arbeitswelt aus arbeitswissenschaftlicher
Sicht, Frankfurt am Main u.a.: Lang

Jäger, W./Schimank, U. (Hrsg.) (2005): Organisationsgesellschaft: Facetten und Perspektiven,
Wiesbaden: VS Verlag

Jost, P.-J. (2000): Organisation und Koordination: Eine ökonomische Einführung, Wiesbaden: Gabler

Kasper, H./Heimerl-Wagner, P. (1996): Struktur und Kultur in Organisationen. In: Kasper,
H./Mayrhofer, W. (Hrsg.): Personalmanagement, Führung, Organisation, 2. Auflage,
Wien: Linde, S. 9-107

Kieser, A. (1989a): Organizational, institutional and societal evolution: Medieval craft guilds
and the genesis of formal organization. In: Administrative Science Quarterly, 34, S. 540-
564

Kieser, A. (1989b): Entstehung und Wandel von Organisationen: Ein evolutionstheoretisches
Konzept. In: Bauer, L./Matis, H. (Hrsg.): Evolution, Organisation, Management, Berlin
1989: Duncker & Humblot, S. 161-190

Kieser, A. (1993a): Organisationsstruktur. In: Hauschildt, J./Grün, O. (Hrsg.): Ergebnisse
empirischer betriebswirtschaftlicher Forschung: Zu einer Realtheorie der Unternehmung, Stuttgart: Schäffer-Poeschel , S. 57-82

Kieser, A. (1993b): Organisation. In: Wittmann, W. u.a. (Hrsg.): Handwörterbuch der Betriebswirtschaft, 5. Aufl.; Stuttgart: Schäffer-Poeschel, Sp. 2988-3006

Kieser, A. (1994): Fremdorganisation, Selbstorganisation und evolutionäres Management. In:
Zeitschrift für betriebswirtschaftliche Forschung, 46, S. 199-228

Kieser, A. (1995): Quo vadis Organisationstheorie? In: Zeitschrift Führung und Organisation,
64, S. 347-352

Kieser, A. (1998): Geschichte der Organisationslehre. In: Wirtschaftswissenschaftliches
Studium, 27, S. 334-339

Kieser, A. (1999): Die Entstehung von Organisationen – und die allmähliche Vertreibung des
ethischen Handelns aus ihnen. In: Kumar, B. N./Osterloh, M./Schreyögg, G. (1999):

Unternehmensethik und Transformation des Wettbewerbs: Shareholder-Value, Globalisierung, Hyperwettbewerb, Stuttgart: Schäffer-Poeschel, S. 605-636

Kieser, A. (2006a): Max Webers Analyse der Bürokratie. In: Kieser, A./Ebers, M. (Hrsg.): Organisationstheorien, 6. Aufl., Stuttgart: Kohlhammer, S. 63-92

Kieser, A. (2006b): Managementlehre und Taylorismus. In: Kieser, A./Ebers, M. (Hrsg.): Organisationstheorien, 6. Aufl., Stuttgart: Kohlhammer , S. 93-132

Kieser, A. (2006c): Human Relations-Bewegung und Organisationspsychologie. In: Kieser, A./Ebers, M. (Hrsg.): Organisationstheorien, 6. Aufl., Stuttgart: Kohlhammer, S. 133-167

Kieser, A./Kubicek, H. (1992): Organisation, 3. Aufl., Berlin/New York: de Gruyter

Kieser, A./Walgenbach, P. (2003): Organisation, 4. Aufl., Stuttgart: Schäffer-Poeschel

Klimecki, R. G. (2004): Motivationsorientierte Organisationsmodelle. In: Schreyögg, G./v. Werder, A. (Hrsg.): Handwörterbuch Unternehmensführung und Organisation, 4. Aufl., Stuttgart: Schäffer-Poeschel, Sp. 915-922

Klimecki, R. G./Probst, G. (1990): Entstehung und Entwicklung der Unternehmenskultur. In: Lattmann, C. (Hrsg.): Unternehmenskultur, Heidelberg: Physica , S. 41-65

Kobi, J.-M./Wüthrich, H. A. (1986): Unternehmenskultur verstehen, erfassen und gestalten, Landsberg/Lech: Verlag Moderne Industrie

Kocka, J. (1999): Management in der Industrialisierung: Die Entstehung und Entwicklung des klassischen Musters. In: Zeitschrift für Unternehmensgeschichte, 44, S. 135-149

Kocyba, H. (2000): Der Preis der Anerkennung: Von der tayloristischen Missachtung zur strategischen Instrumentalisierung der Subjektivität der Arbeitenden. In: Holtgrewe, U. (Hrsg.): Anerkennung und Arbeit, Konstanz: UVK, S. 127-140

Kocyba, H./Schumm, W. (2002): Begrenzte Rationalität – entgrenzte Ökonomie: Arbeit zwischen Betrieb und Markt. In: Honneth, A. (Hrsg.): Befreiung aus der Mündigkeit: Paradoxien des gegenwärtigen Kapitalismus, Frankfurt am Main/New York: Campus, S. 35-64

Kocyba, H./Vormbusch, U. (2000): Partizipation als Managementstrategie, Frankfurt am Main/New York: Campus

Kosiol, E. (1969): Aufgabenanalyse. In: Grochla, E. (Hrsg.): Handwörterbuch der Organisation, Stuttgart: Schäffer-Poeschel, Sp. 199-212

Kosiol, E. (1976): Organisation der Unternehmung, 2. Aufl., Wiesbaden: Gabler

Kotthoff, H. (1995): Betriebsräte und betriebliche Reorganisation. In: Arbeit, 4, S. 425-447

Kratzer, N. (2003): Arbeitskraft in Entgrenzung: Grenzenlose Anforderungen, erweiterte Spielräume, begrenzte Ressourcen, Berlin: Edition Sigma

Krell, G. (1993): Vergemeinschaftung durch symbolische Führung. In: Müller-Jentsch, W. (Hrsg.): Profitable Ethik – effiziente Kultur, München und Mering: Hampp, S. 39-55

Krell, G. (1997): Mono- oder multikulturelle Organisationen? „Managing Diversity" auf dem Prüfstand. In: Kadritzke, U. (Hrsg.): Unternehmenskulturen unter Druck, Berlin: Edition Sigma, S. 47-66

Krell, G./Weiskopf, R. (2006): Die Anordnung der Leidenschaften, Wien: Passagen Verlag

Krüger, W. (1985): Bedeutung und Formen der Hierarchie. In: Die Betriebswirtschaft, 45, S. 292-307

Krüger, W. (1994): Organisation der Unternehmung, 3. Aufl., Stuttgart u.a.: Kohlhammer

Krulis-Randa, J. S. (1990): Einführung in die Unternehmenskultur. In: Lattmann, C. (Hrsg.): Die Unternehmenskultur: Ihre Grundlagen und ihre Bedeutung, Heidelberg: Physica, S. 1-20

Kühl, S. (1998): Wenn die Affen den Zoo regieren: Die Tücken der flachen Hierarchie, 5. Aufl., Frankfurt am Main/New York: Campus

Kühl, S. (1999): Krise, Renaissance oder Umbau von Hierarchien in Unternehmen. Anmerkungen zur aktuellen Managementdiskussion. In: Berliner Debatte Initial, H. 3/1999, S. 3-17

Kühl, S. (2000): Das Regenmacher-Phänomen: Widersprüche und Aberglauben im Konzept der lernenden Organisation, Frankfurt am Main/New York: Campus

Kühl, S. (2001): Zentralisierung durch Dezentralisierung: Paradoxe Effekte bei Führungsgruppen. In: Kölner Zeitschrift für Soziologie und Sozialpsychologie, 53, S. 284-313

Kühl, S. (2002): Sisyphos im Management: Die vergebliche Suche nach der optimalen Organisationsstruktur, Weinheim: Wiley-VCH

Kuhn, T. (2000): Internes Unternehmertum: Begründung und Bedingungen einer „kollektiven Kehrtwendung", München: Vahlen

Kuhn, T./Weibler, J. (2003): Führungsethik: Notwendigkeit, Ansätze und Vorbedingungen ethikbewusster Mitarbeiterführung. In: Die Unternehmung, 57, S. 375-392

Küpers, W./Weibler, J. (2005): Emotionen in Organisationen, Stuttgart: Kohlhammer

Kurbjuweit, D. (2003): Unser effizientes Leben: Die Diktatur der Ökonomie und ihre Folgen, Reinbek: Rowohlt

Lang, R. (2007): Individuum und Organisation – Revisited: neue Konturen eines organisationswissenschaftlichen Forschungsfeldes? In: Lang, R./Schmidt, A. (Hrsg.): Individuum und Organisation: Neue Trends eines organisationswissenschaftlichen Forschungsfeldes, Wiesbaden: Gabler, S. 1-16

Laske, S./Weiskopf, R. (1992): Hierarchie. In: Frese, E. (Hrsg.): Handwörterbuch der Organisation, 3. Aufl., Stuttgart: Schäffer-Poeschel, Sp. 791-807

Lehner, J. M. (2004): Improvisation. In: Schreyögg, G./v. Werder, A. (Hrsg.): Handwörterbuch Unternehmensführung und Organisation, 4. Aufl., Stuttgart: Schäffer-Poeschel, Sp. 457-464

Leipold, H. (2006): Grundlegende Institutionenreformen im Spannungsverhältnis zwischen ideellen und materiellen Einflussfaktoren. In: Eger, T. (Hrsg.): Voraussetzungen für grundlegende institutionelle Reformen, Berlin: Duncker & Humblot , S. 15-48

Lengfeld, H. (2007): Organisierte Ungleichheit: Wie Organisationen Lebenschancen beeinflussen, Wiesbaden: VS Verlag

Luczak, H. (2004): Rationalisierung und Automatisierung. In: Schreyögg, G./v. Werder, A. (Hrsg.): Handwörterbuch Unternehmensführung und Organisation, 4. Aufl., Stuttgart: Schäffer-Poeschel, Sp. 1227-1236

Luhmann, N. (1975): Soziologische Aufklärung 2: Aufsätze zur Theorie der Gesellschaft, Opladen: Westdeutscher Verlag

Luhmann, N. (1999): Funktionen und Folgen formaler Organsiation, 5. Aufl., Berlin: Duncker & Humblot

Luhmann, N. (2000): Organisation und Entscheidung, Wiesbaden: VS Verlag

Luhmann, N. (2005): Struktureller Wandel: Die Poesie der Reformen und die Realität der Evolution. In: Jäger, W./Schimank, U. (Hrsg.): Organisationsgesellschaft: Facetten und Perspektiven, Wiesbaden: VS Verlag, S. 409-450

Macharzina, K. (1999): Unternehmensführung: Das internationale Managementwissen, 3. Aufl., Wiesbaden: Gabler

Manz, C. C./Sims, H. P. (1995): Selbststeuernde Gruppen, Führung in. In: Kieser, A./Reber, G., Wunderer, R. (Hrsg.): Handwörterbuch der Führung, 2. Aufl., Stuttgart: Schäffer-Poeschel, Sp. 1873-1894

Martin, J./Frost, P. J./O'Neill, O. (2007): Organizational culture: Beyond struggles for intellectual dominance. In: Clegg, S. R./Hardy, C./Lawrence, T. B./Nord, W. R. (Hrsg.): Handbook of organization studies, 2. Aufl., London u.a.: Sage, S. 725-753

Martin, J./Siehl, C. (1983): Organizational culture and counterculture: An uneasy symbiosis. In: Organizational Dynamics, 12, S. 52-64

Maslow, A. H. (1954): Motivation and personality, New York: Harper

Maslow, A. H. (1965): Eupsychian management, Homewood/Ill.: Richard D. Irwin

Mayntz, R. (1969): Soziologie der Organisation, Reinbek: Rowohlt

Mayntz, R. (1985): Soziologie der öffentlichen Verwaltung, 3. Aufl., Heidelberg: C.F. Müller

Mayo, E. (1933): The human problems of an industrial civilization, New York: McMillan

Mayo, E. (1945a): Probleme industrieller Arbeitsbedingungen, Frankfurt/Main: Verl. d. Frankfurter Hefte

Mayo, E. (1945b): The social problem of an industrial civilization, New Hampshire: Ayer

Mayo, E. (1947): The political problem of industrial civilization, Boston: Division of Research

Mayrhofer, W./Meyer, M. (2004): Organisationskultur. In: Schreyögg, G./v. Werder, A. (Hrsg.): Handwörterbuch Unternehmensführung und Organisation, 4. Aufl., Stuttgart: Schäffer-Poeschel, Sp. 1025-1033

McGregor, D. (1960): The human side of enterprise, New York: McGraw Hill Higher Education

Meindl, J. R./Ehrlich, S. B./Dukerich, J. M. (1985): The romance of leadership. In: Administrative Science Quarterly, 30, S. 78-102

Merkle, J. A. (1980): Management and ideology: The legacy of the international scientific management movement, Berkeley/CA: University of California Press

Merton, R. (1957): Social theory and social structure, 2. Aufl., Glencoe: The Free Press

Meyer, J. W./Rowan, B. (1977): Institutionalized organizations: Formal structure as myth and ceremony. In: American Journal of Sociology, 83, S. 340-363

Mill, R. W./Weinstein, B. (2000): Beyond shareholder value – Reconciling the shareholder and the stakeholder perspectives. In: Journal of General Management, 25, S. 79-93

Minssen, H. (1999): Von der Hierarchie zum Diskurs? Die Zumutungen der Selbstregulation, München/Mering: Hampp

Minssen, H. (2007): Entgrenzte Arbeit – subjektivierte Arbeit. In Soziologische Revue, 30, S. 131-141

Mintzberg, H. (1979): The structuring of organizations, Englewood Cliffs/NJ: Prentice Hall

Moldaschl, M./Sauer, D. (2000): Internalisierung des Marktes – Zur neuen Dialektik von Kooperation und Herrschaft. In: Minssen, H. (Hrsg.): Begrenzte Entscheidungen, Berlin: Edition Sigma, S. 205-224

Moldaschl, M./Voß, G.-G. (Hrsg.) (2002): Subjektivierung von Arbeit, München: Hampp

Monin, N./Barry, D./Monin, D. J. (2003): Toggling with Taylor: A different approach to reading a management text. In: Journal of Management Studies, 40, S. 377-401

Morgan, G. (1997): Bilder der Organisation, Stuttgart: Klett-Cotta

Morgan, G. (2000): Bilder der Organisation, 2. Aufl., Stuttgart: Klett-Cotta

Münsterberg, H. (1912): Psychologie und Wirtschaftsleben, Leipzig: Barth

Nachbagauer, A. (1999): Die Entwicklung der modernen Organisation und des Managementdenkens. In: Eckardstein, D./Kasper, H./Mayrhofer, W. (Hrsg.): Management: Theorien – Führung – Veränderung, Stuttgart: Schäffer-Poeschel , S. 18-73

Nelson, D. (1975): Managers and workers: Origins of the new factory system in the United States 1880-1920, Madison/Wis.: University of Wisconsin Press

Nelson, D. (1980): Frederick W. Taylor and the rise of scientific management, Madison/Wis.: University of Wisconsin Press

Neubauer, W. (2003): Organisationskultur, Stuttgart: Kohlhammer

Neuberger, O. (1977): Organisation und Führung, Stuttgart u.a.: Kohlhammer

Neuberger, O. (1990): Führung (ist) symbolisiert: Plädoyer für eine sinnvolle Führungsforschung. In: Wiendieck, G./Wiswede, G. (Hrsg.): Führung im Wandel: Neue Perspektiven für Führungsforschung und Praxis, Stuttgart: Lucius & Lucius, S. 89-129

Neuberger, O. (1994): Zur Ästhetisierung des Managements. In: Schreyögg, G./Conrad, P. (Hrsg.): Dramaturgie des Managements, laterale Steuerung (Managementforschung 4), Berlin/New York: de Gruyter, S. 1-70

Neuberger, O. (1997): Individualisierung und Organisierung: Die wechselseitige Erzeugung von Individuum und Organisation durch Verfahren. In: Ortmann, G./Sydow, J./Türk, K. (Hrsg.): Theorien der Organisation: Die Rückkehr der Gesellschaft, Opladen: Westdeutscher Verlag, S. 487-522

Neuberger, O. (2002): Führen und führen lassen, 6. Aufl., Stuttgart: UTB

Neuberger, O. (2006a): Mikropolitik: Stand der Forschung und Reflexion. In: Zeitschrift für Arbeits- und Organisationspsychologie, 50, S. 189-204

Neuberger, O. (2006b): Mikropolitik und Moral in Organisationen, 2. Aufl., Stuttgart: UTB

Neuberger, O./Kompa, A. (1987): Wir, die Firma: Der Kult um die Unternehmenskultur, Weinheim: Beltz

Neumann-Cosel, A. v. (2006): Change-Management systemtheoretisch betrachtet, Hamburg: Kovac

Nienhüser, W. (1998): Ursachen und Wirkungen betrieblicher Personalstrukturen, Stuttgart: Schäffer-Poeschel

Nord, W. R./Fox, S. (1996): The individual in organization studies: The great dissappearing act? In: Clegg, S. R./Hardy, C./Nord, W. R. (Hrsg.): Handbook of organization studies, London u.a.: Sage, S. 148-174

Noss, C. (2004): Technologie und Organisation. In: Schreyögg, G./v. Werder, A. (Hrsg.): Handwörterbuch Unternehmensführung und Organisation, 4. Aufl., Stuttgart: Schäffer-Poeschel, Sp.1407-1417

O'Connor, E. S. (1999a): Minding the workers: The meaning of 'Human' and 'Human Relations' in Elton Mayo. In: Organization, 6, S. 223-246

O'Connor, E. S. (1999b): The politics of management thought: A case study of the Harvard Business School and the Human Relations School. In: Academy of Management Review, 24, S. 117-131

Odiorne, G. S. (1965): Management by objectives: A system of managerial leadership, New York: Pitman

Opitz, S. (2004): Gouvernementalität im Postfordismus: Macht, Wissen und Techniken des Selbst im Feld unternehmerischer Rationalität, Hamburg: Argument Verlag

Opp, K. D. (1972): Verhaltenstheoretische Soziologie, Reinbek: Rowohlt

Ortmann, G. (1995): Heuchelei, Bigotterie, Intrige: Eine Apologie. In: Ortmann, G./Volmerg, B./Leithäuser, T./Neuberger, O./Sievers, B. (Hrsg.): Nach allen Regeln der Kunst: Macht und Geschlecht in Organisationen, Freiburg: Kore Edition, S. 99-136

Osterloh, M. (1993): Innovation und Routine: Das organisatorische Dilemma in klassischer und neuer Sicht. In: Zeitschrift Führung und Organisation, 62, S. 214-220

Ouchi, W. G. (1981): Theory Z: How American business can meet the Japanese challenge, Reading/Mass.: Perseus Books

Pascale, R. T./Athos, A. G. (1982): Geheimnis und Kunst des japanischen Managements, München: Heyne

Perrow, C. (1991): A society of organizations. In: Theory and Society 20, S. 725-762

Peters, T. J. (1993): Jenseits der Hierarchien, Düsseldorf u.a.: Econ

Peters, T. J./Waterman, R. H. (1983): Auf der Suche nach Spitzenleistungen: Was man von den bestgeführten US-Unternehmen lernen kann, Landsberg/Lech: Verlag Moderne Industrie

Peters, T./Austin, N. (1993): Leistung aus Leidenschaft, Hamburg: Hoffmann & Campe

Pfeffer, J. (1993): Barriers to the advancement of organizational science: Paradigm development as a dependent variable. In: Academy of Management Review, 18, S. 599-620

Pfeffer, J. (1997): New directions in organization theory, New York/Oxford: Oxford University Press

Pfeiffer, D. K. (1976): Organisationssoziologie: Eine Einführung, Stuttgart u.a.: Kohlhammer

Pongratz, H. J. (2001): Triebkräfte und Widerstände in betrieblichen Veränderungsprozessen. In: Moser, J./Nöbauer, B./Seidl, M. (Hrsg.): „Vom alten Eisen und anderem Ballast": Tabus, Schattenseiten und Perspektiven in betrieblichen Veränderungsprozessen, München/Mering: Hampp, S. 9-32

Pongratz, H. J. (2002): Subordination: Inszenierungsformen von Personalführung in Deutschland seit 1933, München/Mering: Hampp

Pongratz, H. J./Voß, G. G. (2001): Erwerbstätige als „Arbeitskraftunternehmer". In: Sozialwissenschaftliche Information, 4, S. 42-52

Prahl, H.-W. (1978): Sozialgeschichte des Hochschulwesens, München: Kösel-Verlag

Presthus, R. (1962): Individuum und Organisation, Frankfurt am Main: Fischer

Pümpin, C./Kobi, J.-M./Wüthrich, A. (1985): Unternehmenskultur: Basis strategischer Profilierung erfolgreicher Unternehmen, Die Orientierung, Heft 85, Bern: Schweizerische Volksbank

Quinn, R. E. (1988): Beyond rational management: Mastering the paradoxes and competing demands of high performance, San Francisco: Jossey Bass

Reed, M. (2005): Beyond the iron cage? Bureaucracy and democracy in the knowledge economy and society. In: Du Gay, P. (Hrsg.): The values of bureaucracy, Oxford: Oxford University Press, S.115-140

Reihlen, M. (1999): Moderne, postmoderne und heterarchische Organisation. In: Schreyögg, G. (Hrsg.): Organisation und Postmoderne, Wiesbaden: Gabler, S. 265-304

Reihlen, M. (2004): Hierarchie. In: Schreyögg, G./v. Werder, A. (Hrsg.): Handwörterbuch Unternehmensführung und Organisation, 4. Aufl., Stuttgart: Schäffer-Poeschel, Sp. 407-413

Reihlen, M./Rohde, A. (2002): Das heterarchische Unternehmen. In: Zeitschrift Führung und Organisation, 71, S. 30-34

Reimann, B. W. (1995): Funktionalismus. In: Fuchs-Heinritz, W. et al. (Hrsg.): Lexikon zur Soziologie, 3. Aufl., Opladen: Westdeutscher Verlag, S. 220

Reimann, B. W./Wienold, H. (1995): Utilitarismus. Fuchs-Heinritz, W. et al. (Hrsg.): Lexikon zur Soziologie, 3. Aufl., Opladen: Westdeutscher Verlag, S. 702

Reimer, M. J. (2005): Verhaltenswissenschaftliche Managementlehre, Bern u.a: UTB

Reiß, M. (1998): Mythos Netzwerkorganisation. In: Zeitschrift Führung und Organisation, 67, S. 224-229

Remer, A. (1992): Funktionale Theorie der Personalführung. In: Zeitschrift für Personalforschung, 55, S. 238-244

Resch, C. (2005): Berater-Kapitalismus oder Wissensgesellschaft? Zur Kritik der neoliberalen Produktionsweise, Münster: Westfälisches Dampfboot

Ridder, H.-G. (2004): Arbeitsorganisation. In: Schreyögg, G./v. Werder, A. (Hrsg.): Handwörterbuch Unternehmensführung und Organisation, 4. Aufl., Stuttgart: Schäffer-Poeschel, Sp. 28-37

Ridder, H.-G. (2007): Personalwirtschaftslehre, 2. Aufl., Stuttgart: Kohlhammer

Rinehart, J./Huxley, C./Robertson, D. (1997): Just another car factory? Lean Production and its discontents, Ithaca/London: Cornell University Press

Ritzer, G. (1997): Die McDonaldisierung der Gesellschaft, Frankfurt am Main: Fischer

Roethlisberger, F. J. (1977): The elusive phenomena: An autobiographic account of my work in the field of organizational behavior at the Harvard Business School, Boston: Harvard Business School Press

Roethlisberger, F. J./Dickson, W. J. (1966): Management and the worker, 14. Aufl., Cambridge: Harvard University Press (1. Aufl. 1939)

Rosenstiel, L v./Molt, W./Rüttinger, B. (2005): Organisationspsychologie, 9. Aufl., Stuttgart: Kohlhammer

Rosenstiel, L. v. (1989): Kann eine werteorientierte Personalpolitik eine Antwort auf den Wertewandel in der Gesellschaft sein? In: Marr, R. (Hrsg.): Mitarbeiterorientierte Unternehmenskultur: Herausforderung für das Personalmanagement der 90er Jahre, Berlin: Schmidt, S. 45-73

Rosenstiel, L. v. (2000): Grundlagen der Organisationspsychologie, 4. Aufl., Stuttgart: Kohlhammer

Rüegg-Stürm, J./Achtenhagen, L (2000): Managementmode oder unternehmerische Herausforderung: Überlegungen zur Entstehung netzwerkförmiger Organisations- und Führungsformen, in: Die Unternehmung, 54, S. 3-21

Sackmann, S. A. (1983): Organisationskultur – Die unsichtbare Einflussgröße. In: Gruppendynamik, 14, S. 393-406

Sackmann, S. A. (2004): Erfolgsfaktor Unternehmenskultur: Mit kulturbewusstem Management Unternehmensziele erreichen und Identifikation schaffen - 6 Best Practice-Beispiele, Wiesbaden: Gabler

Saffold, G. S. (1988): Culture traits, strength, and organizational performance: Moving beyond „strong" culture. In: Academy of Management Review, 13, S. 546-558

Salaman, G. (2005): Bureaucracy and beyond: Managers and leaders in the 'post-bureaucratic' organization. In: Du Gay, P. (Hrsg.): The values of bureaucracy, Oxford: Oxford University Press, S. 141-164

Sathe, V. (1985): Culture and corporate realities, Homewood/Ill.: Richard D. Irwin

Schanz, G. (1997): Intuition als Managementkompetenz. In: Die Betriebswirtschaft, 57, S. 640-654

Schanz, G. (2004): Das individualisierte Unternehmen, München und Mering: Hampp

Scharpf, F. W. (1980): Zentralisierung, Dezentralisierung und Demokratie. In: Dierkes, M. (Hrsg.): Unternehmenspolitik und gesellschaftlicher Wandel: Aufgaben, Vorstellungen und Herausforderungen, Königstein/Ts.: Hanstein , S. 9-24

Schein, E. H. (1965): Organizational psychology, Englewood Cliffs/NJ: Prentice Hall

Schein, E. H. (1980): Organizational psychology, 3. Aufl., Englewood Cliffs/NJ: Prentice Hall

Schein, E. H. (1992): Organizational culture and leadership, San Francisco: Jossey Bass

Scherer, A. G. (2006): Kritik der Organisation oder Organisation der Kritik? – Wissenschaftstheoretische Bemerkungen zum kritischen Umgang mit Organisationstheorien. In: Kieser, A./Ebers, M. (Hrsg.): Organisationstheorien, 6. Aufl., Stuttgart: Kohlhammer, S. 19-61

Schimank, U. (2000): Handeln und Strukturen: Einführung in die akteurtheoretische Soziologie, Weinheim/München: Juventa

Schimank, U. (2007): Organisationstheorien. In: In: Benz, A./Lütz, S./Schimank, U./Simonis, G. (Hrsg.): Handbuch Governance: Theoretische Grundlagen und empirische Anwendungsfelder, Wiesbaden: VS Verlag, S. 200-211

Schirmer, F. (2000): Reorganisationsmanagement: Interessenkonflikte, Koalitionen des Wandels und Reorganisationserfolg, Wiesbaden: Gabler

Schmelcher, J./Witte, M./Linxweiler, R. (2002): Die unsichtbare Kraft: Mit gelebter Unternehmenskultur zum Erfolg, Wiesbaden: Gabler

Schmidt, J. (1993): Die sanfte Organisationsrevolution: Von der Hierarchie zu selbsteuernden Systemen, Frankfurt am Main/New York: Campus

Scholl, W. (1995): Philosophische Grundfragen der Führung. In: Kieser, A./Reber, G./Wunderer, R. (Hrsg.): Handwörterbuch der Führung, 2. Aufl., Stuttgart: Schäffer-Poeschel, Sp. 1749-1757

Schreyögg, G. (1991): Kann und darf man Unternehmenskulturen ändern? In: Dülfer, E. (Hrsg.): Organisationskultur, 2. Aufl., Stuttgart: Schäffer-Poeschel, S. 201-214

Schreyögg, G. (1992): Organisationskultur. In: Frese, E. (Hrsg.): Handwörterbuch der Organisation, 3. Aufl., Stuttgart: Schäffer-Poeschel, Sp. 1525-1537

Schreyögg, G. (1999): Organisation: Grundlagen moderner Organisationsgestaltung, 3. Aufl., Wiesbaden: Gabler

Schumann, M. (1998): Frißt die Shareholder-Value-Ökonomie die Modernisierung der Arbeit? In: Hirsch-Kreinsen, H./Wolf, H. (Hrsg.): Arbeit, Gesellschaft, Kritik, Berlin: Edition Sigma, S. 19-30

Schüppel, J. (1996): Wissensmanagement: Organisatorisches Lernen im Spannungsfeld von Wissens- und Lernbarrieren, Wiesbaden: DUV

Schuppener, A. C. (2006): Kulturorientiertes Integrationsmanagement bei Unternehmenszusammenschlüssen: Analyse erfolgsabhängiger Faktoren und Ableitung von Implikationen für die Praxis, München: Meidenbauer

Schwarz, G. (1992): Hierarchie – Sackgasse der Evolution. In: Fuchs, J. (Hrsg.): Das biokybernetische Modell: Unternehmen als Organismen, Wiesbaden: Gabler, S. 123-133

Scott, W. R. (1986): Grundlagen der Organisationstheorie, Frankfurt am Main/New York: Campus

Scott, W. R. (1998): Organizations: Rational, natural and open systems, 4. Aufl., Upper Saddle River/NJ: Prentice Hall

Scott, W. R./Davis, G. F. (2007): Organizations and organizing: Rational, natural and open system perspectives, Upper Saddle River/NJ: Prentice Hall

Seitz, M. (2006): Die Entwicklung des Hierarchiebegriffs – Sozialwissenschaftliche Untersuchung einer Ordnungskonzeption, Diss., St. Gallen

Senge, P. M. (1998): Die fünfte Disziplin: Kunst und Praxis der lernenden Organisation, 6. Aufl., Stuttgart: Klett-Cotta

Sennett, R. (1985): Autorität, Frankfurt am Main: Fischer

Sennett, R. (2000): Der flexible Mensch. Die Kultur des neuen Kapitalismus, Berlin: Berlin Verlag

Sennett, R. (2006): The culture of the new capitalism, Princeton: Yale University Press

Servatius, H.-G. (1991): Vom strategischen Management zur evolutionären Führung: Auf dem Weg zu einem ganzheitlichen Denken und Handeln, Stuttgart: Schäffer-Poeschel

Siehl, C./Martin, J. (1990): Organizational culture: A key to financial performance. In: Schneider, B. (Hrsg.): Organizational climate and culture, San Francisco: Jossey Bass, S. 241-281

Silberman, B. S. (1993): Cages of reason: The rise of the national state in France, Japan, the United States and Great Britain, Chicago: University of Chicago Press

Smircich, L. (1983): Concepts of culture and organizational analysis. In Administrative Science Quarterly, S. 339-358

Smith, J. H. (1998): The enduring legacy of Elton Mayo. In: Human Relations, 51, S. 221-249

Sørensen, J. B. (2002): The strength of corporate culture and the reliability of performance. In: Administrative Science Quarterly, 47, S. 70-91

Speckbacher, G. (2004): Shareholder- und Stakeholder-Ansatz. In: Schreyögg, G./v. Werder, A. (Hrsg.): Handwörterbuch Unternehmensführung und Organisation, 4. Aufl., Stuttgart: Schäffer-Poeschel, Sp. 1319-1326

Spitzley, H. (1980): Wissenschaftliche Betriebsführung, REFA-Methodenlehre und Neuorientierung der Arbeitswissenschaft, Köln: Bund-Verlag

Springer, R. (1999): Rückkehr zum Taylorismus? Arbeitspolitik in der Automobilindustrie am Scheideweg, Frankfurt am Main/New York: Campus

Stadler, C. (2004): Unternehmenskultur bei Royal Dutch/Shell, Siemens und DaimlerChrysler, Stuttgart: Steiner

Staehle, W. H. (1999): Management: Eine verhaltenswissenschaftliche Perspektive, 8. Aufl., München: Vahlen

Steinmann, H./Schreyögg, G. (2005): Management: Grundlagen der Unternehmensführung: Konzepte – Funktionen – Fallstudien, 6. Aufl., Wiesbaden: Gabler

Stolz, H.-J./Türk, K. (1992): Individuum und Organisation. In: Frese, E. (Hrsg.): Handwörterbuch der Organisation, 3. Aufl., Stuttgart: Schäffer-Poeschel, Sp. 841-855

Sukale, M. (2002): Max Weber – Leidenschaft und Disziplin: Leben, Werk und Zeitgenossen, Tübingen: Mohr Siebeck

Taylor, F. W. (1920): Die Betriebsleitung, insbesondere der Werkstätten, 3. Aufl., Berlin (engl. Original: Shop Management, New York 1903)

Taylor, F. W. (1977): Die Grundsätze wissenschaftlicher Betriebsführung, Weinheim/Basel: Beltz (Nachdruck der autorisierten Ausgabe von 1913)

Taylor, F. W. (1983): Die Grundsätze wissenschaftlicher Betriebsführung (Nachdruck der Original-Ausgabe von 1919), 2. Aufl., München: Raben (engl. Original: The Principles of Scientific Management, New York 1911)

Thielemann, U./Weibler, J. (2007): Betriebswirtschaftslehre ohne Unternehmensethik? Vom Scheitern einer Ethik ohne Moral. In: Zeitschrift für Betriebswirtschaft, 77, S. 179-194

Thompson, P./Alvesson, M. (2005): Bureaucracy at work: Misunderstandings and mixed blessings. In: Du Gay, P. (Hrsg.): The values of bureaucracy, Oxford: Oxford University Press, S. 89-113

Titscher, S./Meyer, M./Mayrhofer, W. (2008): Organisationsanalyse: Konzepte und Methoden, Wien: UTB

Trahair, R. C. S. (1984): The humanist temper: The life and work of Elton Mayo, New Brunswick/London: Transaction

Triandis, H. C. (1995): Individualism and collectivism, Boulder/CO: Westview Press

Trice, H. M./Beyer, J. M. (1993): The cultures of work organizations, Englewood Cliffs/NJ: Prentice Halll

Trist, E. (1973): A socio-technical critique of scientific management. In: Edge, D. O./Wolfe, J. N. (Hrsg.): Meaning and control, London: Tavistock Publications S. 95-119

Tsoukas, H. (2001): Re-viewing organization. In: Human Relations, 54, S. 7-12

Türk, K. (1976): Grundlagen einer Pathologie der Organisation, Stuttgart: Enke

Türk, K. (1978): Soziologie der Organisation, Stuttgart: Enke

Türk, K. (1981): Personalführung und soziale Kontrolle, Stuttgart: Enke

Türk, K. (1989): Neuere Entwicklungen der Organisationsforschung, Stuttgart: Enke

Türk, K. (1990): Von „Personalführung" zu „Politischer Arena"? Überlegungen angesichts neuer Entwicklungen in der Organisationsforschung, In: Wiendieck, G./Wiswede, G. (Hrsg.): Führung im Wandel: Neue Perspektiven für Führungsforschung und Praxis, Stuttgart: Lucius & Lucius, S. 53-89

Türk, K. (1992): Organisationssoziologie. In: Frese, E. (Hrsg.): Handwörterbuch der Organisation, 3. Aufl., Stuttgart: Schäffer-Poeschel, Sp. 1633-1648

Türk, K./Lemke, T./Bruch, M. (2006): Organisation in der modernen Gesellschaft: Eine historische Einführung, 2. Aufl., Wiesbaden: VS Verlag

Uhl-Bien, M. (2006): Relational leadership theory: Exploring the social process of leadership and organizing. In: The Leadership Quarterly, 17, S. 654-676

Ulich, E. (2005): Arbeitspsychologie, 6. Aufl., Stuttgart: Schäffer-Poeschel

Ulrich, H. (1984): Systemsteuerung und Kulturentwicklung: Auf der Suche nach einem ganzheitlichen Paradigma der Managementlehre. In: Die Unternehmung, 38, S. 303-325

Ulrich, H. (1990): Symbolisches Management: Ethisch-kritische Anmerkungen zur gegenwärtigen Diskussion um die Unternehmenskultur. In: Lattmann, C. (Hrsg.): Die Unternehmenskultur, Heidelberg: Physica, S. 277-302

Ulrich, P. (2008): Integrative Wirtschaftsethik, 4. Aufl., Bern: Haupt

v. d. Oelsnitz, D. (2000): Marktorientierte Organisationsgestaltung, Stuttgart: Kohlhammer

Vahs, D. (2001): Organisation: Einführung in die Organisationstheorie und -praxis, 3. Aufl., Stuttgart: Schäffer-Poeschel

Vanberg, V. (1982): Markt und Organisation: Individualistische Sozialtheorie und das Problem kooperativen Handelns, Tübingen: Mohr Siebeck

Verwoert, J. (Hrsg.) (2003): Die Ich-Ressource: Zur Kultur der Selbst-Verwertung, München: Volk

Vormbusch, U. (2002): Diskussion und Disziplin, Frankfurt am Main/New York: Campus

Voswinkel, S. (2002): Bewunderung ohne Würdigung? Paradoxien der Anerkennung doppelt subjektivierter Arbeit. In: Honneth, A. (Hrsg.): Befreiung aus der Mündigkeit: Paradoxien des gegenwärtigen Kapitalismus, Frankfurt am Main/New York: Campus, S. 65-92

Voswinkel, S./Lücking, S./Bode, I. (1996): Im Schatten des Fordismus: Industrielle Beziehungen in der Bauwirtschaft und im Gastgewerbe Deutschlands und Frankreichs, München/Mering: Hampp

Voß, G. G./Pongratz, H. J. (1998): Der Arbeitskraftunternehmer. Eine neue Grundform der Ware Arbeitskraft? In: Kölner Zeitschrift für Soziologie und Sozialpsychologie, 50, S. 131-158

Walgenbach, P./Meyer, R. (2008): Neoinstitutionalistische Organisationstheorie, Stuttgart: Kohlhammer

Walter-Busch, E. (1996): Organisationstheorien von Weber bis Weick, Amsterdam: G. + B. Verlag Fakultas

Walter-Busch, E. (2004): Interpretative Organisationsforschung. In: Schreyögg, G./v. Werder, A. (Hrsg.): Handwörterbuch Unternehmensführung und Organisation, 4. Aufl., Stuttgart: Schäffer-Poeschel, Sp. 560-570

Walter-Busch, E. (2006): Faktor Mensch: Formen angewandter Sozialforschung der Wirtschaft in Europa und den USA, 1880-1950, Konstanz: UVK

Weber, K.-C. (2005): Neue Rollen, Schlüsselqualifizierungen und Schlüssel-(Kern)kompetenzen des mittleren Managements, München: Utz

Weber, M. (1972): Die drei Typen der legitimen Herrschaft. In: Kunczik, M. (Hrsg.): Führung: Theorien und Ergebnisse, Düsseldorf/Wien: Econ, S. 41-51

Weber, M. (1976): Wirtschaft und Gesellschaft, 5. Aufl., Tübingen: Mohr Siebeck

Weber, W./Mayrhofer, W. (1988): Organisationskultur – zum Umgang mit einem vieldiskutierten Konzept in Wissenschaft und Praxis. In: Die Betriebswirtschaft, 48, S. 555-566

Wegge, J. (2004): Führung von Arbeitsgruppen, Göttingen: Hogrefe

Weibler, J. (1994): Führung durch den nächsthöheren Vorgesetzten, Wiesbaden: DUV

Weibler, J. (1995): Symbolische Führung. In: Kieser, A./Reber, G./Wunderer, R. (Hrsg.): Handwörterbuch der Führung, Stuttgart: Schäffer-Poeschel, Sp. 2015-2026

Weibler, J. (1997): Unternehmenssteuerung durch charismatische Führungspersönlichkeiten? Anmerkungen zur gegenwärtigen Transformationsdebatte. In: Zeitschrift Führung und Organisation, 66, S. 27-32

Weibler, J. (2001): Personalführung, München: Vahlen

Weibler, J. (2003): Multikulturelle Personalführung und Personalentwicklung. In: Schwuchow, K./Gutmann, J. (Hrsg.): Jahrbuch Personalentwicklung & Weiterbildung: Praxis und Perspektiven, München: Luchterhand, S. 193-202

Weibler, J. (2008): Werthaltungen junger Führungskräfte (Böckler Forschungsmonitoring Nr. 4), Düsseldorf

Weibler, J./Deeg, J. (2004): Demographischer Ansatz. In: Schreyögg, G./v. Werder, A. (Hrsg.): Handwörterbuch Unternehmensführung und Organisation, 4. Aufl., Stuttgart: Schäffer-Poeschel, Sp. 190-195

Weibler, J./Deeg, J. (2005): Personalführung in virtueller werdenden Unternehmen – Diskussionsstand und Zukunftsaussichten. In: Mroß, M. D./Thielmann-Holzmayer, C. (Hrsg.): Zeitgemäßes Personalmanagement: Erfolgreiche Bereitstellung und Nutzung von Personalvermögen, Wiesbaden: Gabler, S. 77-97

Weibler, J./Wunderer, R. (2007): Leadership and culture in Switzerland – Theoretical and empirical findings. In: Chokar, J. S./Brodbeck, F. C./House, R. J. (Hrsg.): Culture and leadership across the world: The GLOBE book of in-depth studies of 25 societies, Mahwah/NJ: Lawrence Erlbaum, S. 251-295

Weick, K. E. (1985): Der Prozeß des Organisierens, Frankfurt am Main: Suhrkamp

Weisband, S. (Hrsg.) (2008): Leadership at a distance: Research in technologically supported work, New York: Lawrence Erlbaum

Weisbord, M. (1987): Productive workplaces: Organizing and managing for dignity, meaning and community, San Francisco/London: Jossey Bass

Weiskopf, R. (2003): Management, Organisation, Poststrukturalismus. In: Weiskopf, R. (Hrsg.): Menschenregierungskünste: Anwendungen poststrukturalistischer Analyse auf Management und Organisation, Wiesbaden: Westdeutscher Verlag, S. 9-33

Welge, M. K./Holtbrügge, D. (1997): Individualisierung der Organisation. In: Scholz, C. (Hrsg.): Individualisierung als Paradigma, Stuttgart u.a.: Kohlhammer, S. 161-178

Wendt, M. (1999): Managementprinzipien und ihre Zusammenhänge mit Arbeitsorientierungen und Arbeitsverhalten, Franfurt am Main u.a.: Peter Lang

Wild, J. (1973): Organisation und Hierarchie. In: Zeitschrift für Organisation, 42, S. 45-54

Williamson, O. E. (1990): Die ökonomischen Institutionen des Kapitalismus: Unternehmen, Märkte und Kooperationen, Tübingen: Mohr Siebeck

Wimmer, R. (1996): Die Zukunft von Führung: Brauchen wir noch Vorgesetzte im herkömmlichen Sinn? In: Organisationsentwicklung, 4/1996, S. 46-57

Winterhoff-Spurk, P. (2002): Organisationspsychologie: Eine Einführung, Stuttgart: Kohlhammer

Wiswede, G. (1998): Soziologie: Grundlagen und Perspektiven für den wirtschafts- und sozialwissenschaftlichen Bereich, 3. Aufl., Landsberg/Lech: Verlag Moderne Industrie

Witt, F. H. (1995): Theorietraditionen der betriebswirtschaftlichen Forschung: Deutschsprachige Betriebswirtschaftslehre und angloamerikanische Managementforschung, Wiesbaden: Gabler

Wittel, A. (1997): Belegschaftskultur im Schatten der Firmenideologie: Eine ethnographische Fallstudie, Berlin: Edition Sigma

Womack, J. P./Jones, D. T./Roos, D. (1994): Die zweite Revolution in der Autoindustrie, 8. Aufl., Frankfurt/New York: Campus

Wrege, C. D./Greenwoood, R. G. (1991): Frederick W. Taylor: The father of scientific management, myth and reality, Homewood/Ill: McGraw-Hill Inc.

Wren, D. A. (1979): The evolution of management thought, 2. Aufl., New York: John Wiley & Sons

Wunderer, R. (1992): Vom Autor zum Herausgeber? – Vom Dirigenten zum Impressario? Unternehmensführung und Unternehmenskultur im Wandel. In: Ingold, F. P./Wunderlich, W. (Hrsg.): Fragen nach dem Autor, Konstanz: UVK, S. 223-236

Wunderer, R. (2006): Führung und Zusammenarbeit: Eine unternehmerische Führungslehre, 6. Aufl., München/Neuwied: Luchterhand

Wunderer, R./Küpers, W. (2003): Demotivation → Remotivation: Wie Leistungspotenziale blockiert und reaktiviert werden, Kriftel und Neuwied: Luchterhand

Yukl, G. (2006): Leadership in organizations, 6. Aufl., Upper Saddle River/NJ: Pearson

Zaleznik, A. (1984): Foreword: The promise of Elton Mayo. In: Trahair, R. C. S.: The humanist temper: The life and work of Elton Mayo, New Brunswick/London: Transaction Publishers, S. 1-13

GPSR Compliance

The European Union's (EU) General Product Safety Regulation (GPSR) is a set of rules that requires consumer products to be safe and our obligations to ensure this.

If you have any concerns about our products, you can contact us on ProductSafety@springernature.com

In case Publisher is established outside the EU, the EU authorized representative is:

Springer Nature Customer Service Center GmbH
Europaplatz 3
69115 Heidelberg, Germany

The manufacturer's authorised representative in the EU is Springer
Nature Customer Service Centre GmbH, Europaplatz 3, 69115 Heidelberg,
Germany. If you have any concerns regarding our products, please
contact ProductSafety@springernature.com

Printed and bound by CPI Group (UK) Ltd, Croydon, CR0 4YY
27/04/2026
02097647-0001